NICE

L'arrière-pays niçois

La Principauté de Monaco

ORGANISER SON VOYAGE

OÙ PARTIR EN WEEK-END

S'Y RENDRE ET CHOISIR SES ADRESSES

À FAIRE ET À VOIR

COMPRENDRE LA RÉGION

NICE : PORTRAIT DE LA VILLE

NATURE

HISTOIRE

ART ET CULTURE

LA CÔTE D'AZUR AUJOURD'HUI

VILLES ET SITES

À la fin du guide, la **carte générale** donne :
- une **vision synthétique** de tous les lieux traités ;
- les **sites étoilés** identifiables en un coup d'œil ;
- les **circuits de découverte**, dessinés en vert, aux environs des destinations principales.

Dans la partie « **Autour de Nice** » :
- les **destinations principales** sont classées par ordre géographique ;
- les **destinations moins importantes** leur sont rattachées sous la rubrique « Aux alentours » ou dans un circuit de découverte ;
- les **informations pratiques** sont présentées dans un encadré vert dans chaque chapitre.

L'**index** permet de retrouver rapidement la description de chaque lieu.

SOMMAIRE

DÉCOUVRIR NICE

AUTOUR DE NICE

Comprendre les symboles du guide

Vaut le voyage	Mérite un détour	Intéressant
★★★	★★	★

Hôtels et restaurants

	petit budget
	budget moyen
	budget confortable
	budget haut de gamme
9 ch. - 38/45 €	Nombre de chambres - prix mini/maxi pour 2 pers
7,5 €	Prix du petit-déjeuner en sus
50 €	Prix de la chambre double, petit-déjeuner compris
bc	menu boisson comprise
P	Parking réservé à la clientèle
	Cartes bancaires non acceptées

Symboles dans le texte

	Se repérer
	Bon à savoir
	Organiser son temps
	À faire en famille
	Pour aller au-delà
	Promenade à pied
	Randonnée à vélo
	Facilité d'accès pour les handicapés
A2 B	Repère sur le plan

Cartes et Plans

MONUMENTS ET SITES

	Itinéraire décrit, départ de la visite
	Église - Temple
	Synagogue
	Mosquée
	Calvaire - Fontaine
	Rempart - Tour - Porte
	Château - Ruine
	Usine - Barrage
	Vue
	Table d'orientation
	Fort - Grotte
	Carrière - Mine

INFORMATIONS PRATIQUES

	Informations touristiques
	Parking - Parking relais
	Tramway - Métro
	Gare : ferroviaire, routière
	Téléphérique, télécabine
	Funiculaire, voie à crémaillère
	Chemin de fer touristique
	Poste - Marché couvert
	Transport de voitures et passagers
	Transport de passagers

AXES ROUTIERS, VOIRIES

	Autoroute ou assimilée
	Echangeur : complet, partiel
	Rue piétonne
	Rue impraticable, réglementée
	Escalier
	Sentier
③	Sortie de ville identique sur les plans et les cartes Michelin
B F	Bac passant voitures et passagers
	Pont mobile

SPORTS ET LOISIRS

	Piscine : de plein air, couverte
	Stade - Hippodrome
	Port de plaisance
	Refuge - Promenade à pied
	Base de loisirs
	Parc d'attraction
	Parc animalier, zoo
	Parc floral, arboretum
	Parc ornithologique réserve d'oiseaux

ABRÉVIATIONS ET SIGNES PARTICULIERS

A	Chambre d'agriculture
C	Chambre de commerce
H	Hôtel de ville
J	Palais de justice
M	Musée
P	Préfecture, sous-préfecture
POL.	Police
	Gendarmerie
T	Théâtre
U	Université, grande école

CARTES ET PLANS

CARTE GÉNÉRALE

PLANS DE VILLES

CARTE THÉMATIQUE

CIRCUITS DE DÉCOUVERTES

Changement de numérotation routière

Sur de nombreux tronçons, les routes nationales passent sous la direction des départements. Leur numérotation est en cours de modification.

La mise en place sur le terrain a commencé en 2006 mais devrait se poursuivre sur plusieurs années. De plus, certaines routes n'ont pas encore définitivement trouvé leur statut au moment où nous bouclons la rédaction de ce guide. Nous n'avons donc pas pu reporter systématiquement les changements de numéros sur l'ensemble de nos cartes et de nos textes.

Bon à savoir – Dans la majorité des cas, on retrouve le n° de la nationale dans les derniers chiffres du n° de la départementale qui la remplace. Exemples : la N 16 devient D 1016, la N 51 devient D 951.

Voiliers sur la grande bleue.

S. Sauvignier / MICHELIN

ORGANISER SON VOYAGE

OÙ PARTIR EN WEEK-END

Nice

C'est la destination idéale pour un premier contact avec la Côte d'Azur. Commencez par l'incontournable promenade des Anglais. Vous la longerez tranquillement en regardant alternativement la mer et les villas. Voilà, vous êtes à Nice, station balnéaire, animée à toute heure de la journée et fréquentée par des touristes du monde entier ! Une fois au port, montez au château pour le calme et la vue sur la baie des Anges avant de redescendre dans les ruelles fraîches du vieux Nice, où vous n'aurez que l'embarras du choix pour savourer la « cuisine nissarde ». Après un bon déjeuner, allez mesurer l'opulence discrète des notables niçois en visitant le palais Lascaris et la cathédrale Sainte-Réparate. Alors que l'après-midi sera déjà bien avancé, remontez les siècles en parcourant la colline embaumée de Cimiez : son monastère abritant de vénérables œuvres de Brea, les ruines de la cité romaine et son musée. La fin de journée vous retrouvera sur la place Masséna, typique, avec ses arcades empruntées à l'architecture piémontaise et haut lieu du carnaval. Vous rejoindrez la vieille ville, à deux pas, pour faire du shopping et vous approvisionner comme les Niçois : marchands d'herbes, d'olives… Le soir, vous goûterez la douceur du climat à la terrasse d'un restaurant du vieux Nice ou, un peu plus loin, vers les rochers de Villefranche, dans l'un des établissements très « select » proposant des menus de la mer avec vue sur la Corniche !

S. Sauvignier / MICHELIN

Jardin Albert 1er à Nice.

Le lendemain matin sera culturel, le choix est tel que vous trouverez forcément un lieu répondant à votre sensibilité artistique : musée d'Art naïf, musée d'Art moderne et d'Art contemporain, musée des Arts asiatiques, musée des Beaux-Arts… à vous de voir. Cependant, il serait dommage de passer à côté du musée Marc-Chagall et du musée Matisse. Le plus simple pour le déjeuner sera de rejoindre le quartier Masséna, central, où se trouvent nombre de restaurants. L'après-midi, rendez-vous au parc Phœnix où presque toutes les variétés végétales se côtoient. Mais peut-être ne résisterez-vous pas à l'appel de la grande bleue ! Au terme de ces deux jours vous aurez eu un aperçu de la ville qui vous aura certainement donné envie d'y revenir !

Prolonger votre week-end

Bon à savoir – Pour cette escapade aux alentours, il vous faudra un véhicule *(penser à réserver la location de voiture)*.

Le premier jour, partez à la découverte de la Riviera par la **Grande Corniche** accrochée à flanc de montagne. Si le beau temps le permet (et il le permet souvent !), n'hésitez pas à vous arrêter sur les aires de dégagement aménagées le long de la route. Elles sont généralement très bien exposées et vous offrent des vues merveilleuses. Soyez en fin de matinée à **Èze** pour apprécier le jeu d'ombre et de lumière dans les ruelles qui mènent au Jardin exotique, un des plus riches de France. La vue de ce nid d'aigle vous coupera le souffle mais sûrement pas l'appétit pour apprécier les recettes locales dans les restaurants réputés du village. Revenez vers Nice par la **Basse Corniche** qui se faufile entre les somptueuses villas. Marquez un arrêt à **Beaulieu-sur-Mer** pour visiter la surprenante villa grecque Kérylos et longer le bord de mer sur la promenade Maurice-Rouvier.

Vous voilà au **Cap-Ferrat** pour le deuxième jour : allez flâner dans les superbes jardins de la villa Ephrussi-de-Rotschild ou suivez le sentier du littoral qui fait le tour du cap. Une dernière halte à **Villefranche-sur-Mer** pour visiter la citadelle comprenant quatre musées (gratuits) et pour admirer les fresques de la chapelle des pêcheurs décorée par Jean Cocteau, puis vous atteignez le col de Nice juste à temps pour admirer la baie des Anges au soleil couchant. Une dernière vision féerique avant de partir…

Monaco Monte-Carlo

Ici tout n'est que luxe, calme et parfois… volupté. Si vous êtes venu pour renflouer vos poches au casino, nous vous souhaitons bonne chance ! Pour tous les autres, qui ne manqueront cependant pas de tenter le sort à un « manchot », débutons ce court séjour par une visite du Rocher, siège du gouvernement monégasque. À 11h55 exactement, rendez-vous au Palais princier : c'est l'heure de la grande relève de la garde ! Partez ensuite à la découverte du musée des Souvenirs napoléoniens et de la collection des Archives historiques du Palais, du jardin Saint-Martin, de la cathédrale, puis du fameux musée océanographique qui enchantera petits et grands avec son aquarium immense et ses squelettes imposants d'animaux. Cette journée s'achèvera par le quartier moderne de Fontvieille, à l'urbanisme futuriste, où vous pourrez vous émerveiller devant deux collections princières confiées à des musées : celui des timbres et celui des vieilles voitures ; à moins que vous ne préfériez vous amuser des grimaces des multiples chimpanzés et autres animaux qui peuplent le jardin animalier au pied du Rocher. Le soir, vous choisirez entre une restauration classique dans le cadre ancien du Rocher, ou plus sophistiquée à la terrasse d'un des grands restaurants de Monte-Carlo en contemplant le carrousel des limousines, pour peu que ce soit une soirée de gala…

Le lendemain, prenez de la hauteur en attaquant le contrefort de la Tête de Chien et visitez le jardin exotique, la grotte et le musée d'Anthropologie préhistorique. Par le biais des ascenseurs publics qui facilitent bien les déplacements, rejoignez Monte-Carlo, retrouvez au casino (interdit aux mineurs !) les joueurs invétérés puis, touche d'exotisme finale, en poursuivant votre descente, rendez-vous au jardin japonais et au musée national.

Bon à savoir – Cette suggestion de week-end à Monte-Carlo se combine aisément avec celle de Menton pour former un séjour de 3 à 4 jours.

Menton

Autre perle de la Riviera, Menton peut à juste titre prétendre marier tous les genres et toutes les nationalités. La station la plus abritée de France bénéficie d'une exceptionnelle douceur de climat. Résultat, elle a vu affluer les plantes les plus étranges et les plus rares dans une multitude de jardins. Et les touristes les plus cosmopolites viennent les admirer ! Commencez par vous rendre au vieux port et visitez le musée Cocteau, logé dans l'unique vestige militaire de Menton, bastion du 17e s. Ensuite, mettez à profit la matinée, si elle n'est pas trop chaude, pour vous attaquer au sommet de la vieille ville jusqu'au vieux cimetière peuplé de somptueuses tombes de nobles russes et anglais. Là, vous rêverez devant le spectacle de la baie et du cap de Bordighera en Italie. Juste en dessous, l'église Saint-Michel cache un magnifique décor intérieur. Faites-y un tour, puis laissez-vous porter au gré de votre curiosité jusqu'au rivage. En chemin, les nombreuses échoppes d'artisanat sauront vous attirer. Vous consacrerez votre après-midi au musée des Beaux-Arts ou au musée de la Préhistoire régionale, un des plus complets de la région qui saura passionner ceux qui désirent mieux connaître la vie de nos lointains ancêtres, déjà nombreux sur la Côte ! Allez enfin apprécier la végétation du jardin Biovès, théâtre de magnifiques expositions d'agrumes lors de la fête des Citrons.

Le lendemain, journée verdure et senteurs : vous allez parcourir les plus beaux spécimens d'anciens jardins exotiques privés devenus la fierté de la cité du citron : jardin du Val Rameh, jardin Maria Serena *(accessible en visite guidée uniquement)*. Amateurs de belles histoires humaines, ne manquez pas le jardin Serre de la Madone, sauvé in extremis de la spéculation immobilière. C'est un havre de paix, au milieu d'espèces tropicales et exotiques chères à Sir Jonhston, son créateur. Pour peu que vous arriviez au moment d'une visite guidée, vous ne voudrez plus en partir. En revenant vers le centre-ville de Menton, faites un détour jusqu'à la chapelle de l'Annonciade qui vous offre, de sa terrasse à plus de 200 m d'altitude, un incomparable panorama où vous pourrez noter les destinations de votre prochain séjour à Menton !

Escapade transalpine

L'Italie n'est pas loin, voilà l'occasion de faire des emplettes et de rencontrer nos voisins européens à portée de la main…

Info pratique

Adresse utile

Office du tourisme (aziende di turismo) **de Vintimille** – *Via Cavour 61 - 18039 Ventimiglia (IM) - en sortant de la gare, première grande artère à gauche - ✆ 0039-0184 351 183.*

Transports

Bon à savoir – Pour visiter l'**arrière-pays**, procurez-vous la carte Michelin Départements n° **561**. Accessible par plusieurs routes étroites, il renferme de nombreux villages encore actifs, souvent nichés dans des oliveraies et qui semblent vivre au seul rythme des saisons : Pigna, Apricale, Castelvittorio… (l'office du tourisme de Vintimille propose une brochure des environs en français). Plusieurs disposent de chambres d'hôte et d'une cuisine familiale chaleureuse.

Horaires de trains – Une ligne régulière dessert **Vintimille**, renseignez-vous dans les gares ou à la SNCF *(voir p. 17)*.

EN TRAIN DE NICE À CUNEO

La ligne SNCF à voie unique qui relie Nice, à travers le comté, à Cuneo est une des plus belles de toutes les Alpes et doit être parcourue pour elle-même *(voir le train des Merveilles dans la rubrique « Trains touristiques » p. 32)*. Ses tracés hardis et tourmentés, créés à partir de 1920 au prix de remarquables ouvrages d'art (tel le viaduc de Scarassouï), révèlent d'admirables paysages et donnent du haut pays des aperçus originaux que la route ne peut pas toujours offrir, notamment entre Breil et Tende le long des gorges sauvages de la Roya, et entre l'Escarène et Sospel. Longue de 119 km, la ligne s'élève sur 85 km du niveau de la mer à 1 279 m, à l'entrée du tunnel creusé sous le col de Tende. L'ensemble du tracé français, qui avait subi d'importantes destructions à la fin de la Seconde Guerre mondiale, a été remis en état seulement en 1980. Le versant italien, moins accentué, descend doucement vers Cueno par la pittoresque vallée de la Vermegnagna.

IDÉES DE VISITE

Jardins botaniques Hanbury★★ (Giardini botanici Hanbury)

✆ 00 39-0184 22 92 92 - de mi-juin à fin sept. : 9h-19h ; de déb. avr. à mi-juin. et oct. : 10h-18h ; nov.-mars : 10h-17h (la billetterie ferme 1h av.) - fermé mer. (hiver) - 7,50 €.

Le plaisir des sens vous attend juste de l'autre côté de la frontière en passant par le pont Saint-Louis à **Mortola Inferiore** (restez vigilant pour ne pas le manquer. En outre, il faudra vous garer en bord de route.). Créé à la fin du 19e s. par Sir Thomas Handbury, ces jardins disposés en terrasses au-dessus de la mer, réunissent une végétation exotique très variée. La poésie que l'on découvre au long de ses allées entrecoupées de bassins et de bancs est en harmonie avec le paysage qui l'entoure et que l'on peut sans aucune exagération qualifier de paradisiaque.

Vintimille (Ventimiglia)

Le marché du vendredi est un incontournable ! D'ailleurs, si vous souhaitez limiter votre escapade italienne à ce grand rassemblement,

Contrefaçons

Nous conseillons au visiteur de rester vigilant sur les produits de grandes marques dont les contrefaçons sont couramment (on frôle même le harcèlement) proposées à la vente. La perspicacité des douaniers transformera la bonne affaire en cuisant souvenir.

venez plutôt en train (cela vous évitera de tourner en rond et en vain pour trouver à vous garer). Les lignes Nice-Breil ou Mandelieu-Vintimille du TER vous y mèneront tranquillement. À la sortie de la gare, suivez la troupe (c'est tout droit). Ce marché draine les produits de l'arrière-pays ligure mais surtout une foule cosmopolite où l'autochtone devient minoritaire. À noter l'intérêt du marché aux fleurs et des productions artisanales régionales de qualité (parfois inégales malgré tout).
Si ce marché vous déçoit ou si vous souhaitez plus de cachet et de tranquillité, passez de l'autre côté de la rive pour faire un tour dans la **ville haute médiévale** (Città Vecchia), constituée d'un lacis de ruelles étroites (prenez un plan à l'office de tourisme, sinon vous risquez de vous perdre !) où s'élèvent un Dôme des 11e et 12e s., un baptistère octogonal du 11e s., l'église S. Michele (11e-12e s.) et l'oratoire des Neri (17e s.).

Bordighera

Après Vintimille, suivre la route côtière. Cette célèbre **station balnéaire**, longtemps fréquentée par la noblesse britannique, compte de nombreuses villas et hôtels disséminés parmi des jardins fleuris qu'ombragent de superbes palmiers. La vieille ville aux ruelles tortueuses possède encore ses portes d'enceinte.

Les atouts de la région au fil des saisons

Pendant longtemps, la Côte d'Azur ne reçut de visiteurs qu'en hiver et au printemps. Ils s'y pressent maintenant en été. La « saison » touristique dure ainsi presque toute l'année. Une première explication ? Il n'y a en moyenne que 86 jours de pluie à Nice (contre 162 à Paris), mais les précipitations sont plus fortes. Sauf en plein été, l'atmosphère pure donne une grande netteté aux reliefs. Les silhouettes se découpent et prennent aisément un caractère architectural, les couleurs vibrent : bleu de la mer et du ciel, vert des forêts, gris argenté des oliviers, rouge des porphyres, blanc des calcaires, jaune des mimosas…

Printemps

Quelques pluies violentes mais courtes caractérisent le printemps. C'est la saison de la pleine floraison qui ravit tous les sens. Mais c'est aussi en cette saison que le **mistral** souffle le plus fréquemment. Ce vent vient du nord-ouest, par froides rafales. Après quelques jours – trois, six ou neuf, dit-on – le jet puissant d'air pur a tout assaini : le ciel, balayé, est encore plus bleu !

E. Baret/ MICHELIN

Cadran solaire.

Été

Le coup de chaud arrive avec l'été, la végétation, accablée par la sécheresse, sommeille. La Côte offre alors son azur invariablement pur et ses 26 °C de moyenne en juillet-août. La chaleur reste toutefois supportable parce qu'elle est tempérée par la brise qui souffle pendant la journée. On fait la grimace quand arrive, du sud, le souffle de feu du **sirocco**. L'arrière-pays offrant toute la gamme des séjours d'altitude jusqu'à 1 800 m. Donc, plus on aime le frais, plus on goûte l'air vif, et plus on montera !
Bon à savoir – Le littoral des Alpes-Maritimes affiche des

stations balnéaires prestigieuses et malheureusement l'afflux touristique en été y masque la vie locale. Si vous recherchez de l'authenticité, il faudra venir hors-saison ou préférer l'arrière-pays, plus préservé.

Automne

L'automne, enfin, est la saison des orages violents après lesquels le soleil reparaît, brillant et chaleureux, donnant aux fleurs une nouvelle occasion de montrer le bout de leur nez ! Les belles journées ne manquent point pendant l'arrière-saison.

Hiver

La douceur de l'hiver sur la Côte reste proverbiale. Elle s'explique par une latitude déjà basse, la présence de la mer qui modère les écarts de température, l'exposition en plein midi et l'écran de montagne qui atténue les vents froids. La moyenne de janvier est de 8 °C à Nice (alors qu'elle est de 3 °C à Paris). Le soleil peut faire monter le thermomètre jusqu'à 22 °C, mais au crépuscule et pendant la nuit, la température baisse subitement et fortement. Sur la côte, les feuillages persistants et les premières fleurs donnent à la nature un air de fête. Quand on pénètre dans l'arrière-pays, le froid et la neige réapparaissent, mais l'atmosphère reste pure et le soleil brillant. C'est le climat rêvé pour les sports d'hiver.

Info pratique

Services téléphoniques de Météo France – Taper **3250** suivi de :

1 – toutes les prévisions météo départementales jusqu'à 7 jours ;

2 – météo des villes ;

3 – météo plages et mer ;

4 – météo montagne.

Accès direct aux prévisions du département – ✆ **0 892 680 2** suivi du numéro du département concerné *(0,34 €/mn)*.

Prévisions pour l'aviation ultralégère (vol libre et vol à voile) – ✆ 0 892 681 014 *(0,34 €/mn)*.

Toutes ces informations sont également disponibles **www.meteo.fr.**

S'Y RENDRE ET CHOISIR SES ADRESSES

Où s'informer avant de partir

Ceux qui aiment préparer leur voyage dans le détail peuvent rassembler toute la documentation utile auprès des professionnels du tourisme de la région, qui disposent de cartes touristiques, brochures sur l'hébergement et la restauration, dépliants sur les activités, etc.

Outre les adresses indiquées ci-dessous, sachez que les coordonnées des offices de tourisme ou syndicats d'initiative des villes et sites décrits dans ce guide sont données systématiquement dans l'**encadré pratique** des villes et sites, sous la rubrique « Adresses utiles ».

Bon à savoir – Vous trouverez nombre d'informations sur le site de la Fédération des office de tourisme et syndicats d'initiative : **www.tourisme.fr**.

Info pratique

SUR INTERNET

Voici quelques adresses pour faire le plein d'informations avant de partir :

www.cg06.fr – Musées, environnement, sports et loisirs… Pour tout savoir sur ce département, côté mer et côté terre.

www.riviera-francaise.fr – De La Turbie à Sospel en passant par Menton, la Riviera française dévoile ses charmes.

www.royabevera.com – En toute saison, les atouts de ces hautes vallées à 1h de Nice.

ADRESSES UTILES

Comités régionaux de tourisme

Provence-Alpes-Côte d'Azur – *10 pl. de la Joliette - Les Docks - Atrium 10.5 - BP 46214 - 13567 Marseille Cedex 02 - ℘ 04 91 56 47 00 - www.decouverte-paca.fr.*

Riviera-Côte d'Azur – *400 prom. des Anglais - BP 3126 - 06203 Nice Cedex 3 - ℘ 04 93 37 78 78 - www.guideriviera.fr.*

Autres organismes

Direction du Tourisme et des Congrès de la principauté de Monaco – *2A bd des Moulins - 98000 Monaco - ℘ 377 92 16 61 16 - www.visitmonaco.com.*

Union départementale des offices de tourisme des Alpes-Maritimes – *2 r. Gustave-Deloye - 06000 Nice - ℘ 04 92 47 74 15 - www.cotedazur-en-fetes.com.*

Parc national du Mercantour – *23 r. d'Italie - 06000 Nice - ℘ 04 93 16 78 88 - www.parc-mercantour.fr.*

TOURISME DES PERSONNES HANDICAPÉES

Un certain nombre de curiosités décrites dans ce guide sont accessibles aux personnes à **mobilité réduite**, elles sont signalées par le symbole ♿. Le degré d'accessibilité et les conditions d'accueil variant toutefois d'un site à l'autre, il est recommandé d'appeler avant tout déplacement.

Accessibilité des infrastructures touristiques

Lancé en 2001, le **label national Tourisme et Handicap** est délivré en fonction de l'accessibilité des équipements touristiques et de loisirs au regard des quatre grands handicaps : auditif, mental, moteur ou visuel. À ce jour, un millier de sites labellisés (hébergement, restauration, musées, équipements sportifs, salles de spectacles, etc.) ont été répertoriés en France. Vous pourrez en consulter la liste sur le site Internet de la Maison de France à l'adresse suivante : **www.franceguide.com**.

Association des Paralysés de France – *Direction de la Communication - 17 bd Auguste Blanqui - 75013 Paris - www.apf.asso.fr.*

Le magazine *Faire Face* publie chaque année, à l'intention des personnes en situation de handicap moteur, un hors-série intitulé *Guide vacances* disponible auprès de l'AFP.

Association Handiplage – *39 r. des Faures - 64100 Bayonne - ✆ 05 59 59 24 21 - www.handiplage.fr.* Cette association propose des vacances accessibles à tous, grâce à la parution du guide *Handi Long*, comprenant plus de 300 adresses, coups de cœur, bons plans et informations nécessaires à un public handicapé. On y découvre des informations détaillées sur les activités de loisirs accessibles, les sites touristiques *(voir l'encadré « Info pratique »)* ainsi que les plages aménagées pour les personnes à mobilité réduite.

Info pratique

LES SITES LABELLISÉS SUR LA CÔTE D'AZUR

Parmi les sites labellisés **Tourisme et Handicap** accessibles aux handicapés moteur : les Jardins du Cap de Roquebrune Cap Martin, l'office du tourisme de Menton, le Grimaldi Forum de Monaco et le Comité régional du tourisme Riviera Côte d'Azur à Nice.

Les sites **Handiplages** concernent les plages du Ponteil et de la Salis à Antibes, la plage le Cigalon à Cagnes-sur-mer, la plage de Larvotto à Monaco. Autre plage dite accessible à retenir : la plage du Centenaire à Nice.

Accessibilité des transports

Train – Disponible gratuitement dans les gares et boutiques SNCF ou sur le site **www.voyages-sncf.com**, le *Mémento du voyageur handicapé* donne des renseignements sur l'assistance à l'embarquement et au débarquement, la réservation de places spéciales, etc.

SNCF Accessibilité Service – *✆ 0 800 154 753 (Numéro vert).*

Avion – Air France propose aux personnes handicapées le service d'assistance Saphir. Pour plus de détails, consultez le site Internet **www.airfrance.fr**.

Saphir – *✆ 0 820 012 424.*

Transports

PAR LA ROUTE

Les grands axes

L'autoroutes A 6 relie Paris à Lyon, d'où commence la A 7 en direction de la côte d'azur. L'A 8 parcourt le littoral azuréen de Marseille à la frontière italienne. Elle est raccordée au réseau autoroutier italien sans interruption jusqu'à Gênes.

Accès depuis les Alpes de Haute-Provence par la route Napoléon (N 85) via Castellane et Grasse, et depuis le Piémont par l'axe du col de Tende et de la vallée de la Roya (N 204), jusqu'à Menton.

Informations autoroutières – *✆ 0 892 681 077 - www.autoroutes.fr.* Pour connaître les conditions de circulation sur les autoroutes.

Les cartes Michelin

En automobiliste prévoyant, munissez-vous de bonnes cartes. Les produits Michelin sont complémentaires : ainsi, chaque ville ou site présenté dans ce guide est accompagné de ses références cartographiques sur les cartes Départements. Nous vous proposons de consulter également les différentes gammes de cartes.

Les **cartes Départements** ont été conçues pour ceux qui aiment prendre le temps de découvrir une zone géographique plus réduite (un ou deux départements) lors de leurs déplacements en voiture. Elles disposent d'un index complet des localités et proposent les plans

Distances en km	Menton	Nice
Bordeaux	836	811
Lille	1183	1158
Lyon	505	480
Marseille	236	211
Paris	965	940
Strasbourg	765	787
Toulouse	596	571

Info pratique

CHANGEMENT DE NUMÉRATION

Sur de nombreux tronçons, les **routes nationales** passent sous la direction des départements. Leur numérotation est en cours de modification.
La mise en place sur le terrain a commencé en 2006 mais devrait se poursuivre sur plusieurs années. De plus, certaines routes n'ont pas encore définitivement trouvé leur statut au moment où nous bouclons la rédaction de ce guide. Nous n'avons donc pas pu reporter systématiquement les changements de numéros sur l'ensemble de nos cartes et textes.
Bon à savoir – Dans la majorité des cas, on retrouve le n° de la nationale dans les derniers chiffres du n° de la départementale qui la remplace.
Exemples : N 16 devient D 1 016 ou N 51 devient D 951.

des préfectures. Pour ce guide, consultez les cartes Départements **340** (Bouches-du-Rhône/Var) et **341** (Alpes-Maritimes).
Les **cartes Région** couvrent le réseau routier secondaire et donnent de nombreuses indications touristiques. Elles sont pratiques lorsqu'on aborde un vaste territoire ou pour relier des villes distantes de plus de cent kilomètres. Elles disposent également d'un index complet des localités et proposent les plans des préfectures. Pour ce guide, utilisez la carte n° **527** (Paca).
Et n'oubliez pas, la **carte de France n° 721** vous offre la vue d'ensemble de la région Côte d'Azur au 1/1 000 000, avec ses grandes voies d'accès d'où que vous veniez.

Sur Internet et Minitel

Le site **www.ViaMichelin.fr** offre une multitude de services et d'informations pratiques d'aide à la mobilité (calcul d'itinéraires, cartographie : des cartes pays aux plans de villes, sélection des hôtels et restaurants du Guide Michelin…) sur la France.

EN TRAIN

Le réseau grandes lignes

Depuis Paris (gare de Lyon), le **TGV** permet de rejoindre les principales villes de la Côte d'Azur que sont Antibes (5h15), Nice (5h30), Monaco et Menton (6h).
Depuis Bordeaux, compter 9h de trajet jusqu'à Nice. 5 trains /j env.
Informations et réservations – *36 35 (0,34 €/mn) - www.voyages-sncf.com.*

Le réseau régional

Le **TER** assure les liaisons interrégionales, permettant d'aller d'une ville à l'autre sans encombre :
- Ligne n° 4 : Mandelieu/Grasse/Cannes/Nice/Ventimiglia.
- Ligne n° 5A : Nice/Breil-sur-Roya/Cueno/Torino.
- Ligne n° 6 : Marseille/Toulon/Nice/Ventimiglia.

Informations et réservations – *36 35 (0,34 €/mn) - www.ter-sncf.com.*

Les bons plans

Les tarifs de la SNCF varient selon les périodes : –50 % en période **bleue**, –25 % en période **blanche**, plein tarif en période **rouge** *(calendriers dans les gares et boutiques SNCF).*
Bon à savoir – L'échange ou le remboursement de billets se fait gratuitement jusqu'à la veille du départ. Le jour même du départ, une retenue est imposée par personne et par trajet. Au-delà de cette date, tout échange ou remboursement est impossible et le billet est perdu. Cette condition s'applique à tous les usagers, titulaires de cartes ou non.

Les cartes de réduction

En vente dans les gares et boutiques SNCF, elles sont valables un an et vous garantissent, dans la limite des places disponibles, des réduction de 25 % à 60 % par rapport à des billets plein tarif. Vous bénéficiez par ailleurs d'un système de cumul de points fidélité vous permettant de gagner des billets.
– **Carte Enfant+** : destinée aux enfants de moins de 12 ans et leurs accompagnateurs.
www.enfantplus-sncf.com.
– **Carte 12-25** : pour les 12-25 ans.
www.12-25-sncf.com.
– **Carte Senior**: à partir de 60 ans.
www.senior-sncf.com.
– **Carte Escapades** : permet aux 26-59 ans d'obtenir des réductions sur

tout aller-retour de 200 km minimum effectué le samedi ou le dimanche, avec au choix l'aller-retour dans la même journée, ou la nuit du samedi au dimanche passée sur place et le retour effectué le dimanche.
www.escapades-sncf.com.

Tarifs particuliers

Les familles ayant au minimum 3 enfants mineurs peuvent bénéficier d'une **Carte famille nombreuse** *(18 € pour le paiement des frais de dossier)* permettant une réduction individuelle de 30 à 75 % selon le nombre d'enfants (la réduction est toujours calculée sur le prix plein tarif de 2e classe, même si la carte permet de voyager en 1re). Elle ouvre droit à d'autres réductions hors SNCF *(voir p. 20)*.
Kit « Familles nombreuses » disponible sur www.voyages-sncf.com ou dans les points de vente SNCF.

Les réductions sans carte

Les usagers ne disposant d'aucune carte d'abonnement peuvent toutefois bénéficier de certaines réductions tarifaires :
– **Billets Prem's** : ni échangeables ni remboursables, ces billets s'achètent uniquement en ligne à des tarifs avantageux (aller simple en TGV à partir de 22 €), pourvu que vous réserviez jusqu'à 90 jours avant votre départ ou hors des périodes d'affluence.
Pensez aussi à **IDTGV** qui dessert Nice : l'aller-simple est mis en vente dès 6 mois avant le départ à partir de 19 € quelle que soit la période, exclusivement en ligne et sous forme de billet imprimable.
Découvrez sur www.voyages-sncf.com les offres spéciales et bons plans du Net, et demandez à créer une **Alerte résa** pour être informé par mail ou sms des places disponibles sur la destination de votre choix.
– **Offre Loisir :** valable pour tous, sans limite d'âge, cette nouvelle façon de concevoir le voyage récompense l'anticipation de l'achat : plus l'usager réserve à l'avance, meilleurs seront les prix. En fonction de la date de réservation et du taux de remplissage du train, le billet pourra ainsi aller du plein tarif à une réduction de 70 %.

EN AVION

Certes, le temps de trajet intrinsèque est réduit mais il faut ajouter les transferts entre les aéroports. En outre, il vous en coûtera plus cher que le train à moins que vous ne trouviez des vols promotionnels plus intéressants qu'un voyage en train à plein tarif. Cherchez sur Internet les vols dégriffés où renseignez-vous auprès des compagnies aériennes.

Les compagnies aériennes

Air France – *36 54 (0,34 €/mn) - www.airfrance.fr.* La compagnie assure des liaisons quotidiennes entre Ajaccio, Bastia, Biarritz, Brest, Lyon, Nantes, Rennes... et l'aéroport de Nice.
Easyjet – *0 825 082 508 - www.easyjet.com.* Env. 7 vols AR Paris-Nice depuis Orly ou Roissy. Liaisons également avec Mulhouse.

L'aéroport

Aéroport international de Nice-Côte d'Azur – *BP 3331 - 06206 Nice Cedex 03 - 0 820 423 333 (0,12 €/mn) - www.nice.aeroport.fr.*
Des bus desservent le centre-ville :
– **n° 98** (Nice-centre-ville/gare routière en 30mn - 1,30 €) ;
– **n° 99** (Nice-Gare SNCF/Port en 50mn - pass 1 jour : 4 €).
Central Taxi Riviera – *04 93 13 78 78.*

Budget

LES AUTRES BONS PLANS

Les chèques vacances

Ce sont des titres de paiement permettant d'optimiser le budget vacances/loisirs des salariés grâce à une participation de l'employeur. Les salariés du privé peuvent se les procurer auprès de leur employeur ou de leur comité d'entreprise ; les fonctionnaires auprès des organismes sociaux dont ils dépendent.
On peut les utiliser pour régler toutes les dépenses liées à l'hébergement, à la restauration, aux transports ainsi qu'aux loisirs. Il existe aujourd'hui plus de 135 000 points d'accueil.
www.ancv.com.

La carte famille nombreuse

On se la procure auprès de la **SCNF** *(voir p. 18)*. Elle ouvre droit, outre les billets de train à prix réduits, à des réductions très diverses auprès des musées nationaux, de certains sites privés, parcs d'attraction, loisirs et équipements sportifs, cinéma et même certaines boutiques. Mieux vaut l'avoir sur soi et demander systématiquement s'il existe un tarif préférentiel.

NOS ADRESSES D'HÉBERGEMENT ET DE RESTAURATION

Au fil des pages, vous découvrirez nos **encadrés pratiques**, sur fond vert. Ils présentent une sélection d'établissements dans et à proximité des villes ou des sites touristiques remarquables auxquels ils sont rattachés. Pour repérer facilement ces adresses sur nos plans, nous leur avons attribué des pastilles numérotées.

Nos catégories de prix

Pour vous aider dans votre choix, nous vous communiquons une **fourchette de prix** : pour l'hébergement, les prix communiqués correspondent aux tarifs minimum et maximum d'une chambre double ; il en va de même pour la restauration et les prix des menus proposés sur place. Les mentions « *Astuce prix* » et « bc » signalent : pour la première les formules repas à prix attractif, servies généralement au déjeuner par certains établissements de standing, pour la seconde les menus avec boisson comprise (verre de vin ou eau minérale au choix). Les prix que nous indiquons sont ceux pratiqués en **haute saison** ; hors saison, de nombreux établissements proposent des tarifs plus avantageux, renseignez-vous… Dans chaque encadré, les adresses sont classées en quatre catégories de prix pour répondre à toutes les attentes *(voir le tableau ci-dessous)*.

Premier prix – Choisissez vos adresses parmi celles de la catégorie ○ : vous trouverez là des hôtels, des chambres d'hôte simples et conviviales et des tables souvent gourmandes, toujours honnêtes.

Prix moyen – Votre budget est un peu plus large. Piochez vos étapes dans les adresses ○○. Dans cette catégorie, vous trouverez des maisons, souvent de charme, de meilleur confort et plus agréablement aménagées, animées par des passionnés, ravis de vous faire découvrir leur demeure et leur table. Là encore, chambres et tables d'hôte sont au rendez-vous, avec également des hôtels et des restaurants plus traditionnels, bien sûr.

Haut de gamme – Vous souhaitez vous faire plaisir, le temps d'un repas ou d'une nuit, vous aimez voyager dans des conditions très confortables ? Les catégories ○○○ et ○○○○ sont pour vous… La vie de château dans de luxueuses chambres d'hôte pas si chères que cela ou dans les palaces et les grands hôtels : à vous de choisir ! Vous pouvez aussi profiter des décors de rêve de lieux mythiques à moindres frais, le temps d'un brunch ou d'une tasse de thé… À moins que vous ne préfériez casser votre tirelire pour un repas gastronomique dans un restaurant renommé. Sans oublier que la traditionnelle formule « tenue correcte exigée » est toujours de mise dans ces élégantes maisons !

NOS CATÉGORIES DE PRIX

	Se restaurer (prix déjeuner)		Se loger (prix de la chambre double)	
	Province	Grandes villes Stations	Province	Grandes villes Stations
○	jusqu'à 14 €	jusqu'à 16 €	jusqu'à 45 €	jusqu'à 65 €
○○	plus de 14 € à 25 €	plus de 16 € à 30 €	plus de 40 € à 80 €	plus de 65 € à 100 €
○○○	plus de 25 € à 40 €	plus de 30 € à 50 €	plus de 80 € à 100 €	plus de 100 € à 160 €
○○○○	plus de 40 €	plus de 50 €	plus de 100 €	plus de 160 €

Se loger

Les villes sont bien pourvues dans la large gamme des hôtels et des pensions. Il en est de même pour les stations balnéaires dont le parc hôtelier, souvent cossu, reflète le prestige de la clientèle qui a fait la réputation de la Côte d'Azur. Plus haut pourrait-on dire, dans la majesté des altitudes du haut pays niçois, et à proximité du parc du Mercantour, les chambres d'hôte et les gîtes ruraux règnent en maître, mais, rançon de leur succès, ils sont pris d'assaut dès le printemps. Une infinité de stations de séjours au bord d'un lac, au fond d'un vallon couvert d'oliviers ou dans le pli d'un plateau sauront agrémenter vos vacances et vous étonner par de multiples activités : bases d'eaux vives au bord des petits torrents des Préalpes, centres équestres de randonnées de la Haute-Tinée, etc. Mais les séjours au bord de la « Grande Bleue » demeurent la destination favorite avec, bien sûr, les sports nautiques. Tout le monde est sûr d'y trouver son compte…

NOS CRITÈRES DE CHOIX

Les hôtels

Nous vous proposons, dans chaque encadré pratique un choix très large en terme de confort. La location se fait à la nuit et le petit-déjeuner est facturé en supplément. Certains établissements assurent un service de restauration également accessible à la clientèle extérieure.
Pour un choix plus étoffé et actualisé, **Le Guide Michelin France** recommande des hôtels sur toute la France. Pour chaque établissement, le niveau de confort et de prix est indiqué, en plus de nombreux renseignements pratiques. Le symbole « **Bib Hôtel** » signale des hôtels pratiques et accueillants offrant une prestation de qualité à prix raisonnable à moins de 72 € en province (88 € grandes villes et stations balnéaires).

Les chambres d'hôte

Vous êtes reçu directement par les habitants qui vous ouvrent leur demeure. L'atmosphère est plus conviviale qu'à l'hôtel, et l'envie de communiquer doit être réciproque : misanthropes, s'abstenir ! Les prix, mentionnés à la nuit, incluent le petit-déjeuner. Certains propriétaires proposent aussi une table d'hôte, en général le soir, et toujours réservée aux résidents de la maison. Il est très vivement conseillé de réserver votre étape, en raison du grand succès de ce type d'hébergement.
Bon à savoir – Certains établissements ne peuvent pas recevoir vos compagnons à quatre pattes ou les accueillent moyennant un supplément, pensez à le demander lors de votre réservation.

Le camping

Le **Guide Camping Michelin France** propose tous les ans une sélection de terrains visités régulièrement par nos inspecteurs. Renseignements pratiques, niveau de confort, prix, agrément, location de bungalows, de mobile homes ou de chalets y sont mentionnés.

LES BONS PLANS

Séjour clé en main

Fédération nationale des services de réservation Loisirs-Accueil – *74/76 r. de Bercy - 75012 Paris - ℘ 01 44 11 10 20 - www.loisirs-accueil.fr.*
Elle anime un réseau de 56 centrales de réservation dont elle fournit les coordonnées sur demande. Chaque service propose des circuits et des forfaits originaux dans une gamme étendue : gîtes ruraux, gîtes d'enfants, chambres d'hôte, meublés, campings, hôtels de séjour.

Hébergement rural

Maison des Gîtes de France et du Tourisme vert – *59 r. St-Lazare - 75009 Paris - ℘ 01 49 70 75 75 - www.gites-de-france.com.* Cet organisme donne les adresses des relais départementaux et publie des guides sur les différentes possibilités d'hébergement en milieu rural (gîtes ruraux, chambres et tables d'hôte, gîtes d'étape, chambres d'hôte et gîtes de charme, gîtes de neige, gîtes de pêche, locations de chalets et campings, séjours à la ferme, gîtes Panda).

Fédération des Stations vertes de vacances et Villages de neige *– BP 71698 - 21016 Dijon cedex - ✆ 03 80 54 10 50 - www.stationsvertes.com.* Ces stations sont des destinations de vacances familiales, retenues tant pour leur qualité de vie (cadre agréable, loisirs variés) que pour la qualité de leurs structures d'accueil et d'hébergement.

Les auberges de jeunesse

Fédération Unie des Auberges de Jeunesse (FUAJ) – *27 r. Pajol - 75018 Paris - ✆ 01 44 89 87 27 - www.fuaj.org.* La carte FUAJ est délivrée en échange d'une cotisation annuelle de 11 € pour les moins de 26 ans, de 16 € au-delà de cet âge et de 23 € pour les familles.

Bon à savoir – Vous trouverez des auberges de jeunesse à **Menton** et **Nice**.

POUR DÉPANNER

Les chaînes hôtelières

L'hôtellerie dite « économique » peut éventuellement vous rendre service. Sachez que vous y trouverez un équipement complet (sanitaire privé et télévision), mais un confort très simple. Souvent à proximité de grands axes routiers, ces établissements n'assurent pas de restauration. Toutefois, leurs tarifs restent difficiles à concurrencer (moins de 50 € la chambre double). En dépannage, voici donc les centrales de réservation de quelques chaînes :

Akena – *✆ 01 69 84 85 17 - www.hotels-akena.com.*
B&B – *✆ 0 892 782 929 - www.hotel-bb.com.*
Etap Hôtel – *✆ 0 892 688 900 - www.etaphotel.com.*
Villages Hôtel – *✆ 03 80 60 92 70 - www.villages-hotel.com.*

Enfin, les hôtels suivants, un peu plus chers (à partir de 68 € la chambre), offrent un meilleur confort et quelques services complémentaires :

Campanile – *✆ 0 825 003 003 - www.campanile.fr.*
Kyriad – *✆ 0 825 003 003 - www.kyriad.fr.*
Ibis – *✆ 0 892 686 866 - ibishotel.com.*

Se restaurer

NOS CRITÈRES DE CHOIX

Pour répondre à toutes les envies, nous avons sélectionné des **restaurants** régionaux bien sûr, mais aussi classiques, exotiques ou à thème… Et des lieux plus simples, où vous pourrez grignoter une salade composée, une tarte salée, une pâtisserie ou déguster des produits régionaux sur le pouce.

Pour un choix plus étoffé et actualisé, **Le Guide Michelin France** recommande des restaurants sur toute la France. Pour chaque établissement, le niveau de confort et de prix est indiqué, en plus de nombreux renseignements pratiques. Le symbole « **Bib Gourmand** » signale les tables qui proposent une cuisine soignée à moins de 28 € en province (36 € grandes villes et stations balnéaires).

Quelques **fermes-auberges** vous permettront de découvrir les saveurs de la France profonde. Vous y goûterez des produits authentiques provenant de l'exploitation agricole, préparés dans la tradition et généralement servis en menu unique. Le service et l'ambiance sont bon enfant. Réservation obligatoire !

Info pratique

LES VINS

Sur les collines de la commune de Nice s'étend le vignoble AOC **Bellet** *(voir p. 63)*. Pour connaître les coordonnées des viticulteurs consultez **www.vinsdebellet.com**.

Bien sûr, vous pourrez également goûter aux vins de la région présents sur les cartes des restaurants, dont on connaît particulièrement le rosé : vins de Bandol, coteaux varois et côtes-de-provence.

LES GRANDS CHEFS

La Turbie

Étonnant paradoxe : c'est un Strasbourgeois qui signe l'une des cuisines les plus ensoleillées de France ! En fait, dès sa sortie de l'école hôtelière de sa ville natale, **Bruno Cirino** n'a pas hésité longtemps à mettre le cap sur le sud. Après un parcours dans de belles maisons de la Côte (Jo Rostang à la grande époque de la Bonne Auberge d'Antibes, Roger Vergé au Moulin de Mougins, Jacques Maximin au Chantecler de Nice et Alain Ducasse au Juana) et deux détours aux États-Unis puis à Paris, il s'installe enfin dans une maison haut perchée à La Turbie. C'est la plus ancienne du village, estampillée 13e s., où quelques célébrités, de Napoléon à Charlie Chaplin, ont séjourné. Cette maison, transformée en restaurant par Paul Jérôme en 1950, est acquise aux enchères par Bruno Cirino en 1996. Là, il exprime son talent. Et Alexandre Dulière, qui a cotoyé Enrico Bernardo Meilleur Sommelier du Monde au George V, fait découvrir les meilleurs vins d'ici et d'ailleurs.

L'Hostellerie Jérôme – ✆ 04 92 41 51 51.

Nice

« Tabourets inconfortables, pas de téléphone et règlement en espèces. Que dire de plus ? Que l'on fait salle comble tous les jours avec une authentique cuisine niçoise. » En quelques mots le Guide Michelin France résume la situation et situe cet improbable restaurant où **Dominique Le Stanc** a trouvé son bonheur. On avait connu cet ancien élève d'Alain Senderens, couvert de lauriers, de toques et d'étoiles, au Chantecler, le restaurant gastronomique du prestigieux hôtel Negresco. Et le voilà qui décide, un beau jour, de tourner le dos aux ors du prestigieux palace pour s'installer dans ce petit estaminet du Vieux Nice, à deux pas du cours Saleya où il va faire son marché. Désormais, tout le patrimoine niçois (tripes, daubes, ratatouilles, pâtes au pistou) se tient dans une petite échoppe authentique dont on se communique le nom de bouche à oreille et dont on ignore avec précision les jours d'ouverture. Venir s'attabler ici tient parfois d'un pari que l'on est rudement content de gagner !

La Merenda – 4 rue Raoul Bosio.

Vence

Le culte de l'amitié ! Voilà la raison de vivre de **Jacques Maximin**, talentueux cuisinier atypique, qui a un jour choisi de fuir les ors des palaces (Le Negresco à Nice en l'occurrence), pour retrouver la maison familiale de Vence et la transformer en restaurant. Depuis, ce Meilleur Ouvrier de France au talent fou dont les trouvailles culinaires ont été si souvent copiées, fait vivre sa cuisine ensoleillée. Ce qui n'est pas un mince paradoxe pour un chef natif du pays des corons qui peut se vanter d'avoir formé quelques belles « pointures » de la cuisine française (Franck Cerutti au Louis XV de Monte-Carlo, Bruno Cirino à La Turbie ou Philippe Gauvreau à La Rotonde dans la périphérie lyonnaise, entre autres). Surtout pas carriériste, celui qui affirme toujours que « la cuisine c'est sa vie » n'a pas suivi un parcours professionnel rectiligne. D'un palace donc, au retour chez lui, en passant par quelques bonnes et mauvaises expériences qui ne l'ont surtout pas traumatisé. Fou de football, on prétend qu'il recrutait les gars de son équipe à travers le talent démontré balle au pied. Faut-il le croire ?

La Table d'Amis – ✆ 04 93 58 90 75.

À FAIRE ET À VOIR

Activités et loisirs de A à Z

Les **comités départementaux** et **comités régionaux** de tourisme *(voir p. 14)* disposent de nombreuses documentations et répondront à vos demandes d'informations quant aux activités proposées dans leur secteur.

Pour trouver d'autres adresses de prestataires, reportez-vous aux rubriques « Visite » et « Sports & Loisirs » dans les encadrés pratiques de la partie « Découvrir les sites ».

ART MODERNE ET CONTEMPORAIN

Si Paris est une des plus prestigieuses vitrines de l'art moderne et contemporain, la Côte d'Azur s'avère une rivale de qualité. Forte de sa lumière, qui ne pouvait qu'envoûter les peintres, la Côte a illuminé les toiles de Dufy et de Matisse, de Léger et de Picasso. Rien d'étonnant à ce que cet Eden touristique soit aussi celui des arts, avec une école de Nice pleine d'exubérance et une concentration unique de musées, de collections et de fondations de renom.

À : **Antibes** : musée Picasso ; **Biot** : musée Fernand-Léger ; **Cagnes-sur-Mer** : musée Renoir ; **Menton** : musée des Beaux-Arts, musée Jean-Cocteau ; **Nice** : musée Marc-Chagall, musée Matisse, musée d'Art moderne et d'Art contemporain, et musée des Beaux-Arts ; **St-Paul** : Fondation Maeght ; **Vence** : chapelle du Rosaire décorée par Matisse ; **Villefranche-sur-Mer** : chapelle Saint-Pierre décorée par Cocteau, musée Volti.

BAIGNADE

Avec plus de 300 km de littoral, des centaines de plages de galets et de sable fin dont la liste serait trop longue à dresser, une eau dont la température ne peut que rassurer les plus frileux, la baignade est l'activité reine de la Côte d'Azur.

Pour connaître la météo des plages consultez le site Internet **www.infosplage.com.**

Si l'eau est presque toujours chaude, elle n'est pas toujours propre. Si vous désirez connaître le résultat des contrôles de qualité des eaux de baignade effectués chaque mois à partir de juin pour toutes les plages du littoral, vous pourrez consulter le site du ministère de la Santé **http://baignades.sante.gouv.fr**. Sachez que les plages sont classées en 4 catégories, de A (bonne qualité) à D (mauvaise qualité).

S. Sauvignier / MICHELIN

Plage de Juan-les-Pins.

CANOË-KAYAK

De nombreux cours d'eau des Alpes-Maritimes offrent d'intéressantes possibilités de descente en canoë-kayak, particulièrement au printemps. Les secteurs de la **Roya** (classe 2 à 4) et de la **Tinée** (classe 3) disposent de structures d'encadrement et d'accueil permettant l'initiation à cette pratique.

Fédération française de canoë-kayak – *87 quai de la Marne - 94344 Joinville-le-Pont - ☏ 01 45 11 08 50 - www.ffcanoe.asso.fr.* La Fédération édite un livre *France canoë-kayak et sports d'eaux vives* et, avec le concours de l'IGN, une carte *Les rivières de France*, avec tous les cours d'eau praticables.

Comité régional de canoë-kayak Côte d'Azur – *50 av. du 11-Novembre - BP 137 - 06603 Antibes Cedex - ☏ 04 92 91 45 40.*

> voyage

La télé comme point de départ

Partagez les secrets des plus beaux hôtels

HÔTELS DE CHARME
Tous les mardis à 20h50

Découvrez tous les petits secrets du monde urbain

GIRLS IN THE CITY
Tous les mercredis à 20h50

Visitez les grandes villes de l'intérieur

BIG CITY LIFE
Tous les dimanches à 20h50

... ALLEZ JUSQU'AU BOUT DE VOS RÊVES

Allez plus loin sur www.voyage.fr

Sur le mobile, le câble, numericable et CANALSAT NOUVEAU

CYCLOTOURISME

La diversité du relief de l'arrière-pays (qui convient aux mollets acérés) et l'aménagement de sentiers sur le littoral (praticables en famille) invitent à enfourcher sa bicyclette.

Documentations

Le conseil général des Alpes-Maritimes édite un guide « **Rando VTT** », disponible dans les offices de tourisme, proposant 30 itinéraires. Vous pouvez aussi les consulter sur le site Internet **www.randoxygene.org**.

Où s'informer

Fédération française de cyclotourisme – *12 r. Louis-Bertrand - 94207 Ivry-sur-Seine Cedex - ✆ 01 56 20 88 88 - www.ffct.org.*

Comité départemental de cyclotourisme des Alpes-Maritimes – *M. Brink - 2 bd Settimelli Lazare - 06230 Villefranche-sur-mer - ✆ 04 93 01 81 85 et 06 23 67 05 34.*

ESCALADE

Un large éventail de possibilités s'offre dans les Préalpes niçoises. N'hésitez pas à vous adresser aux organismes spécialisés.

Où s'informer

Comité régional Montagne-Escalade Côte d'Azur – *✆ 04 92 97 46 81 - Maison régionale des sports - Immeuble Estérel Gallery - 809 bd des Écureuils - 06210 Mandelieu.*

Comité départemental Montagne-Escalade des Alpes Maritimes – *805 av. Rhin-et-Danube - 06140 Vence - ✆ 04 93 24 98 34 - www.ffme.fr/cd/06.*

Bureau des guides de la Côte d'Azur – *71 bd de la Rocade - 06250 Mougins - ✆ 04 93 75 27 39 ou 06 08 47 55 07 - www.altitude06.com.*

Bureau des guides du Mercantour – *75 r. du Dr-Cagnoli - 06450 St-Martin-Vésubie - ✆ 04 93 03 28 28 ; Tende - ✆ 04 93 04 77 85.*

Association des guides et accompagnateurs des Alpes méridionales – *Roquebillière - ✆ 04 93 03 44 30/51 60 ; St-Martin-Vésubie - ✆ 04 93 03 26 60.*

Club alpin français – Pour les adhérents, des sorties accompagnées sont organisées en escalade, mais aussi en alpinisme, randonnées pédestres, ski de randonnée, raquette, canyoning et spéléo.

Section des Alpes-Maritimes – *14 av. Mirabeau - 06000 Nice - ✆ 04 93 62 59 99 (tlj sf w.-end et j. fériés 16h-20h) - www.cafnice.org.*

Via ferrata

À mi-chemin entre l'escalade, l'alpinisme et la randonnée, la pratique de la via ferrata constitue une découverte du monde vertical de l'escalade sans l'astreinte d'un long entraînement que justifiera une pratique soutenue, ici absente. Mais les règles de sécurité prescrites doivent être néanmoins respectées.

Les sites

Le circuit via ferrata des « Comtes de Lascaris » passe par **Peille** *(voir ce nom)*. Dominant les villages, ces circuits offrent d'étonnantes sensations en toute sécurité. Au col de la Colmiane, sur le parcours de la via ferrata du **baus de la Frema**, le néophyte désireux de « tâter » de l'escalade dispose d'un étonnant ensemble d'équipements propre à susciter l'émotion. Les plus expérimentés apprécieront l'ascension du Baus à 2 246 m qui offre un magnifique panarama sur le Mercantour.

Le conseil général des Alpes-Maritimes édite le guide « **Rando Via Ferrata** », disponible dans les offices de tourisme et consultable sur le site internet **www.randoxygène.org.**

FORTIFICATIONS DES ALPES-MARITIMES

L'intérêt stratégique de la zone frontalière du sud-est, révélé par **Vauban**, a été mis en valeur à partir de 1880 par le système de défense promu par **Séré de Rivières**, système complété et amélioré dès 1929 par l'intégration de ce secteur à la **ligne Maginot** qui a fortifié les frontières de Dunkerque à Menton. L'ensemble des ouvrages constitue un panorama intéressant de l'architecture militaire des 19e et 20e s.

Certains forts, désarmés et restaurés par des associations, sont accessibles aux visites comme le fort de **Sainte-Agnès** *(voir Menton)*.
Au nord de Nice, le **mont Chauve d'Aspremont** *(voir Arrière-pays niçois)* offre un superbe point d'observation où, lors de conditions anticycloniques idéales, le littoral se dévoile jusqu'à l'horizon. Le sommet (854 m) est coiffé d'un fort Séré de Rivières à la façade sud monumentale, typique de l'époque. Il est occupé par des services des Télécommunications.

Bon à savoir – Le visiteur respectera les règles de prudence et de respect des lieux car les ouvrages de l'époque Maginot, en apparence en bon état, recèlent des puits intérieurs dissimulés ou des passages dont l'accessibilité reste dangereuse. De même, certains de ces bâtiments ont été acquis par des particuliers et doivent être à ce titre considérés comme des propriétés privées.

GASTRONOMIE

La première approche, la plus simple, consistera à vous rendre sur les marchés *(voir les rubriques l'encadré pratique des villes)* ou chez les producteurs !
Pour goûter à la savoureuse cuisine traditionnelle, il vous suffira de pousser la porte des petits restaurants (suivez votre flair). À **Nice**, pour vous repérer, un label « **Cuisine Nissarde** » est apposé sur la devanture des établissements qui servent des menus du terroir.

Stages de cuisine

Pour connaître les prestataires qui organisent des stages de cuisine du terroir, contactez le comité régional du tourisme Provence-Côte d'Azur.

JARDINS EXOTIQUES

La douceur du climat et les abris offerts par le relief ont favorisé des microclimats permettant le développement d'espèces exotiques uniques en métropole : citronniers, orangers, palmiers se sont maintenant si bien fondus dans le paysage qu'on peut les croire d'origine.

D'ouest en est : au **cap d'Antibes**, le jardin Thuret ; à **Nice**, le parc Phœnix ; au **cap Ferrat**, les jardins de la villa Ephrussi-de-Rothschild ; à **Èze**, le jardin exotique ; à **Monaco**, le jardin exotique et le jardin japonais ; à **Menton**, les jardins du Val Rameh et Serre de la Madone.

JET-SKI

La pratique du jet-ski, sur des portions du littoral peu accessibles par terre et judicieusement choisies, constitue une superbe expérience de navigation autonome. Ce sport est néanmoins régi par des règles strictes : 150 m entre deux appareils, navigation diurne entre 300 m à l'extérieur des chenaux et jusqu'à 1 mille nautique, et désormais nécessité pour le pilote d'être titulaire d'un titre de conduite « mer ». La plupart des grandes stations assurent la location des jet-skis à l'heure ou à la demi-journée.

NAUTISME

Le label « **Station nautique** » distingue des villages côtiers, des stations touristiques ou des ports de plaisance qui s'engagent à offrir les meilleures conditions pour pratiquer l'ensemble des activités nautiques. **Antibes-Juan-les-Pins** affiche ce label.

France Stations Nautiques – *17 r. Henri-Bocquillon - 75015 Paris - ✆ 01 44 05 96 55 - www.france-nautisme.com.*

Voile

La plupart des stations balnéaires possèdent une École française de voile qui propose des stages. Il est possible

S. Sauvignier / MICHELIN

Planche ou voilier, à vous de choisir.

de louer des bateaux avec ou sans équipage, en saison. Renseignez-vous à la capitainerie de chaque port.

Fédération française de voile – *17 r. Henri-Bocquillon - 75015 Paris - ✆ 01 40 60 37 00 - www.ffvoile.org.*

PARACHUTE ASCENSIONNEL

Pour modifier l'habituelle vision de sa plage préférée, vous pourrez vous exercer sans crainte aux joies du **parachute ascensionnel**. Il s'agit de voler sur l'eau accroché à un parachute tracté par un hors-bord. L'intérêt consiste à rester en l'air le plus longtemps possible à la hauteur la plus élevée. Pratiquement toutes les plages aménagées et bien ventées disposent de prestataires proposant des baptêmes et des découvertes de cette activité.

PÊCHE SOUS MARINE

La pratique de ce sport, dont les multiples criques du littoral paraissent propres à satisfaire toutes les exigences, répond à une **réglementation** très stricte. Voici les éléments essentiels :
- la capture et la pêche des mérous et des nacres sont interdites en permanence ;
- la pêche sous-marine des oursins est interdite de mai à septembre dans le Var, de novembre à février dans les Alpes-Maritimes, la capture est limitée à 4 douzaines par plongeur et par jour ;
- la pêche sous-marine est interdite à moins de 100 m de tous les établissements de cultures marines ;
- la détention d'un fusil sous-marin armé est interdite à moins de 100 m d'une plage et à moins de 50 m d'un baigneur ;
- la pratique de la pêche sous-marine est interdite aux personnes âgées de moins de 16 ans ;
- il est interdit de poursuivre et capturer (même sans intention de les tuer) des mammifères marins (dauphins, marsouins) ;
- il existe une taille réglementaire des prises pour chaque espèce ;
- en toutes circonstances, il est interdit de détenir simultanément un fusil sous-marin et un équipement tel que scaphandre autonome ou non permettant la respiration en plongée.

D'autre part, pour pouvoir pêcher, le plongeur doit faire une déclaration aux affaires maritimes en présentant une pièce d'identité et une attestation d'assurance stipulant sa couverture pour la pratique de la pêche sous-marine.

Certaines zones sont totalement interdites de pêche sous-marine toute l'année : les secteurs de Golfe-Juan, Beaulieu et Roquebrune-Cap-Martin sont des réserves marines (balisées par des bouées). La rade de Villefranche-sur-Mer et du cap Ferrat ainsi que l'aéroport de Nice sont classés zones de protection.

Pour installer un **mouillage** (corps-mort), il est obligatoire d'avoir une autorisation d'occupation temporaire (payante) délivrée par le service maritime de la DDE.
Renseignez-vous au préalable auprès de la **direction départementale affaires maritimes des Alpes-Maritimes** – *22 quai de Lunel - BP 4139 - 06303 Nice Cedex 04 - ✆ 04 92 00 41 50.*

PLAISANCE

L'engouement pour la navigation de plaisance a conduit à l'aménagement de gigantesques surfaces d'amarrage dont le confort satisfera les plaisanciers les plus exigeants. Parmi ces dernières, on retiendra le port Vauban à **Antibes**, actuellement le plus vaste.

Le *Bloc Marine Méditerranée*, (Intervalles Éd.), répertorie toutes les réglementations, les ports et plans et tous les services disponibles dans chaque port.
www.blocmarine.com.

Label « Pavillon bleu »

Ce label, décerné chaque année par la Fondation pour l'éducation à l'Environnement en Europe, récompense les ports de plaisance et les communes répondant à un certain nombre de critères écologiques dans leur gestion. Consultez la liste des lauréats sur **www.pavillonbleu.org.**

Quelques règles

La vitesse est limitée à cinq nœuds sur toute la bande littorale à moins

de 300 m du rivage et l'usage des scooters de mer est interdit à moins de 300 m du rivage (sauf dans les chenaux d'accès) et dans les secteurs des îles d'Hyères, de Lérins et dans la baie de Villefranche. Ne vous approchez pas à moins de 100 m d'un pavillon (blanc et bleu ou croix de Saint-André) signalant la présence de plongeurs.
La direction départementale des Affaires maritimes des Alpes-Maritimes *(voir la rubrique « Pêche sous-marine »)* diffuse une plaquette répertoriant les principales réglementations.

H. Le Gac / MICHELIN

Des fonds marins appréciés des plongeurs.

PLONGÉE

Le principaux centre d'activités subaquatiques se situent à Villefranche-sur-Mer et St-Jean-Cap-Ferrat.

Fédération française d'études et de sports sous-marins – *24 quai de Rive-Neuve - 13284 Marseille Cedex 07 - ✆ 04 91 33 99 31 ou 0 820 000 457 - www.ffessm.fr.* Elle regroupe un grand nombre de clubs nationaux et publie un ensemble de fiches présentant les activités subaquatiques de la fédération.

Comité régional des sports sous-marins de la Côte d'Azur – *Sur le port - Cap Blanc - 83233 Bormes Cedex - ✆ 04 94 00 40 71 - www.ffessmcotedazur.com.*

Règles de sécurité

Le succès croissant pour la découverte des superbes paysages sous-marins que propose la Côte d'Azur ne doit cependant pas faire oublier le respect par le plongeur occasionnel des règles élémentaires de sécurité qui éviteront des accidents aux conséquences souvent graves :
- ne jamais plonger seul, ni après un repas copieux ou arrosé, ou après avoir pris des boissons gazeuses, et en état de fatigue ;
- éviter impérativement les chenaux de passage des embarcations et les lieux d'évolution des véliplanchistes ;
- matérialiser correctement les points de plongée : pavillon alpha ou pavillon rouge à diagonale blanche ;
- signaler aux secours à terre la nature de l'accident afin qu'ils préparent des soins en milieu hyperbare, seul remède aux accidents de décompression même minime.

RANDONNÉE ÉQUESTRE

Des circuits aménagés de tourisme équestre existent dans les Alpes-Maritimes.

Comité national de tourisme équestre – *9 bd Macdonald - 75019 Paris - ✆ 01 53 26 15 50 - www.cnte.fr.* Le comité édite une brochure annuelle, *Cheval nature, l'officiel du tourisme équestre,* répertoriant les possibilités en équitation de loisir et les établissements accueillant cavaliers et chevaux.

Comité régional de tourisme équestre Pays d'Azur – *Immeuble le Weldom - 2 rte de Nice - 06650 Le Rouret - ✆ 06 81 58 84 70 -http://cheval.d.azur.crte.free.fr.* Il répertorie tous les centres affiliés et donne le calendrier des manifestations.

Itinéraire équestre des Espaces naturels Franco-Italiens

Une forme originale de découverte du **massif du Mercantour** : des randonnées équestres de montagne sont pratiquables sur un itinéraire balisé reliant Saint-Martin-Vésubie à Certosa di Pesio au travers des parcs italiens delle Alpi Marittime et d'Alta Valle Pesio. Une dizaine de haltes sont aménagées pour les cavaliers et leur monture.
Les renseignements pratiques sont fournis par les Maisons du Parc national du Mercantour et du parc delle Alpi Marittime.

RANDONNÉE PÉDESTRE

Sentiers du littoral

Le fameux sentier des douaniers qui longeait l'ensemble du littoral azuréen avant l'expansion immobilière a réussi à préserver plusieurs tronçons de son parcours. Ces derniers ont fait l'objet d'un aménagement par le Conservatoire du littoral.

Parcs forestiers départementaux

Les fiches pratiques de ces parcs sont consultables sur **www.cg06.fr**, ainsi que le programme des animations (sorties de découverte ou thématiques et ateliers de sensibilisation) qui s'y déroulent. Vous pouvez également le demander au conseil régional des Alpes-Maritimes (Direction du Patrimoine - BP 3007 - 06201 Nice Cedex 3).

Parc de la Grande Corniche à Èze – Accès depuis le col d'Èze sur la Grande Corniche *(voir corniches de la Riviera)*.

Parc de Vaugrenier – Accès par la N 7 entre Antibes et Marina-Baie-des-Anges.

Attention aux vipères !

Dans les garrigues et sur les causses, les pierres, la rocaille et les broussailles sont autant d'abris pour les vipères. Lorsqu'elles se sentent menacées, elles peuvent mordre celui qui vient de les déranger. Quelques minutes après, une bulle portant une petite tache rouge apparaît sur la cheville puis se transforme en œdème. Pour éviter la diffusion du venin et les complications qui s'ensuivent, il faut tout d'abord calmer le blessé et l'allonger. Mieux vaut ne pas poser un garrot, inciser la plaie ou aspirer le venin par la bouche ; d'autre part, il faut savoir que l'*aspivenin* n'est pas efficace à 100 %. La meilleure chose à faire est de transporter le blessé à l'hôpital dans les plus brefs délais ; c'est là que le sérum antivenimeux sera administré. Pour éviter ce genre d'accident, il faut tout d'abord porter de bonnes chaussures de marche protégeant éventuellement la cheville. Pour ne pas réveiller les vipères, évitez de soulever les pierres. Frapper le sol du pied, faire un peu de bruit fera fuir les vipères les plus audacieuses.

Parc de la vallée de la Brague – À la sortie nord de Biot.

Balades dans l'arrière-pays

De nombreux sentiers balisés permettent de découvrir la région. Les sentiers de grande randonnée (GR) qui sillonnent l'arrière-pays niçois sont réservés aux randonneurs confirmés qui maîtrisent l'expérience de la montagne. Ils ne sont praticables que de fin juin à début octobre.

GR 5 – Le plus ancien et le plus majestueux, il aboutit à Nice après une traversée de l'Europe. En reprenant la dernière section de Nice à Saint-Dalmas-Valdeblore, on traversera Aspremont, Levens, les gorges de La Vésubie et la Madone d'Utelle.

GR 52 – De Saint-Dalmas-Valdeblore à Menton par le Boréon, la vallée des Merveilles, la forêt de Turini, Sospel. Il aboutit au Jardin exotique de Val Rameh.

GR 52^{A} – Il contourne par les cimes le Parc national du Mercantour dans sa partie orientale depuis le col de Tende.

D'autres sentiers sont praticables toute l'année par des randonneurs de tout niveau :

GR 51 – Surnommé « le balcon de la Méditerranée », il domine la côte depuis la première ligne de crêtes. Il permet de découvrir de remarquables panoramas entre le col de la Cadière (Esterel) et Castellar (à l'est de Menton).

Où s'informer

Fédération française de la randonnée pédestre – *64 r. du Dessous-des-Berges - 75013 Paris - ✆ 01 44 89 93 90 - www.ffrandonnee.fr.* Elle donne le tracé détaillé des GR, GRP et PR à travers ses collections de topoguides ainsi que d'utiles conseils. Vous pouvez également acheter les topoguides sur le site Internet.

Voir la liste des topoguides, p. 38.

Comité départemental de randonnée pédestre des Alpes-Maritimes – *Maison des associations - 4 av. de Verdun - 06800 Cagnes-sur-Mer - ✆ 04 93 20 74 73 - www.cdrp06.org.*

Autres itinéraires

Guides « RandOxygène » – Le conseil général des Alpes-Maritimes diffuse trois guides de randonnées intitulés *Haut Pays, Moyen Pays et Pays côtier*, regroupant des itinéraires et des renseignements pratiques. Ils sont disponibles auprès des principaux offices de tourisme, des maisons du Parc national du Mercantour et des bureaux des guides. On peut également se les procurer gratuitement par courrier sur simple demande au conseil général des Alpes-Maritimes *(direction de la communication - BP 3007 - 06201 Nice Cedex 3)*, ou les consulter sur **www.randoxygene.org**.

« Le sentier des villages perchés » – L'association touristique des vallées Roya-Bévéra édite ce livret qui propose un itinéraire de 6 jours de Tende à Menton. **Renseignements** – *✆ 04 93 04 92 05 - www.royabevera.com.*

ROUTES THÉMATIQUES

Route du baroque nisso-ligure – *✆ 04 93 04 22 20.* Itinéraire également consultable sur le site du conseil général des Alpes-Maritimes (www.cg06.fr). Églises, chapelles, fortifications et palais des Alpes-Maritimes vous ouvrent leurs portes, du littoral au haut-pays.

Route des Brea – *✆ 04 93 27 27 01.* Itinéraire également consultable sur le site du conseil général des Alpes-Maritimes (www.cg06.fr) et sur www.cerclebrea.com. Partez à la découverte d'œuvres datées de la Pré-Renaissance et issues des primitifs niçois, parmi lesquels les peintres de la famille Brea, en empruntant les chemins de l'ancien comté de Nice et de la Ligurie du Ponant.

TRAINS TOURISTIQUES

Train des Pignes

Le célèbre « train des Pignes » (l'appellation proviendrait des pignes, pommes de pin, utilisées comme combustible de la chaudière des locomotives), qui va de **Nice à Digne-les-Bains**, parcourt l'arrière-pays niçois et la haute Provence sur 151 km. Construite de 1890 à 1911, sa voie métrique et unique franchit une soixantaine d'ouvrages d'art remarquables : ponts métalliques, viaducs, tunnels (dont un de 3,5 km). Le train des Pignes est le vestige d'un vaste réseau régional qui desservait au début du 20e s. tout l'arrière-pays jusqu'à Toulon via Draguignan. En un peu plus de 3h, ce voyage permet, en suivant le cours de cinq vallées, de découvrir de très beaux paysages et des villages perchés, qui sont parfois difficilement accessibles par la route. Toute l'année, ce train permet de rejoindre le lac de Castillon et les gorges du Verdon ainsi que les stations de sports d'hiver des Alpes-Maritimes et des Alpes-de-Haute-Provence.

Bon à savoir – À l'extérieur des gares, l'aménagement de haltes, indiquées par une signalisation, permet au randonneur d'organiser son itinéraire en quittant le train à un point donné pour le reprendre en fin de journée à un autre arrêt.

Renseignements – *Chemin de fer de Provence - 4 bis r. Alfred-Binet - 06000 Nice - ✆ 04 97 03 80 80 - www.trainprovence.com.*

Train des Merveilles

Ce train touristique circule entre **Nice** et **Tende**, traversant les vallées du Paillon et de la Roya-Bévéra *(voir la ligne Nice-Cueno, p. 10)*. Il s'arrête dans toutes les gares du parcours. Vous pourrez visiter deux villages dans la journée (dernier TER au départ de Tende à 17h05).

Bon à savoir – Ne manquez pas le train de 9h28 au départ de Nice (arrivée à Tende à 11h06), animé par un **guide conférencier**, tous les jours entre juin et septembre et le week-end le reste de l'année.

Renseignements :
SNCF – *✆ 3635 - www.ter-sncf.com/paca.*
Association Développement touristique Roya Bévéra – *✆ 04 93 04 92 05 ou www.royabevera.com.*

Train des Neiges

C'est l'autre appellation du train des Merveilles *(voir ci-dessus)* pour la saison hivernale. Depuis la gare de Nice, rejoignez tous les dimanches de janvier à mars le centre de Tende-Castérino pour vous adonner à une journée de ski de fond ou à une balade à thème poudrée.

NOUVELLES CARTES MICHELIN
Laissez-vous porter par votre imagination.
Alpes-Maritimes
721 National 721
MICHELIN
FRANCE
MICHELIN
Atlas Routier France

VISITES GUIDÉES

La plupart des villes proposent des visites guidées. Elles sont organisées toute l'année dans les grandes villes ou seulement en saison dans les plus petites. Dans tous les cas, informez-vous du programme à l'office de tourisme et pensez à vous inscrire. En général, les visites ne sont pas assurées en deçà de quatre personnes et pendant la période estivale, les listes sont rapidement complètes.

Reportez-vous aussi à l'encadré pratique des villes, dans la partie « Découvrir », où nous mentionnons les visites guidées qui ont retenu notre attention sous la rubrique « Visite ».

Villes et Pays d'art et d'histoire

Sous ce label décerné par le ministère de la Culture et de la Communication sont regroupés quelque 130 villes et pays qui œuvrent activement à la mise en valeur et à l'animation de leur architecture et de leur patrimoine. Dans ce réseau sont proposées des visites générales ou insolites (1h30 ou plus), conduites par des guides-conférenciers et des animateurs du patrimoine agréés par le ministère.

Ministère de la Culture et de la Communication

Renseignements auprès des offices de tourisme des villes ou sur le site **www.vpah.culture.fr.**
La Ville d'art et d'histoire citée dans ce guide est **Menton**.

La destination en famille

Pour se faire pardonner quelques visites de musées « pour les grands » ou pour changer un peu de la plage, nous avons sélectionné pour vous un certain nombre de sites *(voir le tableau récapitulatif ci-dessous)* qui intéresseront particulièrement votre progéniture. Vous les repérerez dans la partie « Découvrir les sites » grâce au pictogramme.

SITES À VOIR OU ACTIVITÉS À FAIRE EN FAMILLE

Villes	Nature	Musées	Loisirs
Antibes	Marineland		Parc aquatique, parc d'attraction, mini-golf
Beaulieu-sur-Mer		Villa Kerylos	
Biot	Bonsaï arboretum	Verrerie	
Cap Ferrat	Zoo	Villa Ephrussi	
Corniches de la Riviera		Astrorama	
Juan-les-Pins			Visiobulle
Lucéram		Musée des vieux-outils, Musée de la Crèche	
Menton	Jardin de la Serre de la Madone		Koaland (parc de loisirs)
Monaco	Jardin animalier	Historial des Princes de Monaco, Musée national (automates et poupées), Musée océanographique	Aquavision
Nice	Parc Phœnix	Musée d'histoire naturelle, musée Terra Amata Musée Lou Ferrouil (Gilette, arrière-pays)	Petit train touristique
La Turbie		Trophée des Alpes	
Villefranche-sur-Mer			Petit train touristique

LES LABELS

Villes et Pays d'art et d'histoire

Le réseau des Villes et Pays d'art et d'histoire *(voir la rubrique « Visite guidée »)* propose des visites-découvertes et ateliers du patrimoine aux enfants, les mercredis, samedis ou durant les vacances scolaires. Munis de livrets-jeux et d'outils pédagogiques adaptés à leur âge, ces derniers s'initient à l'histoire et à l'architecture et participent activement à la découverte de la ville. En atelier, ils s'expriment à partir de multiples supports (maquettes, gravures, vidéos) et au contact d'intervenants de tous horizons : architectes, tailleurs de pierre, conteurs, comédiens.

Bon à savoir – En juillet-août, dans le cadre de l'opération « L'Été des 6-12 ans », ces activités sont également proposées durant la visite des adultes.

Que rapporter

Les choix sont vastes et se limitent à la place disponible dans vos bagages, sauf si vous « craquez » pour une magnifique mais énorme jarre vernie qu'il ne vous restera plus qu'à tenter de caser dans le coffre de la voiture ! Nos quelques idées n'ont d'autre ambition que vous aider à faire votre choix en toute connaissance, car la production artisanale authentique peut côtoyer des articles manufacturés diffusés comme partout ailleurs…

Nous avons sélectionné pour vous une série de boutiques proposant des produits artisanaux et du terroir : retrouvez ces adresses dans la rubrique « Que rapporter » des **encadrés pratiques** de la partie « Découvrir ».

MARCHÉS PROVENÇAUX

Les marchés typiques, qui fleurent bon l'ail, la farigoulette et l'estragon, sont indissociables, au même titre que les cigales et la lavande, de l'image que l'on se fait de la Provence. En saison estivale, le moindre village de l'arrière-pays accueille, à l'ombre de ses platanes, des maraîchers proposant le produit de leurs cultures.

Nous citons les principaux marchés, présentant les produits du terroir et qui mettront en éveil tous vos sens, dans l'**encadré pratique** des villes.

Bon à savoir – Les **« marchés paysans »** regroupent uniquement des producteurs en vente directs agréés « produits de la ferme » par la chambre d'Agriculture.

POUR LES PAPILLES

Épicerie fine

Préférez l'**huile d'olive vierge** de la région que vous trouverez sur les marchés où dans les épiceries fines. Vous rapporterez également des bocaux d'olives vertes ou noires de Nice, marinées aux piments ou aux herbes, de la **tapenade**, de l'**anchoïade**, idéale pour accompagner des légumes crus (chou-fleur, fenouil, tomates, radis, carottes… auxquels on peut rajouter un œuf dur), de l'**aïoli** en petits (ou en gros…) pots de verre, voire de la **rouille** pour accompagner les soupes de poisson. Vous trouverez tout cela sur les marchés bien sûr et dans les épiceries *(voir Nice)*.

Gourmandises

À Nice, les confiseries proposent les spécialités de **fruits confits** et de **pâtes de fruits**. La région compte nombre d'apiculteurs, les amateurs de **miel** et de nougats ne manqueront pas de faire provision. En déambulant dans Menton, vous ne résisterez pas à la **fougasse mentonnaise** parfumée à la fleur d'oranger.

POUR LA MAISON

Fleurs et parfums

Toute la Côte d'Azur propose des variétés superbes de bouquets de fleurs dont les plus remarquables sont les **mimosas** (en février) et les **œillets**. Rendez-vous aux marchés d'Antibes *(voir ce nom)* et du cours Saleya à Nice *(voir ce nom)* dont certains commerçants assurent l'expédition en paquets conditionnés.
À **Menton**, dans la rue Longue, de multiples boutiques d'artisanat proposent parfums et toutes sortes de savons, de produits pour le bain ou pour le massage, mais aussi sachets

de lavande pour les armoires, bougies parfumées, parfums d'ambiance (également pour la voiture), etc.

Linge de maison

Nappes (toile cirée ou non) et sets de table, torchons, maniques et gants de cuisine en tissu provençal. L'engouement pour les **tissus provençaux** se retrouve dans le large choix des boutiques.

Poteries et verreries

Outre les innombrables artisans qui peuplent les villages perchés à forte fréquentation touristique et chez qui le pire côtoie le meilleur (mais il en faut pour tous les goûts !), les **poteries** sont incontournables à Vallauris. Quant à Biot, qui pendant longtemps fabriqua des jarres, c'est le haut lieu de la **verrerie** depuis les années 1960.

Les événements

N'hésitez pas à contacter les offices de tourisme des villes citées pour connaître le calendrier détaillé des manifestations et les éventuelles modalités de réservation.

Janvier

Monaco – Fête de la Sainte-Dévote (le 27). Festival international du Cirque de Monte-Carlo (mi-janv.).

Monaco et arrière-pays – Rallye automobile de Monte-Carlo (fin du mois).

Février

Menton – Fête du Citron, corso des Fruits d'or (3 sem. autour de Mardi gras) - www.feteducitron.com.

Nice – Carnaval : corsos carnavalesques et batailles de fleurs (2 sem. autour de Mardi gras) - www.nicecarnaval.com.

Villefranche-sur-Mer – Combat naval fleuri : défilé de pointus, bataille de fleurs (lun. gras).

Mars

Golfe-Juan – Reconstitution historique du débarquement de Napoléon à Golfe-Juan (1er w.-end).

Nice – Festins des cougourdons (fin du mois ou déb. avril).
Paris-Nice : course cycliste, arrivée sur la promenade des Anglais.

Avril

Monaco – Printemps des arts : théâtre, musique, danse, cinéma... - www.printemps-des-arts.mc.

Roquebrune-Cap-Martin – Procession du Christ mort (le soir du Vendredi saint).

Mai

Monaco – Grand Prix automobile de Formule 1 (3e w.-end).

Nice – Fête des Mais (tous les dim.) : groupes folkloriques, vente de produits locaux au parc des Arènes de Cimiez.

Juillet

Antibes – Fêtes de Notre-Dame de Bon-Port (du 1er jeudi jusqu'au dim. suivant) : fêtes mariales.

Juan-les-Pins – Festival international de jazz (autour de la 2e quinz.).

Nice – Nice Jazz Festival (2e quinz.). dans les jardins et les arènes de Cimiez - www.nicejazzfest.com.

Vallées de la Roya et de la Bévéra – Les Baroquiales : festival d'art baroque en Roya-Bévéra (1erquinz.).

Villefranche-sur-Mer – Moments musicaux de la citadelle (jeudi).

Juillet – août

Monaco – Festival international de feux d'artifice.

Nice – Musicalia, concerts gratuits de musiques du monde. au théâtre de verdure (merc. et sam.).

Vence – Les Nuits du Sud : festival de musiques du monde - www.nuitsdusud.com.

Juillet – octobre

Vallauris – Biennale internationale de céramique contemporaine (années paires).

Août

Menton – Festival de musique de chambre sur le parvis de la basilique Saint-Michel - www.festivalmusiquementon.com.

Roquebrune-Cap-Martin – Procession de la Passion dans les rues du vieux village (le 5).

Vallauris – Fête de la poterie (2e dim.).

LE Guide Vert

Dans la même collection, découvrez aussi :

France Régionaux

- Alpes du Nord
- Alpes du Sud
- Alsace Lorraine
- Aquitaine
- Auvergne
- Bourgogne
- Bretagne
- Champagne Ardenne
- Châteaux de la Loire
- Corse
- Côte d'Azur
- Franche-Comté Jura
- Île-de-France
- Languedoc Roussillon
- Limousin Berry
- Lyon Drôme Ardèche
- Midi-Pyrénées
- Nord Pas-de-Calais Picardie
- Normandie Cotentin
- Normandie Vallée de la Seine
- Paris
- Pays Basque et Navarre
- Périgord Quercy
- Poitou Charentes Vendée
- Provence

France Villes

- Bordeaux
- Deauville
- Lille
- Lyon
- Marseille
- Montpellier
- Nantes
- Nice
- Reims
- Saint-Malo
- Strasbourg
- Toulouse

Idées de week-ends

- La France sauvage
- Les plus belles îles du littoral français
- Paris Enfants
- Promenades à Paris
- Week-ends aux environs de Paris
- Week-ends dans les vignobles
- Week-ends en Provence

Europe

- Allemagne
- Berlin
- Autriche
- Vienne
- Belgique Luxembourg
- Budapest et la Hongrie
- Bulgarie
- Croatie
- Ecosse
- Espagne Atlantique
- Espagne du Centre Madrid Castille
- Espagne Méditerranéenne Baléares
- Andalousie
- Barcelone et la Catalogne
- Angleterre Pays de Galles
- Londres
- Grèce
- Pays Bas
- Irlande
- Italie du Nord
- Italie du Sud Rome Sardaigne
- Florence et la Toscane
- Rome
- Sicile
- Venise
- Moscou Saint-Pétersbourg
- Pays Baltes
- Pologne
- Portugal
- Prague
- Roumanie
- Scandinavie
- Suisse

Monde

- Canada
- Égypte
- Maroc

Photos : Corel/Goodshoot

Octobre

Antibes – Festival mondial de l'image sous-marine - www.underwater-festival.com.

Vence – Le Moyen Pays fête ses traditions : festival des métiers, musiques et danses du pays de Vence (déb. du mois).

Novembre

Monaco – Fête nationale monégasque (le 19).

De décembre à mi-janvier

Lucéram – Pastorale des bergers, circuit des crèches.

Vallée de la Roya – La vallée des santons : crèches dans les villages.

Nos conseils de lecture

OUVRAGES GÉNÉRAUX

Beauté de la Côte d'Azur, J. Mathe, Minerva, 2001.
La Côte d'Azur des jardins, S. Greggio, Ouest-France, 2002.
La Côte d'Azur des écrivains, C. Arthaud, Édisud, 1999.
Voyages en Provence, Alpes, Côte d'Azur, E. Temime, Gallimard, 1997.

HISTOIRE – ART

Les **éditions Serre** à Nice publient de nombreux ouvrages traitant de l'histoire d'un village du comté ou d'une vallée.
Itinéraires niçois, Sylvie T., Serre, 2003.
Les Années Fitzgerald - La Côte d'Azur 1920-1930, X. Girard, Éd. Assouline, 2004.
L'Invention de la Côte d'Azur, M. Boyer, coll. Monde en cours essais, Éd. de l'Aube, 2002.

NATURE – RANDONNÉES

Toutes les fleurs de la Méditerranée, C. Grey-Wilson, Delachaux & Niestlé, 2004.
30 balades en famille autour des Merveilles : Haute-Vésubie, Roya, M. Bricola, Glénat, 2005.
FFRandonnée édite des topoguides : Panoramique du Mercantour ; Tinée-Vésubie : vallée des Merveilles ; La Côte d'Azur à pied®.
Parc National du Mercantour, C. Michiels, B. Dodin, L. Nucera, Milan Éditions, 1998.

GASTRONOMIE

Les Recettes de Réparate, C. Bourrier-Reynaud, Serre, 2006.
Cocotte d'Azur, recettes niçoises et de la côte, J. Roure, coll. Carrés Gourmands, équinoxe éditions, 1997.
Les Recettes de la Riviera, A. Ducasse, Albin Michel, 1997.
La Cuisine provençale et niçoise, M. Roubaud, éd. Jeanne Laffite, 1999.

LITTÉRATURE

Avenue des diables bleus ; Chemin de la lanterne ; Le Ruban rouge, L. Nucera, Grasset. Plusieurs quartiers populaires de Nice, pendant l'entre-deux-guerres, servent de cadre à une puissante fresque de la vie des Niçois et des émigrés italiens.
La Baie des anges ; Le Palais des fêtes ; La Promenade des Anglais, M. Gallo, Robert Laffont. Une trilogie sur Nice, de la Belle Époque à nos jours.
La Douceur de la vie (tome 3 de la série *« Les Hommes de bonne volonté »*), J. Romains, coll. Bouquins, Robert Laffont. L'action se passe à Nice et dans l'arrière-pays dans les années 1920.
Le Procès-Verbal, J.-M.-G. Le Clézio, « Folio », Gallimard. Plusieurs autres livres de l'écrivain niçois traitent de sa ville natale.
Le Parfum, P. Süskind, Le Livre de Poche.
Sept garçons, A. Wiazemsky, Gallimard.
Dimanches d'août, P. Modiano, « Folio », Gallimard.
Les Amants du paradis, R. Mille, Grasset.
Lettres de Cannes et de Nice (1856-1857), M. M. Brewster, Tac Motifs.

Pour les amateurs de **romans policiers** :
Nice Baie d'aisance, S. Livrozet, série « Le Poulpe », La Baleine.
La Clé de Seize ; Nice 42e rue, P. Raynal, « Folio policier », Gallimard.

Villefranche-sur-Mer, une halte sur la corniche de la Riviera.

S. Sauvignier / MICHELIN

COMPRENDRE NICE ET SA REGION

NICE : PORTRAIT DE LA VILLE

À la fois pôle touristique, culturel et technologique, Nice étale sans fard les richesses et les contrastes qui lui ont permis de devenir la cinquième ville de France, tout en lui conférant une véritable dimension internationale. Sur la Promenade des Anglais, se côtoient artistes, têtes couronnées, créateurs de start-up et touristes, tandis que les musées, parmi les plus prestigieux du pays, ouvrent leurs portes à deux pas des plages. Ajoutez un climat des plus attractifs, ce qu'il faut de festivités, et Nice devient un lieu de villégiature idéal autant qu'une destination de vacances, toujours plus prisée.

D. Pazery / MICHELIN

L'hôtel Negresco rappelle la Belle Époque.

Des Grecs aux Savoyards

Le sol de Nice a révélé une occupation humaine vieille de 400 millénaires. Citadelle ligure à l'aube de l'histoire, elle devient, vers le 4e s. av. J.-C., un comptoir des Grecs de Marseille. Cette petite bourgade, bâtie autour du rocher qui domine le port alors à l'est de l'actuel quai des États-Unis, est éclipsée trois siècles plus tard par les riches Romains, qui portent leur effort colonisateur sur la colline de Cemenelum, ou « Cimiez », d'où ils assurent une meilleure défense.

Revirement de l'histoire, les invasions barbares et sarrasines réduisent Cimiez à peu de chose et c'est l'ancienne Nikaia (du grec *niké*, « victoire ») qui, à partir du 10e s., redevient importante grâce aux comtes de Provence.

En 1388, Nice choisit son camp au terme d'une guerre civile : à Louis d'Anjou, comte de Provence, elle préfère **Amédée VII**, comte de Savoie, pour qui le port de Nice est un enjeu capital dans sa maîtrise de la route d'Italie. Cette puissante maison, déjà riche de la province du Piémont, va transformer durablement l'identité niçoise : quittant l'habit provençal, Nice s'italianise avec la Savoie qui établit sa capitale à Turin au 16e s. et annexe la Sicile puis la Sardaigne au 18e s.

En 1793, Nice et son arrière-pays deviennent, sous la Convention, le département des Alpes-Maritimes. À la chute de l'Empire, en 1814, le roi de Piémont-Sardaigne les récupère par le traité de Paris.

Deux héros niçois

André Masséna (1758-1817), général dès 1793, s'illustre pendant la campagne d'Italie à Rivoli. Bonaparte l'appelle « l'enfant chéri de la victoire ». Il remporte la bataille de Zurich sur les Autrichiens et les Russes, et permet à Bonaparte de gagner celle de Marengo sur les Italiens. Il conquiert le royaume de Naples (1806). Son génie militaire s'accompagne d'une âpreté au gain et d'un opportunisme qui le fait successivement crier au cours de sa carrière : « Vive la nation ! Vive l'empereur ! Vive le roi ! »

Des convictions plus solides ont animé **Giuseppe Garibaldi** (1807-1882), fils de marin génois, qui s'est battu aux côtés de Mazzini pour l'unité de l'Italie lors de la Révolution de 1848 puis celle de 1859. Exilé en Amérique du Sud, il défend les républicains uruguayens et brésiliens. Ce « Che Guevara » niçois a bien mérité son surnom de « héros des Deux-Mondes ».

Le plébiscite

Napoléon III accepte de s'allier au Piémont-Sardaigne et de chasser les Autrichiens des provinces du Nord de l'Italie pour reprendre Nice et la Savoie. Le **traité de Turin** (1860), entre Napoléon III et le roi de Sardaigne Victor-Emmanuel II, stipule le retour de Nice à la France « sans nulle contrainte de la volonté des habitants ». Le plébiscite est triomphal : 25 743 oui contre 260 non, parmi lesquels Garibaldi, bien sûr. Le 12 septembre, l'empereur et l'impératrice Eugénie reçoivent du maire de Nice les clés de la ville sur l'actuelle place Garibaldi. La région de Tende et de la Brigue devait demeurer territoire italien pendant encore 87 ans, jusqu'au traité du 10 février 1947.

Aujourd'hui

En 1860, Nice ne comptait que 40 000 habitants. Son rattachement à la France marqua le début d'un développement exceptionnel fondé sur le commerce, le transport et surtout le tourisme, grâce au chemin de fer. Nice rivalise avec Cannes en têtes couronnées anglaises et russes qui embellissent leur villégiature.

Actuellement 5e ville de France, elle est devenue un pôle technologique de dimension internationale grâce à la technopole de Sophia-Antipolis et au palais des congrès Acropolis. Centre administratif, Nice a aussi vocation culturelle, d'autant qu'elle a accueilli nombre de créateurs rassemblés au sein de l'**école de Nice** : musées prestigieux, conservatoire de musique, centre national d'art contemporain *(voir Villa Arson, p. 82)* et université. Son climat, doux en hiver et tempéré par la brise en été, fait le bonheur des retraités, en nombre croissant. Un équipement hôtelier hors pair finit de faire de Nice l'un des hauts lieux du tourisme en France.

Le saviez-vous ?

Chaque jour, un **coup de canon** rappelle aux Niçois l'heure du déjeuner. L'origine de cette coutume est due à Sir Thomas Coventry, un de ces Anglais à la vie réglée comme du papier à musique : las de prendre ses repas à des heures fluctuantes, il proposa l'achat et l'entretien sur ses deniers d'un canon afin que soit donnée du haut de la colline du Château, à midi précise, l'heure du déjeuner à tous les Niçois. Si la tradition s'est maintenue, le canon a été remplacé par un gros pétard.

Le roi Carnaval

Célèbre et fort ancienne, la tradition du **carnaval de Nice★★** est déjà mentionnée en 1294, lors du passage du comte de Provence, Charles II. Cette grande fête fut toujours un dérivatif aux tensions de la société et aux difficultés nées des conflits que la situation géographique de Nice ne cessait d'engendrer. Après une longue interruption pendant la Révolution et l'Empire, un premier défilé de chars eut lieu en 1830 pour honorer le retour à la souveraineté sarde.

Sa forme moderne date de 1873, ses décors ayant été enrichis par le peintre niçois **Alexis Mossa**, puis son fils qui pris la relève. De nos jours, l'entrée de Sa Majesté Carnaval a lieu environ trois semaines avant le Mardi gras ; il est brûlé en effigie ce soir-là. Pendant les festivités, des corsi de 20 chars (la fabrication de chacun nécessite en moyenne une tonne de carton-pâte) et 800 grosses têtes loufoques défilent les week-ends, en journée ainsi que certains soirs. Le corso de la Bataille de Fleurs est aussi très prisé.

Pour en savoir plus, consultez le site www.nicecarnaval.com.

NATURE

Contrastée, la Côte d'Azur l'est dans son climat, sa végétation et son animation. La tiédeur hivernale de la côte niçoise tranche avec l'air glacé des champs de ski en altitude, les hêtres et les sapins de la forêt de Turini se distinguent des chênes-lièges et des pins typiquement méridionaux de l'Esterel, l'isolement des villages perchés rompt avec la cohue des stations balnéaires... Une multiplicité d'impressions qui se comprend au regard d'un relief pluriel.

D. Pazery / MICHELIN

Le jardin exotique d'Èze rassemble une belle collection de cactées.

Le jardin de la Méditerranée

Palmiers et agaves, aloès et figuiers de Barbarie, oliviers, orangers et citronniers, mimosas et jasmins, roses et œillets : ils symbolisent l'exotisme et la luxuriance végétale de la Côte, comme ils sont les témoignages d'un climat exceptionnel. Effectivement, les fleurs poussent au printemps, repoussent en automne, restent épanouies en hiver, et ne se reposent qu'en été.

LE PAYS DE L'OLIVIER

La culture de l'olive marque traditionnellement la limite septentrionale du Midi : « Où l'olivier renonce finit la Méditerranée » écrivait Georges Duhamel. Importé en Provence par les **Grecs** il y a 2 500 ans, l'olivier compte plus de soixante variétés. On le trouve dans le fond des vallées comme sur les pentes jusqu'à 600 m d'altitude. On l'a appelé « l'arbre immortel », car, sauvages ou greffés sur des troncs sauvages, ils repartent indéfiniment de leur souche.

La production oléicole régionale représente plus des deux tiers de celle du pays et demeure bien implantée dans le Var (secteurs de Draguignan et Brignoles) et dans les vallées de la Bévéra et de la Roya (Breil-sur-Roya). À la suite des gels de l'hiver 1956, les oliveraies ont été progressivement replantées avec deux espèces plus résistantes : l'**aglandau** et la **verdale**. De nombreuses autres variétés existent et la tradition veut que l'on en cultive plusieurs dans la même oliveraie. La récolte débute, selon les régions, à partir de la fin août ; les olives sont cueillies à la main lorsqu'elles sont destinées à la table, ou gaulées et ramassées dans des filets pour être envoyées au moulin. En pays niçois, le gaulage est l'unique technique employée.

PINS ET CYPRÈS...

Les trois types de pins rencontrés sur la Côte d'Azur se distinguent par leurs silhouettes : le **pin maritime**, au feuillage sombre et bleuté et à l'écorce rouge violacé ; le **pin parasol**, souvent isolé et à la forme facilement reconnaissable ; le **pin d'Alep**, au tronc souvent tordu et à l'écorce grise, qui se plaît sur le littoral.

Les **platanes** et les **micocouliers** ombragent les « cours » et les places des villages. La silhouette effilée du noir **cyprès** marque le paysage méditerranéen. L'**amandier** commun, très répandu, présente une superbe floraison blanche très précoce. Dans les Maures se trouvent de puissants **châtaigniers**, dans les Alpes, des sapins et des **mélèzes** de haute montagne.

LA GARRIGUE ET LE MAQUIS

Il est des terrains calcaires si pierreux que les broussailles épineuses ou parfumées (thym, lavande, romarin) n'ont pu s'y installer que par endroits, laissant largement apparaître la roche nue : cette couverture végétale dégradée est la **garrigue** qui doit son nom au « garric », le chêne kermès qui en a fait son royaume, partagé avec plusieurs espèces de chênes à feuilles persistantes comme le chêne blanc, ou pubescent, le chêne vert plus développé, trapu, à l'écorce gris-noir. Propre aux sols siliceux, le **maquis** forme un tapis végétal dense, souvent impénétrable. En mai-juin, la floraison des cistes sur l'Esterel offre un merveilleux spectacle. Le **chêne-liège** se reconnaît à son écorce crevassée. Le prélèvement, sur le tronc, de sa couche de liège laisse apparaître un bois de couleur brun-rouge ; cette opération, le « démasclage », se pratique tous les 8 à 12 ans. Parmi les autres arbustes, on observe le lentisque, le pistachier térébinthe, qui peut atteindre 4 ou 5 m de hauteur, et le chardon en boule.

Risques d'incendies

Après les incendies qui ont ravagé en 2003 le Var et les Alpes-Maritimes, respectivement 2e et 3e départements les plus boisés de France, les collectivités territoriales ont pris des mesures drastiques de **prévention et de lutte contre le feu**. Au programme : réhabilitation et équipement des zones sinistrées, incitation à la responsabilité civique, entretien et surveillance, balades pédagogiques et développement des agricultures locales « coupe-feu » (vignes, oliveraies et pastoralisme).

UNE RÉGION QUI FLEURE BON

La culture des fleurs coupées et du mimosa s'est prodigieusement développée depuis 1865 grâce à l'irrigation, à l'utilisation de serres chauffées et aux débouchés commerciaux permis par le chemin de fer. Elle se concentre dans des noyaux agricoles aux exploitations modernes : Hyères (75 % de la production nationale de fleurs coupées), Fréjus, plaine d'Ollioules, Antibes.
La plupart des fleurs coupées sont encore cueillies manuellement : les **œillets** dans la région niçoise (la moitié de la production française), les **roses** (20 % de la production nationale) à Antibes et dans la région de Grasse, le **mimosa** (75 % de la production nationale) sur le massif cristallin du Tanneron, à l'ouets de Cannes, où il fleurit plusieurs fois par an (mais principalement en janvier-février). Les **violettes** poussent à l'ombre des oliviers à Tourrettes-sur-Loup, près de Vence.

UN « PAYSAGE IMPORTÉ »

Les falaises maritimes entre Nice et Menton constituent un remarquable coupe-vent qui en fait l'aire la plus chaude de France. Les Anglais l'ont bien compris en acclimatant des essences tropicales dans de superbes jardins à Menton et à Nice à partir de 1830, tandis que les cactées ont trouvé refuge dans la principauté de Monaco.
Le long des avenues, dans les parcs et les jardins se dressent de magnifiques **eucalyptus**, arbres robustes et de grandes dimensions, originaires d'Australie, qui se sont fort bien acclimatés dans le Midi. Deux espèces de **palmier** sont répandues sur la Côte d'Azur : le palmier-dattier au tronc lisse et élancé et le palmier des Canaries, plus rustique et au port majestueux. Enfin, **orangers** et **citronniers**, présents depuis la fin du Moyen Âge, apparaissent de Cannes à Antibes, de Monaco à Menton. 70 % des citrons cultivés en France proviennent de cette dernière ville. Quant aux **plantes grasses**, elles poussent en pleine terre, tels le cactus, l'aloès, dont on extrait des feuilles un suc amer très employé

en médecine, le figuier de Barbarie, plante originaire d'Amérique centrale aux feuilles hérissées d'épines, l'agave. Les ficoïdes, aux larges fleurs roses et blanches, envahissent les vieux murs.

En direct de la mer

De Bandol à Menton s'étend 300 km de littoral d'une incomparable beauté. Sa couleur « bleu de cobalt » provient de la très grande limpidité de l'eau, dont la température, variable en surface sous l'influence du soleil, est constante en profondeur : 13 °C de 200 m à 4000 m de profondeur. Facteur important du climat puisque cette énorme masse liquide rafraîchit l'été et réchauffe l'hiver, la mer réjouit les baigneurs, comme elle sait étonner ceux qui se lancent à la découverte de ses fonds.

MÉROUS ET MÉDUSES...

La Méditerranée est la moins poissonneuse des mers bordant le littoral français, ce qu'explique l'étroitesse du plateau continental. Toutefois, les poissons de roche y pullulent et les bancs de sardines, anchois, daurades, loups et thons passent en nombre au large. La vie animale de la Méditerranée ressemble à une étrange cohabitation d'êtres dotés de caractéristiques parfois peu banales. Au fil de ses promenades sous-marines, le plongeur curieux pourra découvrir quelques-unes de ces étonnantes créatures.

Touché par le vedettariat après le film *Le Monde du silence*, le **mérou** s'était fait très rare en Méditerranée, car le jeune mérou est une candide femelle qui, fréquentant les fonds rocheux à faible profondeur

H. Le Gac / MICHELIN

La rascasse.

(moins de 10 m), devient une proie facile pour les chasseurs sous-marins et autres prédateurs. Si elle a survécu jusque-là, vers l'âge de neuf ans, lorsque son poids atteint 10 kg, elle se transforme en un mâle taciturne. Pendant le reste de sa longue vie (environ 50 ans), le mérou habite des cavités rocheuses à plus de 50 m de profondeur. Ce redoutable carnivore, que sa position à l'extrémité de la chaîne alimentaire marine garantit contre les gêneurs, peut atteindre la taille de 1,20 m pour 30, voire 40 kg.

Bon à savoir – Un moratoire interdit la capture du mérou.

La présence saisonnière des **méduses** sur le littoral entraîne périodiquement des désagréments pour les vacanciers. L'espèce la plus fréquente, la pélagie, possède des cellules urticantes sur ses bras buccaux, ses tentacules et son ombrelle. La toxine, destinée à immobiliser les proies, provoque rougeurs et brûlures sur la peau des baigneurs : mais leur ballet est d'une beauté si étrange, lorsque, bien à l'abri dans un navire d'observation sous-marine, on les découvre flottant entre deux eaux,

Trois zones marines protégées

Les côtes de Vallauris-Golfe-Juan, Beaulieu-sur-Mer et Roquebrune-Cap-Martin font l'objet de mesures de protection (interdiction du mouillage, du dragage, de la plongée et de la pêche sous toutes ses formes), afin de permettre à la biodiversité de se reconstituer. Dans ces zones, herbiers de posidonie et gorgones sont surveillés, et des récifs artificiels sont mis en place.

La pollution de la grande bleue est au cœur des préoccupations environnementales locales. Pour protéger les eaux de baignades et les milieux marins, les mesures de contrôle et de protection se multiplient : prélèvements d'eau quotidiens en haute saison, amélioration de la qualité des eaux rejetées en mer via les stations d'épuration, surveillance aérienne du littoral et répression sévère des pollueurs. L'opération « Ports propres » vise à lutter contre toutes les pollutions maritimes et terrestres des ports.

qu'on peut bien leur pardonner ce désagrément ! Leur prolifération suit un cycle d'environ 12 ans, conditionné par les modifications climatiques ; leur arrivée est généralement précédée d'un printemps très sec.

... ET PRAIRIES SOUS LA MER

Les **herbiers de posidonies**, plantes à fleurs constituées de bouquets aux longues feuilles vert foncé, jouent un rôle primordial dans les biotopes méditerranéens. La croissance lente des rhizomes permet à la posidonie de fixer les sédiments du littoral et de créer un biotope riche en oxygène, favorable au développement de nombreuses espèces animales. Quand les posidonies meurent, les espèces animales, qui y avaient trouvé domicile, disparaissent ou migrent.

Une promenade au-dessus du monde bigarré des herbiers offrira au plongeur occasionnel la possibilité d'étonnantes rencontres. Le **concombre de mer**, ou holothurie, véritable éboueur des fonds sableux, se reproduit uniquement dans les herbiers. Une limace de mer, la **doris maculée**, endémique en Méditerranée, est un mollusque blanc tacheté de marron qui tranche sur le rouge des éponges. La **vive rayée** habite les fonds sableux proches des herbiers ; enfouie dans le sable, elle ne laisse dépasser que la tête. L'épine de sa nageoire dorsale est particulièrement venimeuse : la piqûre, très douloureuse, peut avoir des conséquences graves. Enfin, pour compléter ce tableau, l'**hippocampe** aime se nicher à proximité de son cousin le **poisson-aiguille**, ou syngnathe, dont l'étonnante morphologie filiforme, avec une bouche en trompette, lui permet de se dissimuler par mimétisme dans les feuilles de posidonie.

Un milieu menacé

Les **constructions côtières** et les **travaux portuaires** ont provoqué une importante sédimentation et une pollution mettant en péril ce fragile biotope. Selon le Medam, organisme spécialisé dans l'inventaire et l'impact des aménagements sur la côte, 10 % des petits fonds auraient disparu, du fait de l'avancée artificielle de la terre sur la mer. Cette pollution irréversible et sous-estimée n'est qu'à demi-mot évoquée, pour des raisons politiques évidentes de développement territorial. Et pourtant, elle menace tragiquement la vie des milieux et de leurs espèces, chaque aménagement sur la mer détruisant ou modifiant un habitat de vie sous-marin. Les surfaces agricoles ne cessent de diminuer en milieu littoral, au profit d'une « consommation foncière » toujours plus importante. Pour contenir l'hémorragie et le dépaysement, **le Conservatoire du littoral**, organisme environnemental public, a acquis plusieurs milliers d'hectares (environ 100 km de côtes de Saint-Cyr-sur-Mer à la Riviera) qu'il protège de ce type de pollution.

En outre, depuis 1989, l'une des six espèces d'algues caulerpes d'origine tropicale déjà signalées en Méditerranée, la **taxifolia** (non toxique pour l'homme), a rapidement proliféré sur le littoral azuréen. Qualifiée d'« algue tueuse » elle est particulièrement difficile à éradiquer, grignotant petit à petit la flore et réduisant la biodiversité d'origine. Un vrai dilemme qui a trouvé peu de solutions efficaces à ce jour.

Info pratique

AVIS DE VIGILENCE

Plongeurs, pêcheurs ou plaisanciers, si vous voyez des algues de l'espèce **taxifolia**, contactez le Laboratoire Environnement Marin Littoral : ✆ 04 92 07 68 46 ou rendez-vous sur le site **www.caulerpa.org**.

Une pêche réglementée

Pour ne pas accentuer les déséquilibres d'un écosystème déjà particulièrement fragilisé, les municipalités condamnent la pêche à excès qui menace le renouvellement et la diversité des espèces. Très réglementée, la pêche professionnelle est dans cette région concurrencée par la pêche de plaisance, difficile à contrôler et tout aussi dangereuse pour l'équilibre de l'écosystème.

Voir aussi la rubrique « Pêche sous-marine » p. 28.

HISTOIRE

Théâtre de conflits et de revendications multiples, la Côte d'Azur est née d'une histoire tumultueuse qui a laissé sur ses terres de nombreuses traces. Pour preuves, la fondation de villes dont les vestiges contribuent à la fierté de la région aujourd'hui. Les grands peuples et les hommes qui ont fait l'histoire de France y sont passé, l'ont occupée ou y ont bataillé, rendant les principaux comtés tantôt indépendants, tantôt rattachés à des empires ou duchés voisins.

ROGER-VIOLLET

Débarquement de Napoléon à Golfe-Juan.

Une histoire du sud

Voici quelques jalons pour mesurer une construction lente et complexe, teintée d'une extrême singularité.

AV. J.-C.

Paléolithique inférieur – La Côte d'Azur a, de bonne heure, attiré l'homme, comme l'atteste, entre autres, le site de **Terra Amata** à Nice (400 000 av. J.-C.).

1800-1500 – Gravures de la vallée des Merveilles.

900-600 – Les Ligures occupent le littoral méditerranéen.

600 – Fondation de **Massalia** (Marseille) par les Phocéens. Ils importent entre autres l'olivier, le figuier, la culture de la vigne et substituent, dans les échanges, la monnaie au troc.

5e-4e s. – Les colons grecs de Marseille (Massaliotes) établissent des comptoirs commerciaux : Hyères, Saint-Tropez, Antibes, Nice, Monaco. Les Celtes envahissent la Provence et se mêlent aux Ligures.

LA PROVENCE GALLO-ROMAINE

2e s. – Rome intervient pour protéger Marseille et ses comptoirs des Celtes (défaits en 124), des Cimbres et des Teutons (écrasés par Marius près d'Aix en 102). La province narbonnaise fait la jonction entre l'Espagne et l'Italie.

58-51 – Conquête de la Gaule par Jules César qui fonde **Fréjus** en 49.

6 – La pacification des peuples des Alpes est commémorée par le trophée d'Auguste à **La Turbie**.

APR. J.-C.

1er-3e s. – L'agriculture et les villes s'épanouissent sous l'Empire. Les Romains organisent le négoce du vin dans toute la Gaule. La **voie aurélienne** est l'artère du pays. Fréjus (colonie de vétérans), Cemenelum (Cimiez), la capitale des Alpes maritimes, et Antibes se parent de monuments.

4e-5e s. – En 410, **saint Honorat** s'installe dans les îles de Lérins, centre rayonnant du monachisme. Le christianisme se diffuse des villes du littoral vers l'intérieur.

5e-6e s. – Vandales, Wisigoths, Burgondes, Ostrogoths, Francs envahissent tour à tour la Provence qui avait été jusque-là relativement épargnée par les invasions.

8e s. – La Provence est une province périphérique de l'empire carolingien.

LE COMTÉ DE PROVENCE

843 – Le **traité de Verdun** règle le partage de l'empire de Charlemagne. La Provence, qui échoit à Lothaire en même temps que la Bourgogne et la Lorraine, est érigée en royaume en 855.

10e-11e s. – La Provence, passant de main en main, est finalement rattachée au **Saint Empire romain germanique**, mais jouit d'une indépendance de fait.

12e s. – Les comtes de Provence tiennent à Aix une cour raffinée, mais leur autorité est limitée par l'autonomie communale. Les villes, enrichies par le commerce, se dotent de consuls.

1229 – **Raymond Bérenger V**, de la dynastie catalane, s'inquiète de l'expansion génoise sur le littoral (fortification de Monaco en 1215). Nice est contraint de se soumettre.

1246 – **Charles d'Anjou**, frère de Saint Louis, succède à Raymond Bérenger V, dont il est le gendre. Sous l'administration des Angevins, **Nice** est pleinement intégré à la Provence (le viguier est le représentant du comte).

1254 – Débarquement à Hyères de **Saint Louis**, de retour de la VIIe croisade.

1260-1265 – Les liens avec l'Italie du Nord sont renforcés par l'occupation d'une partie du Piémont et de Vintimille. En 1265, **Charles Ier** devient roi de Sicile. Les ambitions angevines dans le sud de l'Italie favorisent les intérêts des marchands et des armateurs niçois, mais vont se réaliser aux dépens de la Provence.

1295 – Charles II fonde **Villefranche** dans une rade bien abritée.

1308 – La seigneurie de **Monaco** est achetée aux Génois par un membre de la famille Grimaldi.

1343-1382 – Règne de la reine Jeanne Ire. Celle-ci laisse un souvenir populaire, car, à court d'argent, elle est obligée de revendre des droits aux communautés urbaines. Les bandes armées dévastent la Provence atteinte par la **peste** (1347) et frappée par les mauvaises récoltes. À la fin de ce siècle difficile, la Provence a perdu la moitié de ses habitants.

1388 – Sédition de Nice qui est officiellement cédée au **duc de Savoie** en 1419.

1436-1480 – René d'Anjou, le « bon roi René », ne réside que les dix dernières années de son règne à Aix où il laisse le souvenir d'un mécène fastueux, dans un contexte de renouveau économique.

1481 – Charles du Maine, neveu de René d'Anjou, lègue la Provence à Louis XI. Floraison artistique en pays niçois.

Les grandes dates

5e-4e s. av. J.-C. – Fondation d'Hyères, Saint-Tropez, Antibes, Nice et Monaco par les Massaliotes.
49 av. J.-C. – Jules César fonde Fréjus.
855 – La Provence devient un royaume.
1246 – Nice est intégré à la Provence.
1388-1419 – Nice est cédé à la Savoie.
1486 – La Provence devient française.
1790 – Les Bouches-du-Rhône, le Var et les Basse-Alpes composent la Provence.
1860 – Nice et le duché de Savoie reviennent à la France.
1865 – Réunion de Roquebrune et Menton à la France.
15 août 1944-5 mai 1945 – Libération de la région par les alliés.

1486 – La réunion de la Provence à la France est ratifiée par les **États de Provence** (assemblée des représentants des trois ordres). La Provence est rattachée au royaume, « comme un principal à un autre principal ».

1489 – L'**indépendance de Monaco** est reconnue, mais restera « protégée » par les puissances. pour se repeupler, la provence et le comté de Nice font appel à l'immigration (« actes d'habitation » conclus avec les seigneurs).

LA PROVENCE DEPUIS LA « RÉUNION »

1501 – Institution du parlement d'Aix (ou parlement de Provence), cour souveraine de justice qui s'arroge certaines prérogatives politiques.

Début 16e s. – Lors des guerres qui opposent François Ier (1515-1545) à Charles Quint, la Provence est envahie par les Impériaux, que commande le connétable de Bourbon en 1524, puis en 1536. La **trêve de Villefranche** met fin à ces déprédations en 1538.

1539 – **Édit de Villers-Cotterêts** : l'usage du français est imposé pour les actes administratifs.

1543 – **Nice** est assiégé par les Français alliés aux Turcs. La défense menée par Catherine Ségurane oblige ceux-ci à lever le siège.

1589-1610 – Les guerres de Religion prolongent l'insécurité. Sous le règne d'Henri IV, la première darse du port de guerre de Toulon est aménagée.

1643-1715 – L'avènement de Louis XIV marque la fin du particularisme provençal. Pendant les guerres qui marquèrent la fin du règne, **Nice** est occupé de 1691 à 1696, puis de 1707 à 1713. En 1707, la Provence est envahie par le prince Eugène de Savoie (siège de Toulon qui résiste victorieusement).

1718 – Le duché de Savoie, dont dépend le **comté de Nice**, devient le royaume de Sardaigne.

1720-21 – La dernière **grande peste** d'Occident décime les populations provençales.

1746 – L'offensive austro-sarde est brisée devant Antibes (guerre de succession d'Autriche).

1787 – Réunion des États de Provence.

LA RÉVOLUTION ET L'EMPIRE

1790 – La Provence forme **trois départements** : Bouches-du-Rhône, Var, Basses-Alpes. Les nobles émigrés affluent dans le comté de Nice.

1793 – **Bonaparte** se distingue au siège de Toulon, rebaptisé « Port-la-Montagne » pour s'être livré aux Anglais. **Nice** est réuni à la France. Les « barbets » ultra-royalistes sèment la terreur dans les hautes vallées.

1799-1814 – Revenant d'Égypte le 9 octobre, **Bonaparte** débarque à Saint-Raphaël. Les préfets nommés par Napoléon (Dubouchage à Nice) restaurent l'ordre en Provence, mais le blocus continental ruine son économie. La **route de la Grande Corniche** est réalisée jusqu'à Menton.

1814 – Napoléon abdique le 6 avril à Fontainebleau et s'embarque le 28 à Saint-Raphaël pour l'île d'Elbe. Le comté de Nice est rendu au roi de Sardaigne : **traité de Paris**.

1er mars 1815 – Débarquement de **Napoléon** à Golfe-Juan, début des « Cent-Jours ». Évitant Marseille et la vallée du Rhône, qu'il sait hostiles, Napoléon gagne Grenoble, où l'opinion lui est favorable, par un sentier étroit et difficile, parfois enneigé. Il traverse les Alpes en un temps record et surprend la monarchie restaurée de Louis XVIII.

1860 – Retour du comté de **Nice** à la France en échange de l'aide apportée aux débuts de l'unité italienne par Napoléon III (1852-1870). Le département du **Var** conserve sa dénomination, mais perd le territoire qui borde le fleuve : l'arrondissement de Grasse. Ce dernier, avec l'ancien comté de Nice, forme le département des **Alpes-Maritimes**.

1865 – Les droits sur les villes de Roquebrune et de **Menton**, qui avaient proclamé leur autonomie lors de la révolution de 1848, sont rachetés au prince de Monaco.

1878-1879 – Le **casino de Monte-Carlo** est rebâti par Charles Garnier. Développement du tourisme d'hiver sur la « Côte d'Azur ».

20e SIÈCLE

1940 – Occupation de **Menton** par les Italiens. Le Midi, en zone libre, est relativement épargné.

1942 – Invasion de la zone libre par les Allemands. Sabordage de la flotte de Toulon (27 novembre).

1944-1945 – La 7e armée américaine du général Patch, composée principalement de la 1re armée française, débarque le **15 août 1944** sur la côte des Maures (opération « Dragon »). En moins de quinze jours, la Provence est libérée. Les Américains, épaulés par les forces de la Résistance, refoulent les Allemands vers les Alpes italiennes ; mais le **massif de l'Authion**, transformé en camp retranché, est conquis par la 1re division française libre après huit mois de très durs combats (13 avril). Tende n'est libéré que le 5 mai 1945, trois jours avant l'armistice.

Depuis 1946 – Reprise du festival de Cannes (créé en 1939). Développement du tourisme d'été sur la Côte d'Azur.

1947 – Rattachement à la France de la haute vallée de la Roya avec Tende.

1960-1963 – L'art moderne connaît un rayonnement international sur la Côte d'Azur avec le « nouveau réalisme » (Arman, César, Raysse, Klein) et l'École de Nice (Ben, Viallat).

1969 – L'université de Nice, ouverte en 1965, développe le centre de haute technologie de Sophia-Antipolis sur le plateau de Valbonne.

1980 – La région est désenclavée par l'autoroute « La Provençale » qui relie le réseau du Rhône au réseau italien.

1991-1998 – **Nice**, capitale historique de la Côte d'Azur et porte d'entrée du tourisme international, confirme son rôle culturel en inaugurant le musée d'Art moderne et d'Art contemporain et le musée des Arts asiatiques.

2007 – Mise en service de la première ligne de tramway à Nice.

La côte mythique

Rivage propice à l'inspiration pour les écrivains, la Côte fut aussi, pour les cinéastes, les acteurs, les chanteurs à la fois un tremplin vers le succès et la marque de celui-ci, ainsi qu'un lieu de rencontre. Parler du cinéma sur la Côte d'Azur, c'est aller au-devant d'un mythe que l'on touche du doigt pendant le festival de Cannes et pendant la saison estivale, focalisé sur Saint-Tropez et ses fêtes et grossi par la presse à sensation.

LES PREMIERS AMOUREUX

Les écrivains furent, avec les peintres, les premiers à succomber aux charmes de cette nouvelle Arcadie. **Maupassant** évoqua dans *Sur l'eau* les beautés de la Côte ; Gaston Leroux s'en enthousiasma dans *Le Parfum de la dame en noir* ; Guillaume Apollinaire y fut attaché dès l'enfance. Gide, Roger Martin du Gard (prix Nobel en 1937), les surréalistes, dont Paul Éluard, très lié à Picasso, s'y retrouvèrent, tandis que **Colette** se retira dans sa villa de Saint-Tropez, entre 1925 et 1938.

L'œil du photographe

Jacques-Henri Lartigues (1894-1986), fut familier de l'Hôtel du Cap d'Antibes avec sa femme « Bibi ». En 1960, il s'installa à Opio, dans l'arrière-pays grassois et il mourut à Nice. Il est l'auteur d'inoubliables clichés de la Côte d'Azur conçue comme un art de vivre. En passionné de cinéma, il photographia des tournages et couvrit aussi chaque Festival de Cannes.

Les Anglo-Saxons vinrent y respirer un air plus pur et frivole comme la Néo-Zélandaise **Katherine Mansfield** qui laissa dans son *Journal* une vision enchanteresse de Menton. **Édith Warthon** écrivit à Hyères *Le Temps de l'innocence*, Aldous Huxley rédigea *Le Meilleur des mondes* à Sanary en 1931. David-Herbert Lawrence, l'auteur de *L'Amant de lady Chatterley*, mourut à Vence en 1930. Les Américains de la « génération perdue » : Miller, Fitzgerald, Hemingway, animèrent la plage de Juan-les-Pins et le cap d'Antibes.

Mais les nuages s'amoncelèrent, avec le début de la guerre et Sanary-sur-Mer devint le refuge d'**écrivains allemands** fuyant le nazisme. Heinrich Mann se mariera à Nice avant de s'exiler aux États-Unis en 1940, Klaus Mann se suicidera à Cannes en 1949.
Plus tard, **Jules Romains** mettra à l'honneur Nice, y poursuivant jusqu'en 1947 la rédaction des *Hommes de bonne volonté*. Chantée par Max Gallo et le délicieux **Louis Nucéra**, la ville continue d'enfanter des écrivains de talent comme Jean-Marie Gustave Le Clézio ou Didier van Cauwelaert.

LUMIÈRE SUR LE CINÉMA

Depuis *La Côte d'Azur vue d'un train* (1903) des frères Lumière, la Riviera a joué un rôle déterminant dans l'industrie cinématographique et dans l'imaginaire français et mondial.
D'une part, l'omniprésence de la lumière était indispensable au cinéma à ses débuts ; dautre part, les **studios de la Victorine** (aujourd'hui studios Riviera) à Nice ont activement participé à l'essor du 7e art sur la Côte. Très vite, celui-ci puise son inspiration dans la tradition locale. **André Hugon**, réalisateur du premier film parlant français, campe les personnages typiques de la Provence adaptés des romans de Jean Aicard : *Maurin des Maures* (1932), *L'Illustre Maurin* et *Gaspard de Besse (*1936). Le vieux village du Castellet sert de décor à *La Femme du boulanger* (1938).
Durant la Seconde Guerre mondiale, le repli de toute une frange du cinéma français est à l'origine du dernier âge d'or : **Marcel Carné** tourne *Les Visiteurs du soir* (1942), puis *Les Enfants du Paradis* (1944), sur des textes de Prévert. Hommage à une époque révolue, **François Truffaut** placera un tournage dans les studios de la Victorine au cœur de *La Nuit américaine (1972)*.

Diverses approches

Les années 1950 sonnent le glas d'une certaine image de la Côte d'Azur, dont **Jean Cocteau**, peintre, écrivain, cinéaste, est le dernier magicien. Villefranche-sur-Mer accueille, dans l'intimité de sa pittoresque « rue Obscure », son *Testament d'Orphée* (1960). Le cadre médiéval de Sospel se prête au *Masque de fer* (1962) d'Henri Decoin, dans lequel **Jean Marais** endosse un de ses rôles de cape et d'épée.
Avec le tournage mythique, en 1956, de *Et Dieu créa la femme*, **Roger Vadim** lance sur les écrans à la fois Brigitte Bardot et Saint-Tropez. La Nouvelle Vague déferle et J.-P. Belmondo incarne *Pierrot le Fou* (1965) de **Jean-Luc Godard**, dans l'île de Porquerolles. Mais plusieurs films prennent le contre-pied d'une vision trop attendue : *La Collectionneuse* (1967) d'Éric Rohmer, *La Piscine* (1969) de Jacques Deray, avec le mémorable couple Alain Delon-Romy Schneider, *Les Biches* (1968) de Claude Chabrol, où Stéphane Audran évolue parmi la faune artificielle et fortunée d'un Saint-Tropez hivernal.
Par ailleurs, tourisme de masse et comique grand public vont de pair dans les six épisodes, tournés entre 1964 et 1982, de la série du *Gendarme de Saint-Tropez* de Jean Girault, avec **Louis de Funès**.

Silence, on tourne !

Les **studios de la Victorine** à Nice ont résisté aux feux et aléas financiers… Devenus **studios Riviera**, après leur rachat en 1999, ils acueillent toujours des tournages de cinéma (*Anthony Zimmer* et *Brice de Nice* en 2005) mais aussi de télévison (*Nice People* en 2003).

Une atmosphère

La **principauté de Monaco** est un gigantesque décor qui, depuis le passage de **Max Linder** *(Max à Monaco*, 1913), fascine les cinéastes. Le casino de Monte-Carlo et l'Hôtel de Paris ont même été reconstitués, pour un coût faramineux, à Hollywood en 1924, pour le film d'Erich von Stroheim *Folies de femme*, mais les tables de jeux inspirent d'une façon plus profonde le *Roman d'un tricheur* (1936) à **Sacha Guitry** et *Vingt-quatre heures de la vie d'une femme* (1927) à Stefan Zweig. **Jacques Demy** mêle les passions et l'enfer du jeu sous les traits de Jeanne Moreau dans *La Baie des Anges* (1962).
La Riviera dessine une frontière entre le bien et le mal qu'incarnent le personnage d'Alain Delon dans *Les Félins*, de René Clément (1963), recueilli par un couple de jeunes femmes (dont Jane Fonda),

Grace Kelly (1928-1982)

Elle fascine par sa retenue, sa distinction. À contre-courant du cinéma américain des années 1950, elle incarne une aristocrate un peu lointaine qui évolue dans un monde de bienséance. Durant sa carrière cinématographique assez brève, elle travaillera avec les plus grands d'Hollywood (Hathaway, John Ford, Zinnemann), mais c'est sa collaboration avec le maître du suspense, **Alfred Hitchcock**, qui laissa d'elle l'image la plus marquante. *Le crime était presque parfait* (1954), *Fenêtre sur cour* (1954) et *La Main au collet* (1956) ont une atmosphère inoubliable de mystère, d'angoisse et de charme. Dans ce dernier film, les aplombs de la **Grande Corniche** ont merveilleusement servi les scènes interprétées par Cary Grant. C'est en allant promouvoir ce film au festival de Cannes que l'actrice américaine rencontra le prince Rainier de Monaco, ouvrant ainsi un nouveau chapitre (et non des moindres) de la légende de la Côte.

elles-mêmes bien mystérieuses. Toute une tradition du **film noir** fait partie de l'image de la Côte d'Azur. Les amateurs de thrillers seront captivés par le tandem J. Gabin-A. Delon et par le dénouement inoubliable avec le casse du casino du Palm Beach, à Cannes, dans *Mélodie en sous-sol* (1962) d'**Henri Verneuil**. *Vivement dimanche*! (1983), le dernier long métrage de **François Truffaut** (tourné à Hyères), est un hommage à ce genre non dénué d'humour. La même année, James Bond, alias Sean Connery, revient dans *Jamais plus jamais* et affronte une redoutable (et ravissante) tueuse jusqu'aux abords de Monte-Carlo.

Aujourd'hui encore

Sur la Côte d'Azur, le 7e art semble être un éternel recommencement, servant de toile de fond à tous les styles : films à l'accent du sud, productions à gros budgets, parodies, scénarios intimistes, thrillers. Yves Montand interprète un excellent « Papet » dans *Jean de Florette* et *Manon des sources* (1985-1986) que Claude Berri choisit de tourner autour de Riboux, dans le Var. Le galion *Neptune*, souvent amarré dans le vieux port de Cannes rappelle les exploits des *Pirates* (1986) de Polanski. *La Cité de la peur* (1994) d'Alain Berbérian dresse une parodie burlesque du Festival de Cannes. *Le Fils préféré* de Nicole Garcia, peinture délicate d'un trio masculin (1994) a pour cadre Nice, Menton et Grasse. Le casino de Monte-Carlo est au centre de *Vingt-quatre heures de la vie d'une femme* (2003) de Laurent Bounhik. En 2005, l'intrigue d'*Anthony Zimmer* conduit le couple Sophie Marceau-Yvan Attal sur la Riviera pour un thriller haletant tandis que le très populaire *Brice de Nice* se déroule à Nice, Beaulieu-sur-mer et Mandelieu-la-Napoule.

LE RENDEZ-VOUS DES STARS

La carrière de **Johnny Hallyday** fut lancée, durant l'été 1960, au cabaret *Le Vieux Colombier* de Juan-les-Pins. Spectacle permanent, la Côte devient le rendez-vous de tous ceux dont la réussite se doit d'éblouir. Une pléiade d'artistes y élisent alors domicile : Jean Marais à Cabris, puis Vallauris, Yves Montand à Saint-Paul, en grand amateur de parties de pétanque et de belote, Jean-Paul Belmondo à Saint-Jean-Cap-Ferrat. À présent, si l'engouement pour la Côte d'Azur se fait plus discret, il n'en reste pas moins réel.

ART ET CULTURE

Un bâti emblématique préservé s'accommodant de constructions récentes, un patrimoine artistique riche alliant passé et présent : la région affiche une certaine personnalité. Est-ce cette lumière incomparable ou une ambiance particulière qui stimule la création ? Toujours est-il que la Côte d'Azur possède les expressions les plus anciennes et les plus modernes de l'art, de l'âge du bronze aux représentations contemporaines.

D. Chapuis / MICHELIN

Le musée des Arts Asiatiques à Nice.

L'architecture

Les villes balnéaires et l'arrière-pays offrent un patrimoine d'exception. En flânant dans les ruelles des villages perchés sur des éperons rocheux ou accrochés à la côte, vous saurez apprécier les réalisations issues des principaux courants architecturaux.

ANTIQUITÉ GALLO-ROMAINE

La réutilisation ultérieure des matériaux n'a laissé que des traces fragmentaires de la prospérité que connut la Provence gallo-romaine. **Cimiez** *(voir Nice)* a conservé d'importantes ruines romaines ; **la Turbie** possède encore son trophée, témoignage presque unique de ce type de monument

ART ROMAN

Au 12e s., la Provence connaît une véritable renaissance architecturale qui conduit à l'éclosion d'**églises**, dont l'appareil de pierres régulièrement taillées et liées par un mince mortier est remarquable. La façade est souvent pauvre. De puissants contreforts rompent la monotonie des flancs. Le clocher carré et le chevet sont décorés d'arcatures plaquées, dites « bandes lombardes », qui témoignent de l'influence de l'Italie du Nord. Lorsqu'on pénètre à l'intérieur, on est frappé par la simplicité et l'austérité du vaisseau, qui comporte le plus souvent une nef unique et un transept peu saillant. Si l'édifice comprend des bas-côtés, l'abside se termine par un hémicycle flanqué de deux absidioles.

LES VILLAGES PERCHÉS

Du 11e au 15e s., les paysans regroupent leurs habitations et leur église sur une hauteur qui constituait un site défensif de premier ordre. Semblable prudence n'était pas superflue aux temps des razzias des pirates et des méfaits des gens de guerre du Moyen Âge et de la Renaissance. Toutefois, la sécurité recoupait la volonté des seigneurs féodaux de rassembler la

population sous leur autorité et le souci des paysans de préserver les terroirs. La multiplication des villages perchés aux 12e et 13e s. est aussi la conséquence de la croissance démographique.
Bâtis avec la pierre de la colline, parfois au bord d'un piton rocheux, ils se confondent presque avec elle. Le dédale des rues et des ruelles (calades) sinueuses, dallées ou caillouteuses, en pente et coupées d'escaliers tortueux (car elles suivent les courbes de niveau), ne peut être suivi qu'à pied. Des voûtes et des arcs les enjambent. Parfois, des arcades au rez-de-chaussée des maisons mettent le passant à l'abri du soleil et de la pluie. De vieilles portes aux clous en pointes de diamant, des pentures de fer forgé, des heurtoirs de bronze signalent les habitations bourgeoises. Certains de ces petits bourgs sont ceints de remparts et on y pénètre par une porte fortifiée. L'amélioration des communications et l'évolution agricole au 19e s. parvint à rompre l'isolement : les villages se développèrent en plaine, se dédoublant parfois. Le paysan vivant au milieu de ses terres y bâtit sa maison. Èze, Peille et bien d'autres bourgs témoignent encore de l'ancienne économie de type provençal.

À LA FRONTIÈRE DU BAROQUE ET DU CLASSICISME

Les modèles romains, piémontais ou génois marquent surtout les édifices religieux du comté de Nice. Les façades d'église s'ornent de frontons, de niches, de statues, mais se distinguent par une ordonnance équilibrée. À l'intérieur, les innombrables retables, les lambris et les baldaquins sont d'une grande richesse. La façade du palais Lascaris (1648-1680) et l'ordre colossal (élévation des pilastres ou des colonnes sur plusieurs étages) de l'ancien Sénat de **Nice** exaltent le pouvoir, comme l'urbanisme régulier à portiques, qui fixe (place Garibaldi, 1782-1792), sur le modèle des voies de Turin, les grandes lignes de l'extension de Nice.

LE TRIOMPHE DE L'ÉCLECTISME

L'édification à Cannes, en 1835, du château Éléonore par le promoteur de la station, **lord Brougham**, lance la mode de l'éclectisme. Chaque villégiature a son urbaniste : le Niçois Charles Delmas et le

Maison baroque sur la place le l'Île-de-Beauté à Nice

Danois Hans-Georg Tersling dressent les plans de nombreux palaces à Nice et à Menton (où œuvra également Charles Garnier) et de villas qui parsèment les caps.

Prolongeant l'intérêt des romantiques pour l'Orient, les architectes inventent des villas dites « mauresques », caractérisées par l'abondance de carreaux de faïence, d'arcs outrepassés et de tours-minarets. L'engouement pour le style néomédiéval ou troubadour fait fleurir merlons et créneaux. Parfois, les styles se mélangent en une synthèse originale dans des villas habitées par d'anciens administrateurs des colonies françaises ou britanniques, telle la « folie » du colonel Smith à Nice, dit « château de l'Anglais » (1856-1858). Les nobles et industriels russes reconstituent des « petites Russies » dans les vastes domaines acquis, où l'influence méditerranéenne, dans le choix des matériaux, se mêle à l'art slave.

De nombreuses façades de Nice et Menton sont peintes pour masquer la pauvreté des matériaux. Cette mode, qui s'étend de 1850 à 1920, dénote l'influence des **maçons piémontais**, conséquence d'une forte immigration italienne. Le décor se réduit à des couleurs nuancées et à des motifs architecturaux en trompe l'œil. L'Art nouveau s'empare des frises, dont le dessin de fleurs stylisées est tracé à l'aide d'un pochoir.

URBANISATION ET TOURISME BALNÉAIRE (1920-1935)

L'**Art déco** soumet l'ornementation (mosaïques, vitraux, ferronnerie, dallages) aux lignes géométriques de l'architecture. Mais les bâtiments les plus intéressants des années 1920 et 1930 se caractérisent par la maîtrise du béton armé : l'église Sainte-Jeanne-d'Arc, « Notre-Dame-des-Œufs » (1932), bâtie par **Jacques Droz** à Nice, en est le meilleur exemple. Les immeubles paquebots déploient la pureté et la blancheur de leurs volumes, parcourus de coursives, le long de la Méditerranée, les courbes dynamiques de l'escalier de l'immeuble Gloria Mansions (1930), à Nice, sont les chefs-d'œuvre de cette période. Par le jeu des lignes pures et son adaptation au site, l'**architecture fonctionnaliste** (Le Corbusier) trouve une application dans la réalisation de villas luxueuses.

L'ÉVOLUTION CONTEMPORAINE

La reconstruction s'impose dans le paysage : **Jean de Mailly** œuvre à Toulon avec de grands ensembles. À la transformation brutale des sites, qui a laissé quelques exemples déplorables, succèdent la recherche de la transparence et la volonté de se fondre dans le paysage. Les ports de Bormes et

de Monte-Carlo restent les témoins de l'intense spéculation immobilière, mais le laboratoire IBM de La Gaude (1963, Marcel Breuer), l'ensemble de Marina-Baie-des-Anges (1970, André Minagoy) à Villeneuve-Loubet, le village lacustre de Port-Grimaud (1966, François Spoerry), la marina de Cogolin témoignent d'une réflexion sur l'intégration de l'architecture au site. La lumière méditerranéenne rehausse la polychromie de la fondation Maeght (1963-1964, José Luis Sert) à Saint-Paul ; elle est ménagée dans le musée Chagall (1972, André Hermant) à Nice. Les années 1980 sont encore marquées par le gigantisme (palais des Festivals et des Congrès de Cannes, surnommé le « bunker », 1982), et d'audacieux mélanges de matières (brique, acier, verre, béton clair) rendent la masse architecturale plus ludique, plus souple (musée d'Art moderne et d'Art contemporain à Nice, voire Forum Grimaldi à Monte-Carlo).
Les années 2000 sont synonymes de grands travaux d'aménagement alliant fonctionnalité et écologie. **Nice** profite de l'arrivée du tramway pour repenser tout son paysage urbain (création de zones piétonnes, de pistes cyclables et d'espaces verts). L'asphyxie automobile en centre-ville décourageait les visiteurs à venir s'y balader. La modification des voies de circulation permet à la ville de faire valoir ses atouts commerciaux et son patrimoine qui se révèle dans un espace agréable et propre. L'ancienne gare du sud, avec sa verrière, sa halle métallique et sa façade classée, sera conservée et servira de centre névralgique, en abritant à la fin de la décennie des bâtiments administratifs, le nouvel hôtel de ville, des commerces, un plan d'eau et un jardin. Autre sauvegarde partielle, derrière la façade Art déco du palais de la Méditerranée, restaurée en 2004, a été édifié un casino-hôtel.
Le **Rocher monégasque** continue de gagner sur la mer. L'extension du port Hercule, sur une digue semi flottante, et l'aménagement jusqu'en 2015 de quatre hectares de terrain libérés par la mise en sous-sol de la voie ferrée (nouvelle gare inaugurée en 1999) permettent d'envisager de nouvelles infrastructures (logements, espaces verts, bureaux).

L'art

L'inspiration n'a jamais manqué sur la Côte. Tous les courants artistiques y ont laissé des traces et des œuvres splendides. Son indéniable dynamisme en la matière, son cadre idyllique et son évidente douceur de vivre en ont fait le pôle de création le plus important en France, après Paris.

LES « PRIMITIFS NIÇOIS »

Du milieu du 15e s. au milieu du 16e s., une école de peinture d'abord toute gothique, puis inspirée de la Renaissance italienne, fleurit dans le comté de Nice. Elle est illustrée par la dynastie des **Brea** (Louis, son frère Antoine et son neveu François) et Jacques Durandi. Ces peintres travaillent surtout pour les confréries de pénitents, ce qui explique la dissémination de leurs tableaux en de nombreuses églises et chapelles de pèlerinage. On en voit à Antibes, Nice, Monaco.

Du Style

La douceur du modelé de **Louis Brea** (né à Nice vers 1450), habile à faire sentir l'humanité des sujets qu'il traite, trahit une influence flamande ; son style simple et ses tonalités sourdes s'accommodent du faste des retables.

Au même moment, dans l'arrière-pays niçois, des artistes souvent itinérants, d'origine piémontaise, ornent, du 14e au 16e s., les plus humbles sanctuaires de peintures murales très vivantes, aux coloris remarquablement préservés. Elles composent une sorte de catéchisme illustré, destiné aux fidèles illettrés. Les saints intercesseurs sont souvent représentés, en particulier saint Sébastien, des plus utiles en cas d'épidémie de peste. Ces chapelles ont essaimé dans les vallées de la Roya, du Paillon et de la basse Tinée.

CLASSICISME

Aux 17e et 18e s., les Parrocel, les Van Loo, Joseph Vernet, Hubert Robert ont laissé de fort belles toiles, mais c'est surtout **Fragonard** (1732-1806) qui est l'orgueil de la région. Les paysages baignés de lumière et les jardins de Grasse, sa ville natale, sont les sources où il a souvent puisé le décor des scènes libertines, qu'il peignit dans un style exquis.

LE ZÉNITH DE L'ART MODERNE

Autrefois isolée, mal desservie, la Côte d'Azur fut d'abord perçue comme une contrée pittoresque que l'on découvre par la mer mais où se révèle l'éblouissement de la lumière méditerranéenne. Source d'inspiration pour un Paul Huet, ou un Félix Ziem, elle a conduit les peintres de la modernité à de nouvelles recherches picturales. En cela, et parce qu'elle a donné naissance à une génération d'artistes, la Côte d'Azur peut être considérée comme l'un des grands rivages civilisateurs du 20e s.

Impressionnisme, fauvisme...

Le retour de **Cézanne** en Provence (1881) est déterminant pour les impressionnistes, adeptes de la peinture de plein air. Monet et Renoir lui rendent visite et poussent plus loin le long du littoral azuréen. Les œuvres de **Monet** réalisées à Antibes marquent l'apparition de la Côte d'Azur dans la peinture : « Je m'escrime et lutte avec le soleil. » (lettre de Monet à Rodin, janvier 1888). Elles amorcent un tournant dans la carrière du peintre qui se consacre, à partir de cette période, aux « séries », enregistrant les variations de la lumière sur un même sujet. **Renoir** s'installe à Cagnes, où il passe les dernières années de sa vie, peignant sans cesse les oliviers de son domaine des Colettes.

Signac, continuateur de Seurat, s'établit à Saint-Tropez en 1892, où il attire quelques amis, dont Manguin, Bonnard, l'« ermite » du Cannet, et **Matisse** qui aborde la Côte d'Azur par des intérieurs épurés, ouverts sur la mer, puis suggère le rivage niçois à travers le tamis des fenêtres, des persiennes. À Nice, **Dufy** dépeint la scène côtière en spectateur après avoir acquis à Vence son style pictural original. Le passage de **Picasso** à Saint-Raphaël pendant l'été 1919 ouvre le cubisme sur le grand large et débouche sur les géométries lumineuses de Juan-les-Pins à partir de 1920.

Soutine, qui séjourne sur la Côte d'Azur entre 1918 et 1921, décèle, dans la lumière et le jeu des ombres, un « pathétique intense » qui se déploie dans des formes en torches.

Au mythe édénique de Matisse, Bonnard et Dufy succèdent le cycle du Minotaure (à partir de 1927-1928), les faunes et les centaures de Picasso, repris dans les céramiques de Vallauris. Marcel Duchamp, Masson, Cocteau, Picabia pratiquent le détournement de l'objet et les assemblages.

Installé à Antibes, **Nicolas de Staël** ne séjourna pas, hélas, très longtemps dans la région, mais son passage laissa des traces inoubliables dans sa peinture.

S. Sauvignier / MICHELIN

Bâtiment de la Fondation Maeght à Saint-Paul dû à J. L. Sert, collaborateur de Le Corbusier.

Cubisme, surréalisme...

Pendant les années de guerre, Jean Arp, sa compagne Sophie Taeuber, et Sonia Delaunay, désemparée après la mort de son époux Robert Delaunay en 1941, trouvent refuge dans la villa qu'Alberto Magnelli possède à Grasse. Travaillant avec des matériaux de fortune, le « **groupe de Grasse** » débouche sur des œuvres d'une grande liberté d'inspiration. Arp et Taeuber rencontrent Max Ernst qui s'est enfui du camp des Milles, près d'Aix, où étaient internés tous les ressortissants allemands.

Alors que le monde de l'art s'internationalise et que les artistes européens sont revenus de leur exil américain, nombre de peintres s'installent dans l'arrière-pays : Picasso à Mougins, Braque au Cannet, **Fernand Léger** à Biot, Dubuffet à Vence. Il n'y aurait peut-être pas eu *La Guerre et la Paix* de Picasso à Vallauris sans la chapelle du Rosaire à Vence (1951), œuvre d'art totale de Matisse. Le rapport à l'architecture engendre une interpénétration des disciplines. **Marc Chagall**, établi à partir de 1950 à Vence, étend son art à de nombreuses techniques : lithographie, vitrail, sculpture, céramique et mosaïque (fondation Maeght). La nouvelle génération d'artistes peut donc compter sur un patrimoine important, à l'origine d'institutions comme la fondation Fernand Léger à Biot (1960) et la fondation Maeght à Saint-Paul (1964), qui en font le second lieu d'initiation à l'art moderne après Paris : « La modernité prenait un visage méridional. » (André Chastel).

Création contemporaine

Toute une génération d'artistes est née en Provence : César en 1921 à Marseille, Yves Klein et Arman en 1928 à Nice, Martial Raysse en 1936 à Golfe-Juan. Arman et Klein développent le concept d'« actions » ou « happenings » à partir de 1953. Le **Nouveau Réalisme**, qui regroupe Arman, César, Dufrêne, Hains, Klein, Raysse, Rotella, Spoerri, Tinguely et Villeglé, auxquels se joignirent ensuite Niki de Saint-Phalle, Deschamps et Christo, naît à Nice en 1960. Ils réagissent à l'abstraction dominante des années d'après-guerre et travaillent sur le « réel perçu en soi » du monde moderne, industriel et médiatique.

À côté d'eux, l'**école de Nice** voit s'épanouir les recherches très différentes de **Ben**, qui acclimate à Nice le mouvement « Fluxus », Bernard Venet, Sacha Sosno ou encore Bernard Pagès et Claude Viallat, dont les travaux sur l'art conceptuel mèneront à la création du groupe « Supports/Surfaces » dans les années 1970. Depuis, la Riviera n'a pas failli à sa réputation. La prestigieuse « école de Nice » perdure. **Jean Mas**, membre atypique s'inscrit dans la mouvance niçoise depuis 1973. Il s'illustre à cette époque par la production de Cages à Mouches, objet autour duquel il organise toute sa démarche artistique.

Big Ben

Ben, alias **Benjamin Vautier**, « nissart » d'adoption, est une figure emblématique de l'art français. Tout le monde connaît ses « slogans-revendications » manuscrits en blanc sur fond noir qui s'affichent sur des tee-shirts, des verres, des biberons... et des toiles. Car Ben est avant tout peintre de son état et de son temps. Contestataire ludique, lié au Fluxus, à l'Ethnisme, descendant aussi des dadaïstes, il arbore un art nouveau qui propose via l'écriture, un style de peinture à part entière.

Nice tient parfaitement son rôle de ville d'art, la seconde après Paris. Elle fait preuve d'un dynamisme culturel hors paire par sa dizaine de musées, ses galeries et ateliers d'artistes, très dynamiques. Pour preuve, la Villa Arson *(voir Nice)* fait office de galerie d'exposition, de résidence et d'école pour les élèves artistes du monde entier.

De leur côté, les nombreuses galeries situées au cœur du Vieux Nice promeuvent la jeune création. Quant aux sculpteurs, peintres et autres créateurs, ils ouvrent largement les portes de leur atelier pour présenter leurs œuvres à un public amateur.

L'exemple le plus marquant de l'art contemporain dans la ville se dresse sur la grande bibliothèque Louis Nucera, inaugurée en juillet 2002. Ses 10 000 m^2 dédiés à la culture sont surveillés par la « Tête Carrée », prouesse architecturale de **Sacha Sosno**.

LA CÔTE D'AZUR AUJOURD'HUI

Seconde destination touristique de France, la Côte d'Azur connaît depuis quelques années une forte croissance démographique. Sur le plan économique, Toulon et Nice sont devenues des métropoles dynamiques. La région reste aussi le haut lieu de la *dolce vita* à la française, laissant à ses activités traditionnelles, agricoles, artisanales et viticoles, une place prépondérante.

Les activités dans les Alpes-Maritimes

La Côte rayonne de tout son long, grâce au tourisme, bien sûr, mais aussi à un large panel d'activités traditionnelles et innovantes.

LES PRINCIPALES RESSOURCES

Département rural à 90 %, l'agriculture reste notable, encouragée par les acteurs locaux. C'est elle qui a façonné les paysages. Au total, 2620 exploitations de petites tailles produisent olives, légumes et fruits de pays, fleurs, vignes et autres plantes à parfums.
Le secteur phare des services se concentre sur la Baie des Anges et ses alentours. Large pôle de compétence et de matière grise, Sofia Antipolis a servi d'exemple pour créer et initier de nouvelles zones tertiaires. Procédant à une opération de séduction auprès des entreprises, Nice espère bientôt accueillir des entreprises à haut potentiel technologique : *high tech*, medias, chimie fine avec le pôle aromatique voisin de Grasse et toute la filière santé (projet de technopole urbain *Nice Méridia*).

LA PÊCHE EN MÉDITERRANÉE

Les activités sont relativement limitées avec environ 1000 marins et une production de l'ordre de 8000 t (soit à peine 2 % de la production nationale). Au-delà de ces pêches traditionnelles, le secteur de l'aquaculture s'est développé sur la Côte d'Azur : la **mytiliculture** (élevage de moules) qui se pratique dans la baie du Lazaret (la Seyne-sur-Mer) revendique une production de 100 t de moules par an. La **pisciculture marine** concerne essentiellement le loup (bar) et la daurade royale. Une quinzaine d'exploitations réparties sur le Var et les Alpes-Maritimes produisent 1500 t de poissons par an.

LE TOURISME

La Côte d'Azur est la région la plus fréquentée de France. Dans les Alpes-Maritimes, les plages de la Riviera et les séjours nature (randonnées pédestres, vtt, canyoning, *via ferrata*, parcs naturels et routes à thèmes) séduisent 4,5 millions de visiteurs (dont 59 % d'étrangers) chaque année. À noter que le massif enneigé ou ensoleillé du Mercantour fait double saison.

LES HAUTS LIEUX DE L'ARTISANAT

Dans les villages de l'arrière-pays, de nombreux artisans se sont installés, permettant de faire revivre des métiers traditionnels parfois séculaires. Castillon (à 15 km au nord de Menton), notamment, compte 10 ateliers.

La céramique

La présence de bancs d'argile d'excellente qualité explique que la poterie ait été une activité importante. La fabrication de jarres à Biot remonte à l'époque des Phocéens et la céramique se développa à Vallauris dès le 11e s. La production fut relancée au 15e s. par l'arrivée de potiers italiens venus repeupler les deux villages décimés par la peste. Biot connut son apogée au 18e s. avec le développement de la poterie d'art ; le village comptait alors 32 fabriques ; mais, à la fin du siècle, les potiers de Vallauris ajoutèrent aux traditionnels ustensiles de cuisine en argile vernissée une fine vaisselle Louis XV, et l'emportèrent sur ceux de Biot au cours du 19e s. Vallauris connut une renommée internationale au lendemain de la Seconde Guerre mondiale, lorsque Picasso vint y travailler en 1946, attirant une foule d'amateurs,

S. Sauvignier / MICHELIN

Verres à bulles.

comme Fernand Léger qui s'installa à Biot à partir de 1951, ou encore Jean Cocteau.

Le verre soufflé

Depuis la fondation en 1956 de la Verrerie de Biot, la réputation du village s'est accrue grâce à ses objets artisanaux. Au cours de la visite, on suit la fabrication du verre bullé d'après les techniques anciennes. Remarquez les « calères » provençales et les « porrons », sortes de cruches à long bec pour boire à la régalade.

UN BOUQUET DE PARFUMS

À Grasse, capitale de la parfumerie de renommée mondiale, les pétales de fleurs – roses de mai, jasmin, fleurs d'oranger et lilas – forment la matière première de précieuses essences et de somptueux parfums. Les bouquets fleurissent aussi à Bar-sur-Loup, Golfe-Juan, Le Cannet, Vallauris et Seillans, centres importants de fabrication de matières premières aromatiques naturelles.

À l'ombre des platanes

Dans ce pays, on vit hors de la maison, maintenue obscure, et on aime la vie de société, la conversation, la politique. Le cœur du village, c'est la petite place ou le « cours », ombragé de platanes rafraîchi par une fontaine. Là se tiennent les marchés et on se réunit dans les cafés autour d'un verre de pastis ou d'une partie de cartes.

JEU DE BOULES

Le jeu de boules est la distraction populaire par excellence. Les parties se font par équipes de trois (triplettes) ou de quatre (quadrettes). Les « **pointeurs** » lancent leurs boules le plus près possible du cochonnet (ou bouchon), envoyé au bout du terrain de jeu ; les « **tireurs** » doivent déloger les boules de l'autre équipe en les frappant avec les leurs. Les plus adroits réussissent le coup en prenant exactement la place de la boule adverse : ils ont alors « fait un carreau ».
Il y a deux types principaux de jeux de boules. La **pétanque**, du provençal « pieds tanqués » (c'est-à-dire pieds joints et immobiles), se joue sur des distances entre 6 m et 10 m. Les joueurs se placent dans un cercle tracé au sol qu'ils ne doivent pas franchir. Le jeu provençal, ou la **longue**, se joue sur un terrain d'au moins 25 m de long : les pointeurs font un pas hors du cercle, se tiennent en équilibre sur la jambe gauche (pour les droitiers) et lèvent le pied en appui à l'instant d'envoyer la boule ; les tireurs font trois pas sautés hors du cercle avant de lancer leur boule. Les désaccords dans l'appréciation des distances qui séparent les boules du cochonnet se traduisent par des polémiques bruyantes et passionnées, inséparables du jeu.

AVÉ L'ACCENT

Aux cours des visites de vieux quartiers, la curiosité peut être attirée par les plaques indicatrices de rues et des inscriptions commémoratives écrites en français et en **provençal**. Les pays de la rive droite du Var possèdent une expression provençale commune. Il n'en est pas de même à l'intérieur du comté de Nice où l'extraordinaire complexité des parlers reste bien présente. Le **nissart**, dont les premiers écrits datent du 16e s., a été reconnu langue régionale de France en 2000 (un an auparavant, un département de langue et culture régionales s'est ouvert à l'université de Nice). Les travaux d'érudits (André Compan), le théâtre de Francis Gag (avec la figure légendaire de Tanta Viturina) ont accompagné son renouveau dans les années 1950, relayé par la presse d'expression niçoise *(Lou Sourgentin)*. Depuis ce véhicule d'une identité est activement défendu. Les racines ligures, et particulièrement génoises, du **monégasque** enseigné comme langue nationale dans les écoles de la principauté, se retrouvent dans les termes relatifs à la mer et à la navigation, dans les expressions proverbiales et la gastronomie.

La table provençale

L'ail, l'huile d'olive et les aromates caractérisent la cuisine provençale. L'ail a trouvé ses poètes qui ont chanté cette « truffe de la Provence ». Quant à l'huile d'olive, elle remplace le beurre dans tous ses emplois septentrionaux : « Un poisson vit dans l'eau et meurt dans l'huile », dit un proverbe local.

UN BOUQUET DE SAVEURS

Cultivées ou poussant naturellement sur les pentes ensoleillées, les plantes aromatiques, sous l'appellation générique d'**herbes de Provence**, jouent, selon le génie culinaire de chacun, un rôle essentiel. Elles regroupent : la sarriette (ou pèbre d'ase – poivre d'âne – en provençal) qui parfume les fromages de chèvre et de brebis ; le thym (ou farigoule) qui se mêle à la plupart des légumes et relève les grillades ; le basilic, la sauge, le serpolet, le romarin (qui a des vertus digestives), l'estragon, le genièvre (pour accompagner les gibiers), la marjolaine et le fenouil, dont le goût anisé fait merveille avec un « loup » grillé, fignolé d'un filet d'huile d'olive.

L'OLIVE DANS TOUS SES ÉTATS

Dans les Alpes-Maritimes, c'est la petite olive noire de Nice, qu'il faut goûter. Très savoureuse, la **cailletier** ou caillette, est laissée six mois en saumure avant d'être consommée. Cette variété est également destinée à la presse du moulin.
L'incontournable **huile d'olive** relève les plats les plus recherchés ou les hors-d'œuvre préparés sur le pouce, telle l'**anchoïade** (mélange d'huile d'olive et d'anchois). L'olive entre aussi dans la composition de nombreuses recettes méditerranéennes. **La tapenade**, délicieuse pâte à tartiner à base de câpres, d'olives noires dénoyautées et d'anchois, broyés au mortier ou mixés, se déguste à l'apéritif sur des tranches de pain grillé. La **salade niçoise,** la **pissaladière** et la **fougasse** constellent aussi de petites olives !

LES SPÉCIALITÉS DU COMTÉ DE NICE

La « **cuisine nissarde** », expression bien vivante du particularisme du comté de Nice, s'inspire à la fois des traditions culinaires de la Provence et de la Ligurie entre lesquelles elle assure la transition. Agglutinées au pied de la colline du château, les ruelles du vieux Nice regorgent d'occasions de découvrir ces préparations.

D. Pazery / MICHELIN

Socca

« Farine de pois chiche, huile d'olive, sel fin, eau participent à sa composition. Il convient d'y ajouter (...) dextérité et rapidité afin de la couper en petites parts au moment de la servir : la socca n'admet pas d'attendre ; elle se doit d'être brûlante. Et poivrée au goût de chacun (...). C'est la même socca que les dockers, après le café arrosé de 5 heures, mangeaient au bar niçois à 6h30. » **Louis Nucera**, *Chemin de la lanterne* (1981), Éd. Grasset.

La **pissaladière**, tourte aux oignons garnie de pissala (sauce épaisse à base d'anchois) et d'olives noires niçoises, et la **salade niçoise**, savoureux mariage de petites tomates découpées en quartiers, de petits artichauts, de poivron vert, de thon, d'œufs durs en rondelles, d'olives niçoises, le tout nappé d'huile d'olive, recouvert de filets d'anchois et relevé de pointes de basilic, sont deux symboles de la cuisine niçoise. La **socca,** grande crêpe de farine de pois chiche, se déguste sur le pouce, débitée en portions, et arrosée d'un « pointu » (petit verre de vin de pays) dans les parages des rues et place Saint-François. À midi, un **pan bagna** (« pain mouillé » d'huile d'olive, de forme ronde, garni d'anchois, tomates…) permettra de poursuivre la découverte des vieilles ruelles. La *meranda* (petite faim d'après sieste) sera apaisée avec des tranches frites de **pannisse** (galette de farine de pois-chiche).

La **poutine** (marinade d'alevins pêchés par autorisation locale pendant le mois de février entre Antibes et Menton) se déguste en salade, en omelette ou en soupe. En dehors de cette période, le gourmet se consolera avec la **soupe aux poissons** de roche mélangée de *favouilles* (petits crabes), ou d'un plus familial **pistou**, soupe de légumes relevée d'une onctueuse pommade faite de basilic, d'ail, de tomates, et noyée d'huile d'olive. Le menu sera complété par une tranche de **porchetta**, cochon de lait farci, accompagnée de **mesclun** (« mélange » en niçois), association de quatorze variétés de jeunes plants de salades cueillis dans l'arrière-pays.

Parmi les autres préparations qui méritent d'être savourées dans les minuscules restaurants des villages de l'arrière-pays : les **fleurs de courgette farcies** (mais les autres farcis niçois sont aussi délicieux !), la **ratatouille** (ragoût de tomates, aubergines, poivrons et courgettes revenus doucement à l'huile), les **gnocchis** (coquilles de farine de blé et de pommes de terre assaisonnées d'une sauce de daube) ou les **raviolis** (ceux de Nice sont fourrés de daube de bœuf), les *barbajouans* (« oncle Jean » : beignets de pâte renfermant une farce à base de riz, courge, ail, oignon et fromage). L'**estocaficada**, version niçoise du « stockfish » marseillais, que les vieux Niçois prononcent « estocafic », est un plat de fête qui s'accompagne d'un gouleyant vin du Bellet. Les filets de stockfish (morue séchée), réduits en lambeaux, doucement rissolés et arrosés d'eau-de-vie (la brande), cuisent à l'étouffé pendant 3 à 4h au milieu des légumes (tomates pelées et épépinées, oignons, poivrons, pommes de terre nouvelles) et des bouquets d'aromates (fenouil, marjolaine, persil, thym, laurier, sarriette), pointés de petites olives noires de Nice.

La **tourte de blettes**, tarte sucrée garnie de feuilles de blettes hachées, de pignons de pin et de raisins de Corinthe, fera office de dessert. À la mi-Carême, les « ganses », oreillettes sucrées, monopolisent les devantures des pâtissiers. La **fougasse**, galette parfumée à la fleur d'oranger, se vend toute l'année ; à Monaco, elle est décorée de grains d'anis blanc et rouge *(fenuglieti)*, les couleurs nationales.

Enfin, on combattra les heures de canicule en dégustant à l'ombre un verre de « gratta queca », glace granulée arrosée de menthe.

LES VINS

Le minuscule (50 ha) et très ancien (3e s. av. J.-C.) **vignoble du Bellet** s'étage en terrasses sur les pentes raides d'éboulis calcaires qui dominent la plaine du Var et donne des vins rouges, rosés et blancs (les meilleurs, aux arômes de tilleul et de miel, mais chers).

Les vins de la région

Le **bandol**, issu du cépage mourvèdre, est un vin de garde (10 à 15 ans) à la robe rouge sombre ; sa charpente et sa rondeur s'accompagnent d'arômes de framboise, de vanille, de sous-bois, d'épices.

Les vins de l'appellation **côtes-de-provence** (80 % du vignoble provençal) se sont améliorés par l'utilisation de cépages inconnus auparavant dans la région (cabernet sauvignon). Les collines de schiste des Maures donnent des vins blancs et des rosés subtils, tandis que les plateaux calcaires du haut pays varois produisent des blancs et des rouges remarquables.

Le **coteau varois**, cultivé essentiellement de façon biologique, affiche également les trois couleurs.

Bon à savoir – Les appellations côtes-de-provence, coteaux varois et coteaux d'Aix-en-Provence se sont unies en 2004 pour créer le Conseil Interprofessionnel des Vins de Provence (CIVP), une structure dite d'étude et de promotion des vins rosés et de toutes les appellations provençales. Sachant que les trois-quarts des vins produits dans ce vignoble sont des rosés, dont 75 % bénéficient aujourd'hui de l'AOC.

Le Negresco.

Pazery D. / MICHELIN

DEAD

NICE★★★

Nissa

347 100 NIÇOIS
CARTE MICHELIN DÉPARTEMENTS 341 E5 – SCHÉMA P. 70 – ALPES-MARITIMES (06)

Le charme de Nice « l'Italienne » se conjugue au pluriel dans un site superbe, entre mer et montagne. Les couleurs de sa vieille ville baroque, la saveur de sa cuisine et la richesse de ses grands musées combleront le visiteur qui pourra à tout moment contempler la capitale de la Riviera depuis la colline du château ou respirer la douceur de l'air marin (hélas trop souvent mêlée aux vapeurs d'échappements) sur la célèbre promenade des Anglais.

S. Sauvignier / MICHELIN

Les toits de la vieille ville de Nice.

- **Se repérer** – De l'A 8, au nord de la ville, cinq sorties vous mènent dans des quartiers différents. Le torrent du Paillon divise Nice en deux : à l'ouest, la partie moderne ; à l'est, la vieille ville, la « colline du Château », et derrière, le port. Au nord, la colline de Cimiez, l'ancienne cité romaine.
- **Se garer** – Difficile de se déplacer en voiture à Nice ! Les travaux pour la mise en place du tramway ajoutent aux difficultés de circulation. Dès que possible, garez votre véhicule dans l'un des nombreux parkings payants, pour ensuite découvrir tranquillement la ville à pied ou en transport en commun.
- **À ne pas manquer** – Le front de mer et la promenade des anglais ; flâner dans « le Vieux » ; et visiter le fief culturel niçois (les musées des Beaux-Arts Jules Chéret, Matisse, Marc-Chagall, d'Art moderne et d'Art contemporain).
- **Organiser son temps** – Une journée au moins est nécessaire à la découverte de Nice. Consacrez la matinée au front de mer et à la vieille ville ; l'après-midi sera réservé à Cimiez. Les visiteurs disposant de plus de temps verront le musée des Beaux-Arts, le musée d'Art moderne et d'Art contemporain et/ou le musée des Arts asiatiques.
- **Avec les enfants** – Le parc botanique Phoenix, le Muséum d'Histoire naturelle, le musée de Terra Amata ; le petit train touristique *(voir l'encadré pratique)*.

Nice pratique

Adresses utiles

Office du tourisme de Nice – *✆ 0 892 707 407 (0,34 €/mn) - www.nicetourisme.com - 5 promenade des Anglais - 06000 Nice - juin-sept. : 8h-20h, dim. 9h-19h ; oct.-mai : tlj sf dim. 9h-18h.*

Antenne aéroport Nice Côte d'Azur – *T1 - juin-sept. : 8h-21h ; oct.-mai : tlj sf dim. 8h-21h.*

Antenne Gare de Nice - *av. Thiers - juin-sept. : 8h-20h, dim. 9h-19h ; oct.-mai : 8h-19h, dim. 10h-17h.*

Transports urbains

Bon à savoir – Venir en avion est un moyen intéressant pour les courts séjours *(voir p. 18).*

Transports urbains/Ligne d'azur – - *✆ 0 810 061 006 (N° Azur)- www.lignedazur.com - ticket à l'unité (correspondance dans un délai de 74mn - 1,30 €), carte 10 trajets (10 €) et « Pass » permettant de voyager pendant 1 ou 7 jours (4 € ou 15 €).* Le réseau assure une large desserte des environs de la ville. Un **plan infobus** est disponible à l'office de tourisme.

Tramway – La **ligne 1**, longue de 8,7 km et découpée en 21 stations, relie six quartiers dans un axe nord-sud/sud-est depuis Las planas à Pont Michel *(de 5h à 1h - billet : 1,30 € - correspondance bus/tramway).* Les travaux nécessitant la fermeture de nombreuses rues, les automobilistes sont invités à se tenir informé du plan de circulation via le site **www.tramway-nice.org**.

TAM – *Gare routière - 5 bd Jean-Jaurès - ✆ 04 93 85 61 81 - www.rca.tm.fr.* Réseau de cars qui assure les liaisons interurbaines (ligne 100 : Nice-Menton, ligne 200 : Nice-Cannes, etc.).

TER – *gare - av. Thiers, ✆ 0 891 70 30 00 (0,34 €/mn) - www.ter-sncf.com/paca.* Il permet de rejoindre nombre de villes de l'arrière-pays comme de la côte. La ligne Nice-Cuneo traverse les vallées de la Bévéra et de la Roya *(voir le train des Merveilles, p. 32).*

Locations de voiture

Bon à savoir – Tarifs et réservations en ligne via les sites Internet www.hertz.fr, www.europcar.fr et www.avis.fr.

Les principaux loueurs de voitures sont présents à l'aéroport international Nice-Côte d'Azur :

Hertz - *✆ 0 825 342 343 - tlj 6h-24h ;*
Europcar - *✆ 0 825 810 081 - tlj 6h30-24h ;*
Avis - *✆ 0 820 611 632 - tlj 6h-24h.*

Également à la gare SNCF, avenue Thiers :
Hertz - *✆ 04 97 03 01 20 - lun.-sam. 8h-13h, 14h-19h, dim. 8h30-12h30 ;*
Europcar - *✆ 0 825 829 021 - tlj 8h-13h, 14h-19h ;*
Avis - *✆ 0 820 611 631 - lun.-sam. 8h-13h, 14h-19h, dim. 8h-12h, 17h-19h.*

Visites

Bon à savoir – Les musées municipaux sont gratuits les 1er et 3e dimanches de chaque mois.

Visite guidée de la ville – *Centre du Patrimoine - 75 quai des États-Unis - ✆ 04 92 00 41 90 - (réserv. 24h av.) - 3 €.* Visites guidées thématiques (de 1h30 à 2h) permettant la découverte du patrimoine niçois (liste et horaires sur www.nice.fr).

Petits trains touristiques – ♿ *www.petittrainnice.com - juin-août : 10h-19h ; avr.-mai et sept. : 10h-18h ; janv.-mars et oct.-déc. : 10h-17h - 6,50 € (–10 ans 3 €).* Visite commentée (40mn), départ du front de mer, face à l'hôtel Méridien et au jardin Albert 1er.

Nice le Grand Tour – *Dép. ttes les 30mn ; se renseigner pour les horaires - ✆ 04 92 29 17 00 - 18 € (enf. 9 €).* Circuit en bus à impériale (1h30) au départ de la Promenade des Anglais *(face au théâtre de Verdure).* 11 arrêts permettent de moduler la visite de la ville.

Trans Côte d'Azur – *Quai Lunel - ✆ 04 92 00 42 30 - www.trans-cote-azur.com.* Cette compagnie propose une promenade côtière commentée *(1h - dép. 15h - mars-avr. : tlj sf dim. ; mai-oct. mar., merc., vend. et dim. - 13 € – enf. 7,50 €)* et une croisière Riviera *(juin-sept. : mar., jeu., sam.)*, avec escale à Monaco *(dép. 9h30, retour 18h - 27,50 € – enf. 10 €)* ou sans escale *(dép. 16h, retour 18h).*

Mise en garde

Le « **vol à la portière** » est devenu un véritable fléau à Nice et dans les autres villes de la Côte... Le mode opératoire est simple : vous êtes arrêté à un feu rouge lorsqu'un quidam ouvre soudain la portière côté passager pour s'emparer des vestes et sacs qui pourraient s'y trouver avant de s'enfuir en scooter. Prenez donc la précaution élémentaire de verrouiller vos portières lorsque vous circulez en ville.

Se loger

Au Picardy – *10 bd Jean-Jaurès - ✆ 04 93 85 75 51 - - 11 ch. 25/40 € - 3 €.* Au bord d'une artère passante, entre la gare routière et le vieux Nice, petit hôtel familial où vous logerez dans des chambres fonctionnelles à géométrie variable, correctement insonorisées côté boulevard mais tout de même plus calmes à l'arrière, côté cour.

Star Hôtel – *14 r. Biscarra - 04 93 85 19 03 – www.hotel-star.com – fermé de mi-nov à mi-déc. - 24 ch. 57/80 € - 6 €.* Atouts majeurs de ce petit hôtel : une situation centrale (proximité du centre commercial Nice Étoile) et des prix doux pour la ville. Les chambres sont sobrement meublées et bien tenues ; certaines bénéficient même d'un balcon.

Armenonville – *20 av. des Fleurs - 04 93 96 86 00 - www.hotel-armenonville.com - P - 13 ch. 76/98 € - 9 €.* Au bout d'une impasse de l'ex-quartier des émigrés russes, villa 1900 aux aménagements «rétro» ; quelques meubles proviennent du Négresco. Certaines chambres sont rajeunies. Ch. Double avec wc sur le palier : 61 €.

Clair H. – *23 bd Carnot - impasse Terra-Amata - 04 93 89 69 89 - hotel.clair@wanadoo.fr - 10 ch. 60/75 € - 7,50 €.* Une ancienne école sert de cadre à cet hôtel familial dont les calmes chambres, de plain-pied, mettent à profit les ex-salles de classe, ouvrant sur la cour où les tracés de marelle et les éclats de rire ont fait place à des graviers et des plantes. Petits-déjeuners livrés en chambre ou en terrasse. Emplacement un peu excentré, dans une impasse où d'importantes découvertes archéologiques ont entraîné l'ouverture du musée Terra Amata.

Chambre d'hôte Villa la Lézardière – *87 bd de l'Observatoire - 04 93 56 22≈86 - www.villa-nice.com - P - 5 ch. 90/160 €.* Postée sur la grande Corniche, cette villa de style provençal offre une vue magnifique sur la ville et les Alpes. Chambres personnalisées, piscine et grand jardin clos. Cuisine traditionnelle ou thaïlandaise.

Chambre d'hôte Castel Enchanté – *61 rte St-Pierre-de-Féric - 04 93 97 02 08 - www.castel-enchante.com - - 3 ch. et 1 suite 110 €.* Accessible par un étroit chemin escarpé, belle maison du 19e s. précédée d'une large terrasse verdoyante dominant un vallon. Une quiétude bien agréable règne dans les trois spacieuses chambres.

Se restaurer

Bon à savoir – Situé dans le vieux Nice, entre la mairie le château et la plage, le **cours Saleya** compte, à lui seul, une cinquantaine de restaurants, presque aussi variés que nombreux. Pizzerias, gastronomiques ou établissements franchisés, pour tous les goûts, à tous les prix et restant ouverts très tard le soir.

Spécialités – Salade niçoise, pan-bagnat, poutine, tourte aux blettes, beignets de fleurs de courgettes..., tant de spécialités qui donnent à l'art culinaire local ses lettres de noblesse et son appellation. Pour en apprécier toutes les saveurs, rendez-vous dans les établissements affichant le label « **Cuisine nissarde** ». Guide des restaurants disponible à l'office de tourisme.

Lou Balico – *20-22 av. St-Jean-Baptiste - 04 93 85 93 71 - www.loubalico.com - fermé dim. midi en juil.-août – 12 € déj. - 25/35 €.* Trois générations d'une même famille œuvrent parfois côte à côte dans ce restaurant restituant bien l'âme de la cuisine nissarde. Salle à manger de mise simple, où trône un piano, ambiance au beau fixe et réputation dépassant les frontières du pays niçois : Nougaro, Lavilliers et Indochine n'ont-ils pas signé le livre d'or ?

La Table Alziari – *4 r. François-Zanin - 04 93 80 34 03 - fermé 8-19 janv.,2-7 juin, 6-18 oct., 1-13 déc., dim. et lun. - 25/32 €.* Le charme d'une petite adresse familiale dans une ruelle de la vieille ville : spécialités niçoises et provençales sont suggérées sur l'ardoise du jour et servies dans un cadre sans chichi. La poche de veau (poitrine de veau farcie) compte parmi les classiques de la maison. Menue terrasse sur le devant.

Safari – *1 cours Saleya - 04 93 80 18 44 - www.restaurantsafari.com - 28/50 €.* Adresse à la mode dont le nom revient sur toutes les lèvres, ce restaurant ne doit pas son succès au hasard. Avec sa belle terrasse et sa façade rénovée tout en conservant son caractère, il propose des spécialités locales qu'on ne trouve presque plus ailleurs ainsi qu'une généreuse carte de poissons. Service impeccable.

La Diva – *4 r. de l'Opéra - 04 93 85 96 15 - www.restaurant.diva.com - 15,50 € déj. - 22/35 €.* Ce refuge gourmand où l'on vient faire de savoureux repas traditionnels se situe dans une petite rue reliant la place Masséna et la rue St-François-de-Paule. Installation assez confortable, décor intérieur feutré et mise en place soignée. Les jours de grande affluence, une deuxième salle, à l'étage, joue les vases communicants.

La Tapenade – *6 r. Ste-Réparate - 04 93 80 65 63 – fermé 6-12 oct. - 17/23 €.* Décor sympathique reconstituant une rue typique, avec ses volets, pots de fleurs et chapelets d'ail. Ambiance chaleureuse et familiale, où déguster, bien sûr, la tapenade, la cuisine régionale ou une pizza. Terrasse fermée et chauffée en hiver. Pas de réservation : on vous installe à table s'il y a de la place !

⊖⊖ L'Auberge de la Méditerranée – *21 r. Delille - ✆ 04 93 91 35 65 - fermé 14-27 août, 25 déc.-1er janv., lun. soir, mar. soir, merc. soir, sam. midi et dim. - 19 bc €.* Chaleureuse atmosphère familiale, décor sobre et plaisant, goûteuse cuisine régionale (l'ardoise change tous les jours en fonction du marché)...Une vraie bonne petite adresse. N'existe plus.

⊖⊖ Café de Turin – *5 pl. Garibaldi - ✆ 04 93 62 29 52 - www.cafedeturin.com – 20/40 €.* Institution niçoise depuis plus de 200 ans, ce grand café propose, dans un cadre simple et convivial, une carte de fruits de mer à prix attractif. La générosité et la fraîcheur des plateaux, la terrasse urbaine chauffée et l'ambiance animée du lieu en font une adresse attachante. Service en continu jusqu'à 23 h.

⊖⊖ L'Escalinada – *22 r. Pairolière - ✆ 04 93 62 11 71 - www.escalinada.fr - fermé mi- nov.- mi-déc. - ⊭ - 21,50/40 €.* Cette maison traditionnelle, dans les ruelles du vieux Nice, compte 55 ans d'existence. Petite salle rustique pimpante, où la tradition des plats niçois est cultivée autour d'un attrayant menu. Atmosphère sympathique et conviviale.

En soirée

Casino Ruhl – *1 prom. des Anglais - ✆ 04 97 03 12 22 - tlj 10h à l'aube.* Trois cents machines à sous, roulettes française et anglaise, black jack, punto banco, stud poker. Bar américain. Dîner et spectacle dansant le vendredi et le samedi.

Le Mélisande (Hôtel Palais Maeterlinck) – *30 bd Maurice-Maeterlinck, quartier le cap de Nice - ✆ 04 92 00 72 00 - www.palais-maeterlinck.com - tlj 11h-0h.* Ce bar est installé dans un très bel hôtel qui fut jadis propriété du poète Maurice Maeterlinck, prix Nobel de littérature en 1911. Salon feutré accueillant des expositions de peintures, bar à champagne et cave à cigares. Depuis la terrasse, vue magnifique sur la mer et sur les caps Ferrat et d'Antibes.

Le Relais de l'Hôtel Negresco – *37 prom. des Anglais - ✆ 04 93 16 64 00 - www.hotel-negresco-nice.com - 11h-1h, jusqu'à minuit en hiver.* Les boiseries en noyer de ce bar somptueux ont été créées en 1913 pour l'ouverture de l'hôtel Négresco. Vous boirez du champagne entouré d'œuvres d'art : tapisserie de Bruxelles (1683), peintures du 18e s., réplique des appliques de la salle de Bal du château de Fontainebleau, et un tapis inspiré de celui choisi par Napoléon Ier pour la chambre du roi de Rome. Piano-bar tous les soirs.

Que rapporter

Rues commerçantes – Les rues rayonnant autour de la cathédrale Ste-Réparate satisferont les acheteurs de tissus provençaux (r. Paradis, r. du Marché), d'artisanat (r. du Pont-Vieux, r. de la Boucherie) et de santons (r. St-François-de-Paule).

Alziari – *14 r. St-François-de-Paule - ✆ 04 93 85 76 92 - www.alziari.com.fr - tlj sf dim. 8h30-12h30, 14h15-19h.* Spécialiste de l'huile d'olive. Produits du terroir. Il est possible de visiter le moulin à Nice en téléphonant au 04 93 44 45 12.

À l'Olivier – *7 r. St-François-de-Paule - ✆ 04 93 13 44 97 - www.olivier-on-line.com- 9h30-13h, 14h-19h (19h30 en été) - fermé 1er janv. et 25 déc.* Cette enseigne, fondée en 1822 et débarquée à Nice en 2004, propose toutes les huiles d'olive françaises distinguées par une AOC. Vous y trouverez aussi des variétés étrangères, quelques macérations aromatiques, d'autres produits de bouche, de la vaisselle, du linge et des accessoires de table raffinés. Cadre design.

La Maison de L'Olive – *18 r. Pairolière - ✆ 04 93 80 01 61 - tlj sf lun. 9h30-19h, dim. 10h-14h - fermé janv.* Les produits vendus dans cette boutique, destinés au corps (savon de Marseille, parfums d'ambiance…) ou au palais sont pour la plupart à base d'olives dont les vertus sont reconnues depuis des millénaires. Vous trouverez également des tomates séchées, des citrons confits, des câpres, des épices…

Confiserie Auer – *7 r. St-François-de-Paule - ✆ 04 93 85 77 98 - www.maison-auer.com - tlj sf dim. 9h-13h30, 14h30-18h.* Près du cours Saleya, jolie boutique au cadre un peu « rétro » où se procurer des fruits confits de fabrication artisanale et de tout premier choix. La même famille de confiseurs - d'origine suisse - perpétue à Nice depuis plus de cent ans ce savoir-faire représentatif de la gastronomie provençale.

Florian – *14 quai Papacino - sur le port de Nice - ✆ 04 93 55 43 50 - www.confiserieflorian.com - 9h-12h, 14h-18h30 - fermé 25 déc.* Visite guidée et gratuite des ateliers de fabrication artisanale des produits de la confiserie : confits de fleurs, sirops de fleurs, fruits confits, confitures d'agrumes, fleurs cristallisées, orangettes au chocolat, bonbons acidulés, chocolats maison, etc. Dégustation offerte et salon de vente.

SE LOGER

Chambre d'hôte Castel Enchanté............... ①
Chambre d'hôte Villa la Lézardière............. ③
Clair H. .... ⑤
Hôtel Armenonville.................................. ⑦

SE RESTAURER

Star Hôtel.. 9

L'Auberge de la Méditerranée.................... 2

Borriglione
Libération
Gare Thiers
Jean Médecin
Masséna
Opéra-Vieille Ville
Cathédrale Vieille Ville
Station J.C. Bermond
PN Gambetta
Michel Ange
Joseph Garnier
Michel Ange / Borriglione
Mon Plaisir
Raiberti
Saint-Lambert
Georges V
Léopold
Le Verse
Palais Prince Charles
Rond Point / Cimiez
Résidence Monticello
Clinique de Cimiez
La Charmeraie
Musée Chagall
MUSÉE M. CHAGALL
CONSERVATOIRE DE MUSIQUE
Boulevard de Cimiez
Bd Villebois Mareuil
Av. des Arènes de Cimiez
Roland Garros
COLL. R. GARROS
COLL. STANISLAS
Raimbaldi
Pertinax
Normandie
Montée de Cimiez
Désambrois
Les Coc
Toselli
Pastorelli
C.C.I.
LYCÉE CALMETTE
Diderot
CPAM
Raimbaldi / Lepante
Notre Dame
Avenue Notre Dame
Av. Désambrois
Bd de Cimiez
Thiers / Médecin
GARE DE NICE-VILLE
Gare SNCF
Autoroute urbaine
Poste Thiers
Thiers / Gambetta
Parc Impérial / Gambetta
Vernier / Gambetta
Rue Etienne Vernier
COLL. VERNIER
Rue Trachel
Boulevard Gambetta
COLL. NAZARETH
Gutenberg
Florilège
Boulevard Joseph Garnier
GARE DE PROVENCE
GARE DU SUD
CENTRE ADM.
Rue Clément Roassal
Chemins de Fer de Provence
Av. Malausséna
Av. Mirabeau
Avenue Jean Médecin
Avenue Thiers
PNR DU MERCANTOUR
Rue Gounot
Av. Georges Clémenceau
Avenue Durante
THÉATRE DE LA CITÉ
Rossini
Sévillan
Mozart
Guiglia
Verdi
Rue Berlioz
Rue Verdi
Alphonse Karr
Bd Victor Hugo
Congrès / Joffre
Rivoli / Joffre
Gambetta / France
Rue du Maréchal Joffre
Grimaldi
Rue de la Buffa
Rue de France
Rue Meyerbeer
MUSÉE D'ART ET D'HISTOIRE PALAIS MASSÉNA
PALAIS DE LA MÉDITERRANÉE
CASINO
Promenade des Anglais
Congrès / Promenade
Gustave V
CENTRE COMMERCIAL NICE ETOILE
Victor Hugo
Sasserno
Deloye / Dubouchage
Dubouchage
Pastorelli
J. Médecin / Pastorelli
Longchamp
J. Médecin / Hôtel des Postes
Alberti Hôtel des Postes
Wilson / Pastorelli
Wilson
Alberti
Alberti / Gioffredo
Masséna / Guitry
Hôpital Saint-Roch
Promenade des Arts
LYCÉE MASSÉNA
Lycée Gare Routière
Albert 1er
THÉATRE DE VERDURE
HÔTEL DE VILLE
MAIRIE ANNEXE
PALAIS DE JUSTICE
OPÉRA
Place Masséna
Boulevard Jean Jaurès
Quai des États-Unis
Place P. Gautier

Flores
Passerelle Andreis
Les Ménestrels
Maison d'arrêt
Gendarmerie
Jeanne Jugan
La Brigue
Avenue Denis Séméria
Pierre Sémard
Gendarmerie
Commissariat de police
Centre adm.
Salle de sport
Biblio.
Coll. Jean Giono
Tende / Gendarmerie
Tende
Auvare
Vauban
80 84 88
Saint-Roch
Saint-Jean d'Angély Université
Stade Vauban
Rue Mal Vauban
Coll. V. Duruy
Coll. Don Bosco
Palais des Expos
Grand Palais
Mendiguren
El Nouzah
Palais des Sports
Voie Malraux
XVe Corps
Saint-Jean d'Angély
Pôle Univ.
Avenue des Diables Bleus
Risso / Palais
Palais des Expositions
Boulevard Pierre Sola
Centre commercial Nice TNL
Bd Pierre Sola
Grande Corniche
Square Normandie Niemen
3 T37
Acropolis
Bischoffsheim
Riquier
7 30
Les Liserons
Delfino / Arson
Riquier / Armée des Alpes
Salvetti
Garibaldi
Delfino / Arson
Papyrus
Boulevard de Riquier
Barla / Riquier
Terra Amata
De Joly
Pré Fossati
Fort Thaon
Castel des deux rois
Urbain Bosio
Gare Routière
11 52 59 60 81
82 89 94 98 100
112 116 200 217 303
400 500 710 720 790
Le Port
9 10
0 125 m
Gustavin / Carnot
Musée de Terra Amata
Parc Louisa
Saint-Aignan
Moyenne Corniche
Coecilia
Lazaret
Chemin Tordu
Boulevard Carnot
Bassin des Amiraux
Belle Rive
Avenue d'Alicante
Bleu Rivage
Bassin du commerce
Gare maritime
Gustavin / Parc Vigier
20
Parc Vigier
Avenue Germaine
Le Président
Saint-Aignan / Pilatte
La Réserve
Bd F. Pilatte
Boulevard du Mont Boron
Miramar
Les Crêtes / Carnot
Villa "la côte"
Bd Carnot
Maeterlinck / Mont Boron

Le front de mer★★

PLAN I P. 70-71 ET PLAN II P. 78

Impossible de séjourner à Nice sans passer un moment sur la promenade des Anglais. Frontière animée entre la ville et les plages, cette vaste avenue piétonne est peuplée sur toute sa longueur d'une foule bigarrée mêlant retraités en ballade, rollers, joggers, touristes innombrables et, souvent, célébrités. Idéale pour flâner, la Promenade des Anglais l'est également pour découvrir l'une des composantes de la vie niçoise : le farniente.

B. Pérousse / MICHELIN

La Promenade des Anglais fréquentée à toute heure de la journée.

Se promener

Compter 2h. Partir de l'intersection de la promenade des Anglais et du bd Gambetta.

Promenade des Anglais★★

Fermée à la circulation un dimanche par mois.

Exposée en plein midi, cette magnifique avenue épouse l'immense courbe de la baie des Anges. La grande bleue vous convie à un tête-à-tête où n'interfèrent ni l'intense circulation automobile ni les promeneurs et autres sportifs qui s'ébattent dans ce cadre grandiose. En contrebas, les plages de galets invitent à la baignade…

Jusqu'en 1820, la côte, à cet endroit, était d'un accès difficile. La colonie anglaise, nombreuse depuis le 18e s., prit à sa charge l'établissement du chemin riverain qui a donné son nom à la voie actuelle. En 1931, c'est encore un Anglais, le fils de la reine Victoria, qui donne à la promenade des Anglais sa dimension actuelle. Témoin somptueux de cette splendeur passée, le **Négresco**, avec ses rondeurs Belle Époque. Pour voir la superbe verrière de Gustave Eiffel, ornée d'un lustre de cristal de Baccarat, don du tsar Nicolas II, entrez prendre un verre. Un peu plus loin, la monumentale façade Art déco, seul vestige du majestueux **palais de la Méditerranée** conçu en 1928 par Frank Jay Gould et décoré par le sculpteur niçois Sartorio, qui habilla le béton armé de pierres sculptées. Menacée de démolition, suite à la fermeture de l'établissement, la façade fut préservée grâce à un classement aux Monuments historiques et le reste du bâtiment, détruit. Restaurée à l'identique, elle ouvre désormais sur un lieu destiné au tourisme d'affaire (hôtel de luxe, casino…). On aperçoit également, dissimulé dans la façade latérale de l'*Élysée Palace (r. Honoré-Sauvan)*, la *Vénus de bronze* du sculpteur Sacha Sosno (1989), de 26 m de haut.

Par l'avenue de Verdun, on longe le **jardin Albert-Ier** comprenant un théâtre de verdure, une belle fontaine signée Volti et une sculpture de Bernard Venet qui dessine un immense arc dans l'espace.

Info pratique

Le long de la Promenade des Anglais s'étendent 5 km de **plages de galets**. Les plus proches du centre ville sont privées et payantes. La plupart proposent des activités sportives, où le simple confort d'une chaise longue face à la mer. Au-delà du centre, les plages sont publiques et sont surveillées en saison.

Place Masséna

Sur la promenade du Paillon qui recouvre le torrent, ce bel ensemble architectural de style turinois colore de ses arcades ocre-rouge le cœur de la ville. Suite à l'arrivée du tramway, la place a été rendue aux piétons qui déambulent sur un pavage en damier, à l'ombre (future) de pins parasols ou sous la lumière changeante de 7 personnages (à l'image des 7 continents) montés sur mâts, œuvre de l'artiste espagnol Jaume Plensa, intitulée « Conversation à Nice ».
L'**avenue Jean-Médecin** s'ouvre au nord, animée de ses grands magasins. À l'ouest se situe ce que les Anglais du 18e s. nommaient Newborough (quartier neuf). La **rue Masséna** et la **rue de France**, qui la prolonge, sont deux artères piétonnes agréablement parsemées de cafés, restaurants et commerces de toutes sortes.

À l'est, au-delà de la gare routière et du musée d'Art moderne, une belle perspective s'étend vers des collines au charme toscan. À l'angle du jardin Maréchal-Juin entouré de fontaines, se trouve la **Tête Carrée** de Sacha Sosno qui abrite la bibliothèque Louis-Nucéra.

Le port

Deux millénaires durant, les bateaux abordant à Nice venaient simplement accoster au pied du rocher du château. Charles-Emmanuel III, duc de Savoie, ordonna le creusement du port en 1750 dans les marécages de Lympia. Des travaux d'extension furent entrepris au 19e s. La **place de l'Île-de-Beauté** face au port, avec ses immeubles à portiques aux jolies façades ocre, a été aménagée à la même époque.
Navires de fret (exportation de ciment niçois), paquebots de croisière, bateaux de pêche et de plaisance, car-ferries pour la Corse entretiennent dans le port une constante activité. Sur le quai de Lunel, vous pourrez faire un tour au petit marché aux puces avant de rejoindre la Promenade des Anglais.

Le vieux Nice★

PLAN II P. 78

Laissez-vous envoûter par le Nice baroque, construit entre la rue des Ponchettes et la colline du Château. Son dédale de venelles abrite du vent en hiver et procure une délicieuse fraîcheur en été. Le cœur de Nice séduit le touriste par son charme méridional, animé de commerces aux couleurs de la Provence, de bistrots ou petits restaurants qui fleurent bon la cuisine du pays. Les immeubles pastel sont habillés du linge qui sèche aux fenêtres jusqu'à ce que les persiennes se ferment à l'heure de la sieste. Le vieux Nice se fige alors dans un calme étrange.

Des œillets célèbres

Nice, qui a pour emblème l'œillet, est fier de vous présenter ses nouveaux-nés : l'œillet J. Garibaldi et l'œillet J. Médecin. Ces deux créations émanent d'un seul et même homme : le célèbre alchimiste local, **Ferrate Lanari** déjà à l'origine de plus de 2000 variétés différentes. Le premier revêt une robe rouge carmin et des pétales très frisés, le second se distingue par des pétales rouge vif. De quoi magnifier les étals des marchés de fleurs sur le cours Salaya.

Se promener

Cours Saleya

La vieille ville se découvre comme par inadvertance après une flânerie sur le **cours Saleya**, rassasié des odeurs et des couleurs du marché aux fleurs et aux primeurs : œillets, fruits, légumes, mesclun et olives sont un enchantement.

Au 18e s., le cours était une artère élégante et mondaine, comme en témoignent la **chapelle de la Miséricorde** ou, à l'extrémité est, celle jaune du **palais Caïs de Pierla**, où Matisse vécut de 1921 à 1938 au 3e puis au 4e étage, avec vue sur la mer.

À gauche de la chapelle, la place P.-Gautier donne sur l'ancien palais du Gouverneur et des princes de Savoie (actuelle préfecture) du 17e s., tandis qu'apparaît, à l'ouest, la tour de l'Horloge (18e s.). Faites un détour par la rue Saint-François-de-Paule, où se trouve l'**église** (18e s.) du même nom, à la belle façade beige et bleu et au campanile coloré. *Tlj sf w.-end 8h-12h, 15h-19h - fermé juil.-août sf 8h pour l'office chanté.*

Elle fait face à l'**opéra** (1885), construit selon les plans de l'architecte niçois François Aune, approuvés par Charles Garnier.

Chapelle de la Miséricorde★

2 pl. Pierre-Gautier. Chef-d'œuvre du baroque niçois, cette chapelle appartient à la confrérie des Pénitents Noirs. Elle fut édifiée en 1740 par Vittone d'après les plans du célèbre prêtre-architecte italien du 17e s., Guarini. L'élégante symétrie de son architecture extérieure est parsemée de volutes et contre-courbes, depuis sa façade ventrue à ses oculi ovoïdes, surmontés de lucarnes enguirlandées.

L'intérieur, à couper le souffle, n'est que coupoles et absidioles recouvertes d'anges virevoltants entre les dorures et les faux-marbres. Si le décor démesurément riche est du 19e s. (voûte peinte par Bistolfi), le volume ample et mouvementé, le plan elliptique sont caractéristiques du baroque piémontais. La sacristie recèle des trésors d'art primitif niçois dont deux **retables★** qui représentent une Vierge de Miséricorde. Si l'œuvre de Jean Miralhet, de 1429, est encore teintée du hiératisme byzantin de l'école siennoise, le panneau central de la seconde Vierge, peinte par **Louis Brea** en 1515, possède la grâce de la Renaissance italienne et fait apparaître peut-être la plus ancienne vue de Nice.

Prendre à gauche la rue de la Poissonnerie.

Chapelle de l'Annonciation

Anciennement consacrée à saint Giaume, la chapelle est plus connue des Niçois sous le nom de **Sainte-Rita**, car cette patronne italienne des causes désespérées y reçoit un culte fervent, comme en témoignent les fleurs et les cierges qui entourent

Info pratique

Événements

Fêtes traditionnelles et autres manifestations sont multiples, demandez le programme à l'office de tourisme.

Carnaval de Nice – Il attire chaque année plus d'un million de spectateurs enchantés par les coloris des fleurs. Les réjouissances ont lieu au moment de Mardi gras, pendant 2 semaines : corsos carnavalesques, feux d'artifices, batailles de fleurs, de confettis, charivari dans les quartiers… *Voir aussi p. 43.*

Festin des cougourdons – Fin mars ou début avril, place du monastère de Cimiez et dans les jardins et les arènes. Les cougourdons sont des courges séchées et peintes (décoratives ou utilitaires).

Fête de la Mer et de la Saint-Pierre – Week-end fin juin, sur le quai des États-Unis et au port. Procession de pêcheurs, évolution de barques fleuries, animations…

Fête de la San Bertoumiéu – Week-end début septembre. À l'instar de l'ancienne grande foire de Nice : produits du terroir, artisanat, animations… dans le Vieux Nice.

Crèche vivante lou Presèpi – Semaine de Noël, place Rossetti.

Nice Jazz Festival – Dernière quinzaine de juillet dans les jardins et les Arènes de Cimiez. Il accueille les plus grandes vedettes de la scène internationale.

son autel *(à gauche en entrant)*. Bâti au 13e s., entièrement restructuré au 17e s., l'édifice oppose la simplicité de sa façade, caractéristique de l'architecture niçoise, à la profusion baroque de ses **décors★** : balustrades et autels ornés de marqueterie de marbre, retables somptueux, voûtes ornées de peintures et de caissons, belles boiseries, le tout réalisé entre le 17e et le 19e s. Le décor baroque s'épanouit en effet dans un ordre hiérarchique qui lui est propre : dépouillé au niveau des hommes, il s'enrichit en montant vers la voûte, niveau du divin, entourée d'anges, de ciel et de nuages.

Continuer tout droit, puis prendre à droite la rue de la Place-Vieille, qui offre une belle percée sur le Château. Prendre ensuite à gauche.

Église Saint-Jacques ou Gesù★

Les jésuites, pour qui cette chapelle a été édifiée au 17e s. (façade de 1825), se sont inspirés du modèle romain, mais surtout des canons de la Contre-Réforme. D'où une nef unique, large et peu élevée. Ici, les lignes droites, bien plus importantes qu'ailleurs, sont assouplies par le foisonnement majestueux et théâtral des ornements et des dorures : du haut de leur frise, de merveilleux angelots (164 peints et 48 sculptés) vous regardent, comme surpris en plein vol. Remarquez la chaire d'où se faisait le prêche, dotée d'un bras tenant une croix. La **sacristie**, ancienne salle de réunion des religieux, se visite pour son plafond et ses 14 stalles de noyer massif (17e s.) qui abritent le trésor de l'église.

La rue du Jésus (en face en sortant de l'église) vous mène à la rue Sainte-Réparate.

Cathédrale Sainte-Réparate

Pl. Rossetti. Point de repère précieux, son superbe dôme de style génois du 18e s. illumine le cœur de la vieille ville de ses 14 000 tuiles vernissées, tandis que sa belle façade 19e s., équilibrée et colorée dans le goût baroque, participe à l'animation de la très agréable place Rossetti, qui prolonge la place aux Herbes où se tenait autrefois le marché aux légumes.

Construite en 1650 par l'architecte niçois J.-A. Guiberto, la cathédrale est dédiée à la patronne de la ville, jeune martyre dont la mer aurait porté le corps de la Palestine jusqu'aux rivages niçois, dans une barque halée par les anges. Cette légende permettrait d'expliquer le nom de la « baie des anges », face à la promenade des Anglais, à moins qu'il ne s'agisse d'une allusion au poisson-ange qui abondait dans la mer.

C'est à l'**intérieur★** de la cathédrale que le baroque déploie toute sa fantaisie dans le stuc et le marbre. Remarquez au-dessus du maître-autel, à droite du tableau *La Gloire de sainte Réparate*, une vue de Nice et de son château au 17e s. La frise, armoriée des initiales des ducs de Savoie, et la corniche sont particulièrement pittoresques. Belles boiseries du 17e s. dans la sacristie.

En sortant, prendre en face la rue Rossetti et tourner à la 3e à gauche, rue Droite.

SE LOGER

Hôtel Au Picardy 1

SE RESTAURER

Café de Turin 2
L'Escalinada 4
La Diva 6
La Table Alziari 10
La Tapenade 12
Lou Balico 14
Safari 16

Ancien Palais du Gouverneur et des Princes de Savoie .... **P**
Musée d'Art moderne et d'Art contemporain .... **M**

Palais Lascaris

15 r. Droite - ✆ 04 93 62 72 40 - tlj sf mar. 10h-18h - possibilité de visite commentée vend. 15h et sur RV - fermé 1er janv., Pâques, 1er Mai et 25 déc. - 3 €.

Ce palais de style génois fut construit en 1665 par J.-B. Lascaris, un neveu du grand-maître de l'ordre de Malte, issu des comtes de Vintimille, dont la dynastie se prévalait d'une alliance antique avec les empereurs byzantins Lascaris qui régnèrent au 13e s. à Nicée, en Asie Mineure, alors que Constantinople était occupé par les croisés. La somptueuse façade est parée de balcons à balustres sur consoles de marbre sculpté et pilastres avec chapiteaux à guirlandes de fleurs ; un fronton brisé à volutes surmonte la porte. Dès l'entrée, on est ébloui par la majesté de l'escalier d'apparat. Avant de monter, admirez à droite la belle **pharmacie** dans ses boiseries, vases et chevrettes (récipients à bec) de 1738, de Besançon. Le prestigieux **escalier★** à balustres mène à l'« étage noble » *(deuxième étage)* par un ensemble époustouflant de voûtes, peintures du 17e s. et statues de Mars et de Vénus du 18e s. dans leurs niches rocaille. La décoration est représentative du mode de vie d'une grande famille du comté de Nice avant la Révolution. Tapisseries flamandes d'après des cartons de Rubens dans l'antichambre ; sur le plafond du grand salon, fresque en trompe l'œil du 18e s., la *Chute de Phaéton* : proche de celle du château de Cagnes *(voir ce nom)*, elle est attribuée au peintre génois Carlone. De superbes atlantes et cariatides supportent la cloison de stuc qui introduit à la chambre d'apparat. De l'autre côté de l'escalier, l'appartement privé avec ses plafonds du 18e s. et ses médaillons peints cernés de stuc. Les boiseries Louis XV sont incrustées de cuivre argenté et surmontées de trumeaux à paysages.

Place Saint-François

C'est le domaine des poissonnières qui l'animent le matin autour de la jolie fontaine. À droite, la belle façade 18e s. de l'ancienne maison communale, aujourd'hui bourse du travail. Derrière pointe le **clocher Saint-François** de l'ancien couvent franciscain transféré à Cimiez. Continuez par la très vivante rue Pairolière où, en cas de « petit creux », vous ne manquerez pas de déguster la **socca**.

Place Garibaldi

C'est une des plus belles places de Nice, avec ses élégantes maisons ocre-jaune à arcades à la mode piémontaise. Contemporaine du nouveau port à l'est et de la route royale de Turin, elle devient un carrefour essentiel de la ville au 18e s. Au centre, la statue de Garibaldi campe fièrement. Sur le côté sud, la **chapelle du Saint-Sépulcre** (18e s.), propriété de l'archiconfrérie des Pénitents Bleus, présente un décor baroque.

À l'angle du Café Turin, prendre la rue Neuve jusqu'à l'église St-Martin-St-Augustin.

Église Saint-Martin-Saint-Augustin

1 pl. Sincaire. C'est la plus ancienne paroisse de Nice (1510). Luther, alors catholique, y aurait célébré une messe et Garibaldi y fut baptisé. L'**intérieur★** forme un ensemble baroque. Dans le chœur, à gauche, on peut admirer une **Pietà** au centre du retable de **Louis Brea**.

En sortant de l'église, remarquez de l'autre côté de la rue le **monument de Catherine Ségurane**, *eroïna nissarda*, bas-relief sculpté en 1923. Nice, assiégé en 1543 par les Français et leurs alliés turcs, aurait été défendu par cette femme du peuple qui symbolise depuis lors l'esprit de résistance des Niçois. Hommage lui est rendu le premier dimanche de septembre.

Par la rue Saint-Augustin (à droite en sortant de l'église), rejoindre la rue de la Providence pour emprunter les escaliers qui mènent au Château (attention, ça grimpe !).

Château

Accès par l'ascenseur du Château – juin-août 9h-20h, avr.-mai et sept. 9h-19h, oct.-mars 10h-17h30 (dernière montée 30mn av. fermeture) - 0,80 €, 1,10 € AR.

On désigne ainsi la colline, haute de 92 m, aménagée en promenade ombragée, sur laquelle s'élevait le château fort de Nice détruit en 1706 par les armées de Louis XIV. En longeant le cimetière, vues plongeantes sur les toits de la vieille ville et la baie des Anges. Vers le sud-est de la colline gisent les vestiges de l'**ancienne cathédrale**, dont on a dégagé la base des absides et des absidioles (11e s.), ce qui a permis de mettre en évidence, sous les ruines, un niveau romain et grec. De la vaste plate-forme établie au sommet, **vue★★** à peu près circulaire *(table d'orientation)*. Sous la terrasse jaillissent les cascades artificielles alimentées par les eaux de la Vésubie.

Continuer vers la tour Bellanda.

Tour Bellanda

Cet énorme bastion circulaire où Hector Berlioz aurait composé l'ouverture du *Roi Lear* a été bâti au 19e s. sur une ancienne tour de la citadelle médiévale. Elle abrite le **Musée naval** qu'apprécieront les amoureux de la mer (maquettes de navires, instruments de navigation, évocation de la plaisance...). *✆ 04 93 80 47 61 - tlj sf lun. et mar. 10h-12h, 14h-17h (19h juin-sept.) - fermé 1er janv., dim. de Pâques, 1er Mai et 25 déc.*

Descendre les escaliers qui mènent au quai des États-Unis d'où l'on peut rejoindre la promenade des Anglais.

L'art moderne et contemporain

PLAN I P. 70-71 ET PLAN II P. 78

Porté par l'école de Nice, et le Nouveau Réalisme qui fit de la ville un véritable foyer artistique dans les années 1960, l'art moderne et contemporain s'expose à travers différents musées, dont la richesse est souvent mise en valeur par la qualité architecturale des bâtiments qui les abritent. Que vous soyez amateur de Matisse, de pop-art ou de mouvements plus élitistes comme l'art abstrait, Nice en offre pour tous les goûts.

Des musées de référence

Musée des Beaux-Arts Jules-Chéret★★ D6

Voir le plan I. 33 av. des Baumettes, bus 38 (arrêt Chéret) - ✆ 04 92 15 28 28 - www.musee-beaux-arts-nice.org - possiblité de visite guidée (1h) - tlj sf lun. 10h-18h - fermé 1er janv., dim. de Pâques, 1er Mai et 25 déc. - 4 € (enf. gratuit), gratuit 1er et 3e dim. du mois : visite guidée 7 € (enf. gratuit).

Cette ravissante demeure, construite en 1878 pour la princesse ukrainienne Kotschoubey dans le style Renaissance des palais génois du 17e s., abrite une riche collection fondée sur un noyau d'œuvres envoyées à Nice par Napoléon III en 1860 pour l'édification du premier musée des Beaux-Arts.

Des chefs-d'œuvre des 17e, 18e et 19e s. européens sont répartis dans les trois salles attenantes du rez-de-chaussée. Remarquez notamment une œuvre rarissime de A. Tassi : *Paysage avec Jésus guérissant l'aveugle*, la *Tête de vieillard* de Fragonard, peinte de façon si moderne, et l'ambiance à la fois lumineuse et tragique d'Hubert Robert dans Les *Gorges d'Ollioules*. Une salle est consacrée à l'importante dynastie des Van Loo, dont le plus illustre représentant, Carle, premier peintre du roi, est né à Nice en 1705 : devant l'immense toile *Thésée, vainqueur du taureau de Marathon* ou le merveilleux *Polichinelle*, on perçoit une touche virtuose qui annonce celle d'un Fragonard. De superbes portraits féminins parent les murs de la grande galerie, ainsi que le beau *Thamar* de Cabanel. Le patio abrite *L'Âge d'airain* de Rodin et le *Triomphe de Flore* de Carpeaux. L'escalier d'honneur, où se donnaient des concerts, conduit à la période fin 19e-début 20e s., introduite par la gaieté fraîche des œuvres de l'inventeur de l'affiche moderne, **Jules Chéret**, mort à Nice en 1932.

Les courants académique, romantique et orientaliste du 19e s. s'illustrent dans la galerie, avec notamment les sculptures de J.-B. Carpeaux. Une salle permet de découvrir R. **Dufy** avec *Bois de Boulogne*, *Nature morte* ; une autre **Van Dongen** et ses couleurs fauves qui teintent ses figures de passion et d'insolence : *Chimère pie* (1895), *Tango de l'Archange*. À noter aussi la peinture du paysage en France à travers d'intéressantes œuvres de Boudin, Camoin, Lebasque, Monet, Sisley, Bonnard, Marie Laurencin… et petits maîtres du 19e s. regroupés par genre : nus, scènes de genre, paysages. On retrouve le style de Renoir chez Louise Breslau, l'intimisme de Carrière, des portraits de Desboutin et l'univers étrange du symboliste Mossa.

Musée Matisse★★ H3

Voir le plan I. 164 villa des Arènes, Cimiez. Bus 15, 17, 20, 22 (arrêt Arènes) - ✆ 04 93 81 08 08 - www.musee-matisse-nice.org - ♿ - possibilité de visite guidée (1h15) - tlj sf mar. 10h-18h (dernière entrée 17h30)- fermé 1er janv., dim. de Pâques, 1er Mai et 25 déc. - 4 € (enf. gratuit), gratuit 1er et 3e dim. du mois.

Dominant la mer du haut de l'antique site de Cimiez, cette splendide villa du 17e s., de style génois et couleur terre de Sienne, se prête merveilleusement à exposer le peintre de *Luxe, calme et volupté*. Associées à son beau mobilier, une trentaine de **toiles** résument parfaitement l'itinéraire d'**Henri Matisse** (1869-1954).

Chemin faisant, on passe d'une palette assez sombre à des toiles éclairées de la lumière méditerranéenne. Sa facture se libère sous l'influence de Cézanne, puis de Signac à Saint-Tropez. À Collioure, en 1905, ses couleurs posées en aplat et son émotion s'expriment de manière plus violente, alors qu'il est à la tête du **fauvisme**. Après un séjour au Maroc, puis à Nice (1916), la couleur pure se déploie à l'intérieur d'un simple cerne noir de plus

en plus virtuose et évocateur *(Portrait de Laurette)*. Une grande sensualité se dégage de ses gouaches, huiles ou dessins, nourrie de ses voyages et de sa vue sur la mer depuis ses ateliers niçois (1921-1938) : *Odalisque au coffret rouge* (1926), *Fenêtre à Tahiti* (1935), *Nu dans un fauteuil* (1937), *Lectrice à la table jaune* (1944), *Nature morte aux grenades* (1947). L'été niçois apparaît chaud et langoureux, dans *Nu renversé au grand feuillage* (1936) et *Figure endormie* (1941), pour celui qui recherchait dès 1908 « un art d'équilibre, de pureté, de tranquillité ». Désormais, le tracé épuré de ses papiers découpés dans la gouache « bleu absolu » traduit avec bonheur la femme, la lumière, la mer : *Nu bleu IV, Baigneuse dans les roseaux* (1952). Et encore *: Océanie la mer et Océanie le ciel,* célèbres sérigraphies de 1947, *Polynésie,* immense tapisserie de Beauvais.
Matisse sculpteur s'illustre dans ses **bronzes** dont *Le Serf* (vers 1900) et la *Serpentine* (1909), d'une extrême élégance. Une forme de plus en plus abstraite transparaît dans la série des *Jeannette* (1910-1913), des *Nus*, des *Henriette* (1925-1929), ou monumentale dans les *Nus de dos* (1913, 1916).
Enfin, deux ensembles sont présentés par roulement : les esquisses et maquettes pour la **chapelle du Rosaire** à Vence *(voir ce nom)* retracent la construction de ce chef-d'œuvre d'un art de l'essentiel (1948-1951) et constituent un complément indispensable à sa visite ; et, d'autre part, 41 études préparatoires (dessins, gouaches découpées, gravures et huiles sur toile) à la *Danse de Merion* (1930-1933).

Musée Marc-Chagall★★ G4

Voir le plan I. Av. du Docteur-Ménard, Cimiez. Bus 15 (arrêt Chagall) - ✆ 04 93 53 87 20 - www.musee-chagall.fr - ♿ - juil.-sept. : tlj sf mar. 10h-18h ; oct.-juin : tlj sf mar. 10h-17h - fermé 1er janv., 1er Mai et 25 déc. - 6,50 € (enf. gratuit), gratuit 1er dim. du mois.
Suite à la donation de Marc Chagall (1887-1985) de ses 17 grandes toiles du **Message biblique** (1954-1967), ce musée national fut conçu comme une « maison », selon le vœu du peintre, par A. Hermant (collaborateur de Le Corbusier). L'architecte a donc privilégié la simplicité et su habilement ménager la lumière du Sud, pour mettre en valeur cette imposante collection. En outre, inspirés de la création du monde, trois grands vitraux inondent l'auditorium (où se déroulent concerts et conférences) de leur lueur bleutée. Le bâtiment est entouré d'un jardin à dominante blanche et bleu, et le prophète Élie, représenté sur une **mosaïque** extérieure (1970), se reflète dans un bassin *(visible de l'intérieur du musée)*.
« Depuis ma première jeunesse, j'ai été captivé par la Bible et il me semble encore que c'est la plus grande source de poésie de tous les temps. » déclare Chagall dans son volet IV du « Cantique des cantiques ». Son enfance russe et israélite, puis son rêve de paix pour l'humanité, sont à l'origine de cette œuvre qu'une grande poésie inonde d'un même souffle. Dans la grande salle, la gravité des sujets traités, extraits de l'**Ancien Testament** (12 toiles), n'exclut pas la naïve féerie chère à l'artiste et une débauche de couleurs d'un lyrisme puissant. Dans la salle attenante, le **Cantique des cantiques** (5 toiles) est magnifiquement illustré par des créatures de rêve qui voguent au-dessus de villes endormies dans un rougeoiement somptueux.
Gouaches de 1931, planches gravées à l'eau-forte pour la Bible éditée par Tériade en 1956 et esquisses finissent de montrer les cheminements de l'artiste.

Bon à savoir – À la faculté de droit *(à l'ouest de la ville)*, vous pourrez voir, sur le mur du hall du premier étage, une admirable **mosaïque★** : Ulysse, triomphant de toutes ses épreuves, retrouve la paix auprès de Pénélope à Ithaque. *Faculté de droit - Av. Doyen Louis Trotobas - ✆ 04 92 15 70 22 - visite sur RV préalable obligatoire - ♿ - tlj sf w.-end 9h-11h, 14h-16h - fermé de mi-juil. à fin août, vac. de Noël et j. fériés - gratuit.*

Musée d'Art moderne et d'Art contemporain★★

Voir le plan II. Promenade des Arts - ✆ 04 97 13 42 01 - www.mamac-nice.org - ♿ - tlj sf lun. 10h-18h (dernière entrée 17h15) - fermé 1er janv., dim. de Pâques, 1er Mai et 25 déc. - 4 € (enf. gratuit), gratuit 1er et 3e dim. du mois.
Ce château fort moderne de marbre gris, construit par Yves Bayard et Henri Vidal, expose les œuvres de l'**école de Nice** et les courants qui en découlent des années 1960 jusqu'à nos jours, et ceux, américains, dont elle émane. Les collections sont présentées par roulement sur les deux étages supérieurs (expositions temporaires au 1er).

Au début des années 1960, Nice devient l'un des foyers artistiques les plus exubérants d'Europe avec notamment les **nouveaux réalistes**. Nourris des maîtres qui ont marqué la Côte d'Azur du début du siècle, ils s'en distinguent par des œuvres conçues non plus isolément, mais où vie et art sont mêlés. À l'instar du **pop art**, ils tentent d'exprimer la réalité quotidienne de la vie moderne et de la société de consommation. Si le courant américain, Andy Warhol en tête, se réapproprie la culture médiatique (découvrez la *Samarkand* de Rauschenberg, à travers une sérigraphie sur patchwork de tissus), le courant niçois développe une réflexion critique sur les objets industriels en les accumulant ou les cassant (Arman), les compressant (César), les piégeant sous verre (Spoerri), les empaquetant (Christo et Marie-Jeanne)… Une place de choix est réservée à **Yves Klein** (1928-1962), instigateur du mouvement, avec d'une part, ses happenings qui traduisent l'idée d'un art total, et, d'autre part, ses monochromes, or et surtout bleus, qui expriment le concept d'un art abstrait épuré.
Cette idée d'un art total est reprise par le mouvement néo-dada **Fluxus**, que Filliou définit ainsi : « L'art est ce qui rend la vie plus intéressante que l'art. » **Ben** en est le principal représentant niçois, connu par ses réflexions qui se lisent sur de nombreux supports.
Les développements de l'abstraction en France sont illustrés par **Supports/Surfaces** qui poursuit les voies ouvertes par l'abstraction américaine (Morris Louis, Frank Stella). Viallat, Pagès, Dezeuze, Dolla… et les Niçois du Groupe 70 réduisent la peinture à sa réalité matérielle en jouant sur le support ou le mode d'application de la couleur. Sur les traces des pliages de Simon Hantaï, la toile hors châssis est découpée, suspendue, pliée.
Issu de l'**art minimal** américain (Sol Le Witt, Richard Serra), le **BMPT** (Buren, Mosset, Parmentier, Toroni) réduit l'œuvre à sa plus simple expression : le support, la couleur et la composition de la matière.
Les années 1980 voient le retour à la figuration (fabuleuse donation de **Niki de Saint-Phalle**), en référence à la tradition (Gérard Garouste, Jean-Charles Blais) ou à la culture rock et à la bande dessinée chez les artistes de la figuration libre (Robert Combas, Hervé Di Rosa, Blanchard…). Savourez la beauté classique de l'Italie à travers les interventions au dessin d'**Ernest Pignon-Ernest** sur le crépi vétuste des murs de Naples ; ressentez l'Afrique du Nord avec *Le Tigre de papier* de J.-C. Blais réalisé à partir d'affiches collées, creusées, déchirées.

Villa Arson

Voir le plan I. 20 av. Stephen-Liégeard. Bus 4, 7 (arrêt Fanny) - ✆ 04 92 07 73 73 - www.villa-arson.org - juil.-sept. : tlj sf mar. 14h-19h ; oct.-juin : tlj sf mar. 14h-18h - fermé entre deux expositions - gratuit.

Au nord de la ville, elle s'étage sur la colline de Saint-Barthélemy au milieu d'un jardin méditerranéen offrant une belle vue sur la Baie des Anges. La villa du 18e s. est intégrée dans un ensemble architectural d'influence Bauhaus (labellisé Patrimoine du 20e s.) qui abrite une École nationale supérieure d'Art, des résidences d'artistes et un Centre national d'art contemporain. Les expositions (quatre par an) présentent des artistes de renommée internationale, que vous pourrez découvrir en compagnie d'un guide si vous le désirez.

Cimiez

PLAN I P. 71 - H 3

Bien avant la reine Victoria ou le consul de Nice Gubernatis, les riches Romains s'établirent à « Cemelenum », moins de 3 km au nord du centre-ville actuel. Devenu chef-lieu des Alpes-Maritimes, la ville compta 20 000 habitants au 2e s. apr. J.-C. En vous rendant sur le site, vous pourrez imaginer, à la vue des vestiges, la vie qui régnait jadis ici. À partir du 16e s., les franciscains s'installèrent à l'est de la colline, il laissèrent aussi des trésors que vous contemplerez dans un cadre empreint de sérénité.

J Malburet / MICHELIN

Vestiges des thermes de la cité romaine de Cimiez.

Découvrir 2 600 ans d'histoire

Accès en transports publics par le bus n° 15 (arrêt Arènes).

Arènes

De proportions modestes, elles forment une ellipse de 67 m sur 56 m et pouvaient recevoir 4 000 spectateurs. Autrefois, des jeux de lance, des luttes de gladiateurs y étaient proposés. Aujourd'hui, grands noms du jazz et fêtes traditionnelles y attirent d'autres nombreux Gaulois *(voir l'encadré pratique)*. On aperçoit quelques vestiges des couloirs d'accès et des consoles de la façade extérieure, destinées à porter les mâts soutenant la toile *(velum)* qui protégeait du soleil.

Musée archéologique

160 av. des Arènes - ✆ 04 93 81 59 57 - www.musee-archeologique-nice.org - ♿ - tlj sf mar. 10h-18h (dernière entrée 17h) - possibilité de visite guidée (1h) merc. 15h - fermé 1er janv., dim. de Pâques, 1er Mai et 25 déc. - 4 € billet combiné avec le site archéologique, gratuit 1er et 3e dim. du mois.

Issus de fouilles et de donations, de riches bronzes et céramiques illustrent les grandes civilisations méditerranéennes. Au rez-de-chaussée, le monde ligure puis romain de la province des Alpes-Maritimes (14 av. J.-C.) est évoqué : statuette archaïque du guerrier du mont Bégo, matériel des *oppida* (habitats perchés), bornes milliaires de la via Julia Augusta (1er s.), monnaies, maquettes des ensembles thermaux de Cimiez et culte romain. Un magnifique **masque de Silène★** retient l'attention. Les usages funéraires sont expliqués au sous-sol : incinération aux 1er et 2e s. (stèles) et inhumation à partir du 3e s. (sarcophages). Un ensemble paléochrétien (4e-5e s.) termine la visite.

Site archéologique gallo-romain★

Mêmes conditions de visite que le Musée archéologique.

L'immense quartier des thermes, de part et d'autre du *decumanus* I (axe est-ouest), reflète le haut degré de technologie atteint par cette brillante civilisation au 3e s. apr. J.-C. Au nord se trouvent les thermes réservés au procurateur de la province et aux notables, qui avaient leur piscine d'été en marbre entourée d'un péristyle à chapiteaux corinthiens. À droite, on reconnaît les latrines. Plus au nord s'élève le **frigidarium**, salle des bains froids, vaste et voûtée. Au sud du *decumanus* I, la passerelle franchit des restes d'habitations, puis domine les thermes de l'est : il s'agit de bains populaires, plus modestes dans leur décor, mais semblables aux autres dans leur équipement et la proportion de leurs salles. On arrive ensuite dans le quartier des habitations limité par le *decumanus* II, dallé (boutiques en bordure). Une voie nord-sud (*cardo*) se dirige vers la villa des Arènes. À gauche de cette voie se trouvent les **thermes de l'ouest**, réservés aux femmes, dont le dispositif en est assez bien conservé. Réutilisées successivement dès le 5e s. en baptistère paléochrétien, certaines parties de ces thermes conservent les traces des transformations en cathédrale : le chœur se situe dans le *frigidarium*, et dans une rotonde apparaît le **baptistère**.

Traverser le jardin public planté d'oliviers.

Monastère franciscain★

Bordée de magnifiques jardins, l'église, bâtie sur un couvent bénédictin du 9e s., a été remaniée par les franciscains qui en assument toujours la charge.

Auparavant situé sur la place Saint-François de la vieille ville, le **calvaire de Cimiez**, désormais installé sur la place du Monastère, est une colonne torse en marbre blanc portant une croix tréflée datant de 1477 avec, d'un côté, le séraphin crucifié qui apparut à saint François et imprima sur son corps les stigmates de la Passion, de l'autre, sainte Claire et saint François entourant la Vierge.

À côté s'étend le **cimetière de Cimiez**, où l'on peut voir les tombes de Raoul Dufy, Roger Martin du Gard et Henri Matisse.

Église Sainte-Marie-des-Anges – *Pl. du Monastère.* Les **trois œuvres maîtresses★★** du célèbre primitif niçois **Louis Brea** *(voir le chapitre « Comprendre la région »)* rendent la visite de l'église incontournable. À droite en entrant, une **Pietà** datée de 1475, très siennoise, est une œuvre de jeunesse et pourtant l'une des plus parfaites. À l'intérieur d'une composition horizontale sévèrement marquée par les bras de la croix et le corps raidi du Christ, Marie apparaît, étrangement seule, en dépit des angelots pleureurs qui voltigent autour de la croix. Un paysage s'esquisse sur un fond d'or guilloché de rinceaux. Le volet de gauche du panneau retient l'attention : il représente saint Martin, jeune cavalier plein de grâce, partageant son manteau écarlate, dans un mouvement incurvé qui donne une rare élégance à la composition.

Très différente mais aussi belle est la **Crucifixion**, qui figure à gauche du chœur. Plus tardive (1512), elle n'a plus rien de gothique ; le fond doré a fait place à un paysage très fouillé, où la perspective s'affirme. La prédelle offre une savante mise en scène : remarquez, soulignée par les lances, la composition rayonnante de l'*Arrestation de Jésus* et la composition oblique du *Portement de croix*.

D. Pazery / MICHELIN

Détail de la fresque de Saint-Martin par Bréa.

La **Déposition**, complète la *Crucifixion* et marque également l'assimilation des données picturales de la Renaissance ; ici, la disposition des personnages est oblique, s'alignant sur celle du corps de Jésus, les verticales du paysage rétablissant l'équilibre. Enfin, un monumental retable de bois sculpté mi-Renaissance mi-baroque, doré à la feuille, sépare le chœur des fidèles de celui des moines où se trouvent 40 stalles et un lutrin à 3 pans, beau travail de noyer du 17e s.

Musée franciscain – *✆ 04 93 81 00 04 - tlj sf dim. 10h-12h, 15h-18h (17h30 du 15 oct. au 30 avr.) - fermé j. fériés - gratuit.* Intéressante évocation du franciscanisme à Nice, du 13e s. à nos jours, et de son message spirituel et social. Entre autres œuvres d'art et documents, remarquez un magnifique antiphonaire (recueil de chants liturgiques) enluminé (17e s.), ainsi que la chapelle des novices et la cellule reconstituées.

Jardin du monastère★

Au sud du monastère (où se trouvait à l'origine le jardin des moines), il séduit par son calme et sa simplicité : parcelles gazonnées plantées de citronniers, parterres fleuris, pergolas où serpentent des rosiers… Un bosquet de cyprès et de chênes-verts marque l'emplacement des anciennes fortifications ligures. Enfin, surplombant la vallée du Paillon, il constitue un **balcon** de rêve sur Nice, le Château et la mer, le mont Boron, l'Observatoire.

L'héritage russe à Nice

PLAN I P. 70-71

Dès la fin du 19e s., à la suite de l'installation en 1881 de la princesse Katia Dolgorouki, veuve du tsar Alexandre II, de riches aristocrates russes choisissent Nice comme lieu de villégiature. Plus encore qu'à Cannes, avec l'église Saint-Michel-Archange (1894), ou à Menton, où s'élève la chapelle de l'ancien sanatorium russe (1908), ces « excentriques » (c'est ainsi que les Niçois surnommaient les Russes) rivalisèrent ici de prodigalité pour recréer un coin de leur patrie sur la Côte, comme en témoignent les architectures qui mêlent l'inspiration slave à celle méditerranéenne.

Comprendre

Les «excentricités» des russes émaillent encore de nombreux quartiers de Nice. Le baron von Dewies, créateur des chemins de fer russes, fit élever le gothique **château de Valrose** *(faculté des sciences de Nice, au nord de la ville)* et installa une **isba** de Kiev dans son immense parc. À l'entrée ouest de Nice, près de la voie ferrée, le **château des Ollières** *(actuellement hôtel-résidence)* dresse son étonnant donjon encadré de quatre petites tourelles. À proximité, le musée des Beaux-Arts est installé dans les murs du **palais Kotschoubey**. La résidence Palladium *(bd Tsarévitch)* a été construite pour un banquier russe.

Visiter

Cathédrale orthodoxe russe Saint-Nicolas★ E4-5

Voir le plan I. Av. Nicolas-II - ✆ 04 93 96 88 02 - www.egliseorthodoxerusse-nice.com - mai-sept. : tlj sf dim. mat. 9h-12h, 14h30-18h ; de mi-fév. à fin avr. et oct. : tlj sf dim. mat. 9h15-12h, 14h30-17h30 ; de déb. nov. à mi-fév. : tlj sf dim. mat. 9h30-12h, 14h30-17h - fermé 1er janv. et dim. de Pâques - 3 € (-12 ans gratuit).

Construite par un architecte russe en 1912, cette cathédrale est l'édifice religieux orthodoxe le plus grand à avoir été édifié hors de Russie. Avec ses six coupoles à bulbes et sa façade de briques ocre, elle jette une touche d'exotisme inattendu dans le ciel de Nice et symbolise l'importance de la colonie russe sur la Côte d'Azur.

La magnificence du tsar Nicolas II s'exprima dans le choix des matériaux : les tuiles vernissées des coupoles et les croix dorées qui les surmontent proviennent d'Italie, les briques, d'Allemagne ; la coupole du clocher est recouverte de feuilles d'or fin et les mosaïques des façades furent réalisées à la main par des artistes russes.

L'intérieur a la forme d'une croix grecque et son décor de fresques, de boiseries et d'icônes relevées d'orfèvrerie est d'une richesse extraordinaire. Le chœur est fermé par une somptueuse **iconostase★**, synthèse des plus belles réussites de l'art religieux russe, empruntée aux églises de Moscou. À droite du chœur, l'icône de **Notre-Dame-de-Kazan**, peinte sur bois, est rehaussée d'argent ciselé et de pierreries.

Dans le **parc**, une **chapelle byzantine** perpétue la mémoire du tsarévitch Nicolas, fils du tsar Alexandre II, qui mourut dans la villa Bermond cédée en 1900 par l'impératrice Alexandra pour l'édification de la nouvelle cathédrale.

Visites en tous genres

PLANS I P. 70-71 ET PLAN II P. 78

Devenu un grand rendez-vous de l'art, Nice ne se contente pas pour autant de célébrer sa seule école et ses artistes locaux. Une politique culturelle dynamique permet à la ville de proposer à ses visiteurs une offre très diversifiée, riche de nombreuses merveilles inattendues aptes à satisfaire toutes les curiosités et les passions.

Découvrir selon ses goûts

Musée des Arts asiatiques★★

Voir le plan I. De la promenade des Anglais, suivre la direction de l'aéroport Nice-Côte d'Azur, puis prendre à droite la contre-allée signalée « parc Phœnix » dans le nouvel ensemble de l'Arenas. Parking payant en sous-sol. 405 promenade des Anglais - ✆ 04 92 29 37 00 - www.arts-asiatiques.com - ♿ - de déb. mai à mi-oct. : tlj sf mar. 10h-18h ; reste de l'année : tlj sf mar. 10h-17h - fermé 1er janv., 1er Mai et 25 déc. - 4,50 € (–18 ans gratuit), gratuit 1er dim. du mois.

Délicatement posé sur le lac du parc Phœnix *(voir ci-après)*, cet écrin de marbre blanc recèle des objets d'art sacré et traditionnels provenant d'Asie. L'architecture conçue par le Japonais **Kenzo Tange** (1998) symbolise la cosmogonie extrême-orientale, associant le cercle (le ciel) au carré (la terre) avec ses quatre points cardinaux. Il est à l'image d'un chapeau traditionnel de jeune mariée. Un audioguidage facilite la découverte de ces passionnantes civilisations.

Au 1er étage, un parcours de la route du bouddhisme est proposé, superbement esthétique mais également pédagogique. Les bouddhas en pierre de l'art gandhara (4e s.) ou khmer (12e s.) invitent à un voyage spirituel hors du temps et de l'espace.

Au rez-de-chaussée, chaque salle est consacrée à une civilisation d'Asie : Chine, Japon, Cambodge et Inde. D'une grande qualité et significatives du monde religieux et matériel du pays, sculptures, céramiques ou peintures sont mises en scène dans un dépouillement minimaliste qui suscite la contemplation et l'émotion. Le sous-sol, plus contemporain, est consacré aux expositions temporaires. Des bornes multimédias « branchées » sur l'Asie présentent les collections des musées d'Art asiatique du monde entier.

G. Véran / Conseil général des Alpes Maritimes

Le musée des Arts Asiatiques dû à l'architecte Kenzo Tange.

Le très épuré **salon de thé japonais**, situé après la librairie, accueille des cérémonies du thé. *Dim. (sf 1er dim. du mois) 15h et 16h sur réserv. au ✆ 04 92 29 37 02 - 10 € (visite du musée comprise).*

Parc Phœnix★

Voir le plan I. 405 promenade des Anglais - ✆ 04 92 29 77 00 - ♿ - possibilité de visite guidée (2h) - avr.-sept. : 9h30-19h ; oct.-mars : 9h30-18h (dernière entrée 1h av. fermeture) - 2 € (-12 ans gratuit).

Cet immense parc botanique (7 ha) vous fait sentir la nature comme si vous étiez en plein cœur de la jungle, les moustiques en moins ! 1 500 espèces végétales, toutes latitudes confondues, se découvrent par thème. L'**infothèque** fournit tout sur les végétaux exotiques par banques de données télématiques.

Au milieu d'un grand lac, « l'île des temps révolus » remonte à l'origine de la vie à travers des fossiles végétaux vivants : cycas, gingkos bilobas, fougères arborescentes. À côté, étonnants cratères fleuris. Plus loin, une **volière** abrite un ensemble fantastique de perroquets et autres oiseaux exotiques. Une chute d'eau rassemble une centaine de tortues. L'oued-oasis reconstitue l'écosystème saharien.

La **serre géante★**, « le diamant vert » (7 000 m^2 sous 25 m de haut), fait cohabiter sept climats à la température et à l'hygrométrie différentes. On admire successivement des orchidées et des broméliacées, la serre australe, un vivarium-insectarium souterrain, des plantes carnivores, des fougères du monde entier et, au centre, le grand jardin tropical qui réunit palmiers, bananiers, arbres du voyageur (Madagascar) et cultures vivrières tropicales (arbres à pain, caféiers, papayers...).

Enfin, la « grande pyramide aztèque » présente l'envers de la végétation et la vie animale souterraine avec une superbe collection de lépidoptères.

Musée d'Art naïf A.-Jakovsky★

Voir le plan I. Av. du Val-Marie. Quitter le centre-ville par la promenade des Anglais - ✆ 04 93 71 78 33 - tlj sf mar. 10h-18h - fermé 1er janv., lun. de Pâques, 1er Mai et 25 déc. - 4 € (-18 ans gratuit), gratuit 1er et 3e dim. du mois.

L'élégant château Sainte-Hélène abrite la riche donation d'Anatole Jakovsky. Un fonds de 600 toiles témoigne de la fraîcheur et de l'étonnant pouvoir d'invention des « peintres de l'éternel dimanche ». Une histoire de l'art naïf est retracée depuis le 17e s. et à travers le monde. Les Croates, maîtres du genre, sont à l'honneur : Generalic'Rabuzin, Kovacic'Petrovic'. La France est abondamment représentée, notamment par Bauchant, Vivin, Vieillard, les Niçois Restivo et Crociani et des peintures plus oniriques de Vercruyce ou Lefranc. Les Suisses comme Luthé et les Belges apportent une large contribution, sans compter les États-Unis (O'Brady) et l'Amérique latine – le Brésil surtout. Une salle est réservée à une série de savoureux portraits d'A. Jakovsky !

Info pratique

CARTE MUSÉES VILLE DE NICE

Si vous avez l'intention de multiplier les visites, procurez-vous le **Passe-Musées 7 jours** *(6 €)*, valable dans tous les musées municipaux.

Musée Masséna★ F6

35 promenade des Anglais - ✆ 04 93 88 11 34 - Réouverture prévue en 2008.

Ce très bel édifice construit en 1898 selon les plans de l'architecte Hans-Georg Tresling, pour le petit-fils du maréchal, a le charme d'une résidence italienne. L'intérieur est fastueusement décoré de **salons** Premier Empire, et directement inspiré du château de Lucien Bonaparte à Govone (Piémont). Remis en valeur après des années de travaux, 23 salles accueillent les expositions permanentes consacrées à l'histoire de Nice au 19e s. Quant au jardin qui entoure cette villa emblématique, il a retrouvé sa composition originelle.

Théâtre de la Photographie et de l'Image H5

Voir le plan II. 27 bd Dubouchage - ✆ 04 97 13 42 20 - www.tpi-nice.org - tlj sf lun. 10h-18h - fermé j. fériés - gratuit.

L'ancien théâtre de l'Artistique qui a fait peau neuve vaut le coup d'œil rien que pour son architecture. Outre les expositions temporaires, il abrite un centre de documentation (collection de photographie sur Nice et sa région).

Muséum d'Histoire naturelle H5

Voir le plan II. 60 bis bd Risso - ✆ 04 97 13 46 80 - www.mhnnice.org - tlj sf lun. 10h-18h - possibilité de visite guidée merc. et 1er dim. de chaque mois 15h - fermé j. fériés - gratuit.

Ce premier musée de Nice créé au milieu du 19e s. par deux naturalistes niçois, Jean-Baptiste Vérany et Jean-Baptiste Barla, compte dans ses réserves de nombreux spécimens (zoologie, botanique et géologie) du monde méditerranéen. Actuellement, il présente une exposition sur les céphalopodes (pieuvres, seiches, nautiles…).

Musée de Terra Amata J6

Voir le plan II. 25 bd Carnot - ✆ 04 93 55 59 93 - www.musee-terra-amata.org - tlj sf lun. 10h-18h - fermé 1er janv., Pâques, 1er Mai et 25 déc. - 4 € (enf. gratuit), gratuit 1er et 3e dim. du mois.

Ce musée est installé sur le lieu même de la découverte d'un site préhistorique ayant livré l'un des plus anciens habitats connus en Europe, aménagé voici 400 000 ans. Les outils de pierre taillée, les restes osseux de la faune chassée, les moulages des sols d'habitat et les analyses de laboratoire concernant l'environnement et le climat sont présentés le long d'un parcours didactique qui conduit le visiteur depuis les fouilles jusqu'aux reconstitutions. Commentaires audiovisuels et diaporama des fouilles.

Acropolis-palais des Congrès★

À proximité du musée d'Art moderne - 1 espl. Kennedy -www.nice-acropolis.com.

Sur le Paillon, ce vaisseau de verre et de béton ancré sur ses cinq voûtes est équipé pour recevoir de grandes manifestations de plusieurs milliers de personnes. Des œuvres d'artistes contemporains sont disposées à l'intérieur et à l'extérieur du palais, en parfaite harmonie avec l'architecture : Volti, Arman, César, Paul Belmondo, Moretti, Cyril de la Patellière, etc.

Prieuré du Vieux-Logis E3

Voir le plan I. 59 av. St-Barthélemy - ✆ 04 92 00 41 90 - sam. 15h-17h - possibilité de visite guidée (2h) dans le cadre d'un parcours découverte de la colline Saint-Barthélemy - juin-sept. : sam. 17h ; reste de l'année : sam. 15h - fermé 1er janv., dim. Pâques, 1er Mai et 25 déc. - 3 € visite guidée (-15 ans gratuit).

Un intérieur de la fin du Moyen Âge a été reconstitué dans une ferme du 16e s. : belles œuvres d'art (Pietà franc-comtoise du 15e s.), mobilier du 14e au 17e s., ustensiles de la vie quotidienne, remarquable cuisine.

Église Saint-Barthélemy

13 montée Claire-Virenque. Elle abrite, au fond du bas-côté droit, le beau triptyque de **François Brea** : Vierge en majesté entre saint Jean-Baptiste et saint Sébastien.

Église Sainte-Jeanne-d'Arc

11 r. Gramont. D'une modernité révolutionnaire pour l'époque (1934), l'église Sainte-Jeanne-d'Arc en béton est l'œuvre de l'architecte **Jacques Droz**. Son clocher formé de flammes torsadées (65 m), ses trois coupoles et son porche ellipsoïdal la rendent futuriste. À l'intérieur, on est frappé par le bel élan des voûtes. Chemin de croix peint à fresque par Klementief.

Panoramas sur la ville

Autour de Nice, de nombreux points d'observation offrent une vue imprenable sur la ville comme sur l'ensemble de la côte et de l'arrière-pays. Profitez de ces excursions pour parcourir les sentiers botaniques qui vous permettront de découvrir la flore méditerranéenne.

Les deux monts★★

11 km – environ 1h15. Quitter Nice à l'est par la place Max-Barel et la Moyenne Corniche (N 7). Au bout de 2,5 km, au milieu de la montée, tourner à droite à angle aigu dans une route forestière, puis à gauche dans la route menant au fort du mont Alban (itinéraire balisé).

Mont Alban★★

Alt. 222 m. **Vue★★** splendide sur la côte : à l'est, le cap Ferrat, le cap d'Ail, la pointe de Bordighera et les hauteurs calcaires de la Tête de Chien ; à l'ouest, la baie des Anges et la Garoupe. Par un petit sentier sauvage, on peut faire à pied le tour du fort du 16e s. commandé par Emmanuel Philibert, duc de Savoie, de ses bastions et échauguettes *(accès au fort interdit).*

Revenir à la précédente bifurcation et aller tout droit vers le mont Boron.

Mont Boron★

Alt. 178 m. **Vues★** étendues sur la rade de Villefranche et la côte jusqu'au cap d'Antibes. À l'horizon, les montagnes de Grasse et l'Esterel.
Sur les pentes occidentales de ce mont, des ossements, des outils de pierre, des traces de feu ont permis d'identifier l'un des plus anciens habitats connus en Europe : celui de chasseurs acheuléens (paléolithique inférieur), vieux de 400 millénaires. Tout cela est expliqué au **musée Terra Amata** *(voir p. 89).*

Aujourd'hui forêt communale, le mont attire les promeneurs. Un **sentier botanique** de 650 m recense plusieurs dizaines d'espèces végétales méditerranéennes, exotiques, aromatiques, médicinales et protégées (panneaux explicatifs) et superbe **panorama★** sur la baie des anges.

Rentrer à Nice par la Corniche Inférieure.

Le plateau Saint-Michel★★

19 km – environ 1h. Quitter Nice à l'est par l'avenue des Diables-Bleus et la Grande Corniche (D 2564).

La route offre, à l'arrière, des vues sur Nice et la baie des Anges, le bassin du Paillon et jusqu'au cap d'Antibes, ; en avant, vue sur le fort de la Drète au premier plan, et sur celui du mont Agel au fond.

Observatoire du Mont-Gros

À droite de la Grande Corniche se détache la route privée de l'observatoire de Nice. ✆ 04 93 85 85 58 - www.astrorama.net - visite guidée (2h, 2 km de marche) merc. et sam. 14h45 - fermé 1er janv. et 25 déc. - 5 € (enf. 2,50 €).
Classé monument historique, ce centre international de recherche astronomique réputé réunit les talents de **Charles Garnier** qui l'édifia en 1881 et de **Gustave Eiffel**, concepteur de la structure métallique de sa grande coupole (26 m de diamètre). La lunette dite « grand équatorial », de 18 m de long et de 76 cm de diamètre optique, fut un temps le plus grand instrument de cette catégorie au monde. L'observatoire est entouré d'un parc de 35 ha qui domine Nice et son littoral. Après le col des Quatre-Chemins, on se dégage la presqu'île du cap Ferrat et la rade de Villefranche-sur-Mer.

Reprendre la D 2524 en direction de Èze sur 1,5 km puis la D 34 à droite ; 500 m plus loin, laisser la voiture à une plate-forme de stationnement.

Point de vue du plateau Saint-Michel★★

Une **table d'orientation** permet de situer tous les points où porte la vue, du cap de Sainte-Hospice à Nice en passant par le cap Ferrat.

À gauche de l'aire de stationnement, dans un environnement forestier couvert de pins et de chênes verts, empruntez le petit **sentier botanique** long de 750 m.

La D 34 rejoint la Moyenne Corniche (N 7) qu'on prend à gauche. Peu après un long tunnel, **vue★** merveilleuse sur Beaulieu, le cap Ferrat, Villefranche-sur-Mer, Nice et le cap d'Antibes. La route contourne la rade de Villefranche. Passé le col de Villefranche, le regard se porte sur Nice avec la colline du Château, le port et la baie des Anges ; à l'horizon se profilent l'Esterel et les montagnes calcaires de Grasse.

Rentrer à Nice par la place Max-Barel.

Peille, un charmant village perché.
M.-H. Carcanague / MICHELIN

Corniches de la Riviera★★★

CARTE MICHELIN DÉPARTEMENTS 341 F/G5 – ALPES-MARITIMES (06)

Entre Nice et Menton, la montagne plonge brusquement dans la mer. Trois routes célèbres, la Grande, la Moyenne et la Basse Corniche, sillonnent les hauteurs dominant les plages. La plus haute multiplie les panoramas saisissants, la deuxième, les perspectives sublimes, celle du bas arpente les stations élégantes de la côte.

Se repérer – La Grande corniche correspond à la D 2564, la Moyenne Corniche à la N 7 et la Corniche inférieure la N 98. Périlleux exercices de construction hier, les corniches requièrent aujourd'hui de la prudence au volant. Savourez le paysage en passager plutôt qu'en conducteur...

À ne pas manquer – La Grande Corniche pour ses somptueux panoramas ; la Moyenne Corniche pour ses vues généreuses, ses sentiers de randonnée, un stop magnifique au village d'Èze ; la Corniche inférieure pour découvrir les nombreuses stations balnéaires qui agrémentent le trajet.

Organiser son temps – Si vous n'avez que quelques heures devant vous, privilégiez la Grande Corniche (3h). Ceux qui souhaitent profiter de chaque instant compileront en une journée la Grande Corniche (en début de journée : le lever du jour est fabuleux !) à la Corniche inférieure, voyage entrecoupé de quelques baignades.

Pour poursuivre la visite – Voir aussi Villefranche-sur-Mer, Beaulieu-sur-Mer, Cap Ferrat, Principauté de Monaco et Menton.

Le saviez-vous ?

La Riviera est le nom donné au littoral italien du golfe de Gênes, depuis la frontière française jusqu'au golfe de la Spezia. Mais c'est aussi le nom porté par la Côte d'Azur entre le massif des Maures, Hyères et la frontière italienne. Même climat, mêmes paysages, même beauté, même nom donc...

Les réalisateurs adorent les corniches. Grace Kelly y joue à faire peur à Cary Grant dans *La Main au collet* d'A. Hitchcock ; Roger Moore et Tony Curtis font la course dans la série *Amicalement vôtre* ; Pierce Brosnan-James Bond rivalise de virtuosité avec une belle espionne dans *Golden Eyes*.

1 Grande corniche★★★

31 km de Menton à Nice – environ 3h.

La Grande Corniche, la plus élevée, passe à la Turbie, à 450 m au-dessus de Monaco. Elle suit en partie le tracé de l'ancienne voie romaine, **via Julia Augusta**, et fut construite sur ordre de Napoléon Ier, faute de mieux ; il la jugeait en effet dangereuse et aurait préféré une route le long de la côte. Outre des vues saisissantes, elle permet de visiter le village perché de Roquebrune.

Quitter Menton par les avenues Carnot et de la Madone (N 7).

Laissant à gauche la Moyenne Corniche, la route (D 2564) s'élève au-dessus de la ville et du cap Martin. 400 m après la plaque de Roquebrune-Cap-Martin, à droite, à angle aigu, une petite route mène au village perché.

Roquebrune-Cap-Martin★ *(voir ce nom)*

Revenir à la D 2564.

Le Vistaëro★★

À hauteur de l'hôtel du même nom, à 300 m au-dessus de la mer. Merveilleuse **vue**★★ sur la pointe de Bordighera, le cap Mortola, Menton, le cap Martin, Roquebrune et, en contrebas, Monte-Carlo Beach ; à droite, Monaco et Beausoleil dominés par la Tête de Chien ; plus à droite, la Turbie et son Trophée.

La Turbie★ *(voir ce nom)*

La Grande Corniche révèle de jolies **vues** sur le cap Ferrat, puis sur le village d'Èze. On atteint le point le plus élevé de la route (près de 550 m). Au lieu dit Pical, la croix de pierre, à gauche, rappelle le passage du pape Pie VII de retour d'exil en 1814.

Col d'Èze

Alt. 512 m. **Vue** au nord sur les montagnes des hautes vallées de la Vésubie et du Var. À gauche, le mont Bastide fut un oppidum celto-ligure, puis un *castrum* romain.

À la sortie du col d'Èze, direction Nice, prendre à droite la route sinueuse en montée signalisée « Parc départemental de la Grande Corniche-Astrorama ».

Astrorama

Parc départemental de la Grande Corniche - 06340 La Trinité - ✆ 04 93 85 85 58 - visite guidée (3h) - www.astrorama.net - juil.-août : tlj sf dim. 18h-22h30 ; sept.-juin : vend. et sam. 18h-22h30 - 8 €. Spectacle aux étoiles : conférence, animations et observations ou 7 € pour une soirée à ciel ouvert - animations et observations (enf. 10 €).

L'ancienne **batterie des Feuillerins**, élément du système défensif de Séré de Rivières, entre les forts de la Drète et de la Revère, abrite un centre d'initiation grand public à l'observation astronomique. On passe de la théorie à la pratique de la découverte et de l'observation célestes. Assez épargné par la pollution lumineuse, l'endroit permet l'utilisation encadrée de matériels sophistiqués.

Après Astrorama, continuer jusqu'au parking du fort de la Revère (accès interdit).

Parc de la Revère

De là, superbe **panorama★★** sur toute la côte, du Var à l'Italie (table d'orientation). En hiver, un matin clair vous montrera même, au sud-est, le profil de la Corse.

1h. Un sentier est ponctué de panneaux explicatifs sur la flore et la géologie.

Belvédère d'Èze

1 200 m après le col, virage à droite, à hauteur d'une buvette : **vue★★** panoramique sur la Tête de Chien, Èze et la « mer d'Èze », le cap Ferrat, le mont Boron, le cap d'Antibes, les îles de Lérins, l'Esterel, le cap Roux et les Alpes françaises et italiennes.

Col des Quatre-Chemins

Alt. 327 m. Peu après le col, par l'échancrure de la vallée du Paillon, on découvre les Alpes. Depuis la route en forte descente, **vues★** sur les Préalpes, Nice et la colline du Château, le port, la baie des Anges, le cap d'Antibes, l'Esterel. La nuit, féerique paysage illuminé.

On pénètre à Nice par l'est, avenue des Diables-Bleus.

S. Sauvignier / MICHELIN

Roquebrune vu de la Moyenne Corniche.

2 Moyenne Corniche★★

31 km de Nice à Menton – environ 2h.

La Moyenne Corniche a été construite à mi-pente de 1910 à 1928. C'est une belle et large route, moins sinueuse et plus courte que la Grande Corniche. Elle franchit en tunnel les arêtes rocheuses les plus importantes et offre de belles perspectives sur la côte et les stations ; elle permet de visiter l'étonnant village d'Èze.

Quitter Nice à l'est par la place Max-Barel et la N 7. Un parapet masque beaucoup de vues côté mer, mais des parkings sont prévus pour les haltes contemplatives.

Au départ, le regard porte sur la ville, la colline de l'ancien château, le port et la baie des Anges ; à l'horizon, l'Esterel et les montagnes calcaires de Grasse.

Col de Villefranche

Alt. 149 m. Dans un coude de la route, peu après le col, vue sur la rade de Villefranche-sur-Mer et le cap Ferrat.

Juste avant un tunnel long de 180 m, **vue★★** sur Beaulieu, le cap Ferrat, Villefranche-sur-Mer, Nice et le cap d'Antibes. À la sortie apparaît le vieux village d'Èze, perché sur son rocher. Légèrement à droite, le promontoire massif de la Tête de Chien.

Après le tunnel, prendre à droite l'étroite D 34. Se garer à 2 km (plate-forme).

De la table d'orientation (alt. 731 m), **vue★★** du cap d'Ail jusqu'à l'Esterel.

Èze★★ *(voir ce nom)*

Au-delà d'Èze, la route contourne la Tête de Chien et offre de nouveaux horizons vers le cap Martin, Bordighera et, en contrebas, la principauté de Monaco. À l'entrée de Monaco, la route de gauche (N 7) contourne la principauté : **vues★** sur Monaco, le cap Martin, la côte italienne, les montagnes du littoral.

Beausoleil

Bien que située en territoire français, la station ne forme avec Monte-Carlo qu'une seule agglomération. Véritable balcon sur la mer, elle étage maisons et rues en escaliers sur les pentes du mont des Mules.

Mont des Mules★

1 km par la D 53. *30mn AR, sentier signalisé.* Du sommet où se trouve une table d'orientation, beau **panorama★**.

Passant sous le belvédère du Vistaëro, la route rejoint à Cabbé la Corniche inférieure.

Cap Martin★★ *(voir Roquebrune-Cap-Martin)*

3 Corniche inférieure★★

33 km de Nice à Menton – environ 6h.

Esquissés au 18e s. par un prince de Monaco, les travaux de la Basse Corniche, ou Corniche inférieure, furent inaugurés en 1857 par l'impératrice de Russie et achevés en 1881. Route de bord de mer, sa construction était déjà très avancée au milieu des années 1960. Suivant tous les contours du littoral, au pied des pentes, la Corniche inférieure dessert toutes les stations de la Riviera.

Quitter Nice au sud-est par le boulevard Carnot (N 98).

Contournant la base du mont Boron, la route révèle de jolies **vues★**, sur la baie des Anges, l'extrémité du cap Ferrat, la rade de Villefranche-sur-Mer, Èze et la Tête de Chien.

Villefranche-sur-Mer★ *(voir ce nom)*

Cap Ferrat★★ *(voir ce nom)*

Beaulieu-sur-Mer★ *(voir ce nom)*

La route contourne le **cap Roux** : vues sur la « mer d'Èze » et le cap d'Ail.

Èze-Bord-de-Mer

Station abritée par de hautes falaises et le nid d'aigle d'Èze. La route serre la côte rocheuse ; vues sur le cap d'Ail.

Il était une fois le Cap-d'Ail

C'est le **baron de Pauville**, magnat controversé de la bourse, fondateur du « Petit niçois » et amoureux de la petite station qui lui donnera, en 1879, un premier essor. Les ouvertures successives de la ligne de chemin de fer et de la route nationale à la fin du 19e s. prolongèrent son développement. Cet ancien quartier de La Turbie-sur-mer jusqu'alors préservé et peu connu, vit arriver chaque hiver l'aristocratie du monde entier et de nombreux artistes. La station balnéaire vit le jour en 1908, et les charmes d'un cadre de vie particulièrement favorisé perdurent.

Cap-d'Ail

Dominée par l'escarpement de la Tête de Chien (500 m), dont elle occupe les dernières pentes, la station étage jusqu'à la mer ses propriétés fleuries (parmi elles plus de 70 villas début 20e s.), noyées de palmiers, cyprès et pins. Nombre de célébrités y résidèrent : Sacha Guitry (villa Les Funambules), Greta Garbo (Villa le Rock), les sœurs Caritta (Villa Le Chien Bleu dite aussi « la cabane bambou »), Auguste, l'un des frères Lumière… Toute une belle époque !

Ses 6 parcs et jardins, pauses rafraîchissantes quand le soleil est au zénith, embaument de leurs effluves méditerranéennes les rues du village (parc Sacha Guitry, le jardin des Oliviers) et offrent de somptueux panoramas sur la mer et le petit port (le Balcon des Salines). La **pointe des douaniers**, tout droit surgie d'un site volcanique sauvage attire les promeneurs par sa flore atypique et sa vue imprenable sur la grande bleue.

Côté baignades, la **plage Marquet**, proche du port est accessible à tous. Les sauvages **plage Mala** nichée dans la roche et **les Pissarelles**, bordée de rochers, malgré leur difficile accès attirent les amoureux de cadres exceptionnels.

Corniches de la Riviera pratique

Voir aussi les encadrés pratiques de Nice, Menton, Èze, Roquebrune, la Turbie, Villefranche-sur-Mer, Beaulieu-sur-Mer.

Adresse utile

Office du tourisme du Cap-d'Ail – *87 bis av. du 3-Septembre - 06320 Cap-d'Ail - 04 93 78 02 33 - www.cap-dail.fr - juil.-août : 9h-12h, 14h-18h, dim. 9h-12h ; reste de l'année : tlj sf dim. et j. fériés 9h-12h, 14h-18h, sam. 9h-12h.* Il propose des visites guidées hors saison et offre plusieurs dépliants pour visiter seul la cité balnéaire (plan de la ville, guides des plages et guides des visites…).

Se restaurer

La Réserve de la Mala – *Plage de la Mala - 06320 Cap-d'Ail - descendre par av. Combattants-Afrique-du-Nord (au magasin Spar) - 04 93 78 21 56 - www.capresort.com - fermé 15 mars-31 oct. - 42/85 €.* Petit coin de paradis situé à même la plage et accessible à pied par le sentier touristique du cap d'Ail ou par le centre-ville. Multiples terrasses, ponton où il fait bon paresser en contemplant le coucher du soleil, décoration d'esprit « zen ». Cuisine vouée aux poissons de Méditerranée et saveurs du monde.

Principauté de Monaco★★★ *(voir ce nom)*

Près de la plage de Cabbé, la route rejoint la Moyenne Corniche.

Cap Martin★★ *(voir Roquebrune-Cap-Martin)*

Randonnées

Sentier touristique du cap d'Ail★

À droite de la gare, descendre l'escalier qui passe sous une voûte et débouche sur une route, puis à gauche jusqu'au restaurant. À droite, autre escalier vers la mer.

1h AR. Long de 4 km, le sentier du littoral aménagé, doté d'une remarquable flore méditerranéenne, contourne le cap d'Ail vers l'est et le rocher de Monaco. Belles vues sur les jardins et les façades des villas Belle époque. À l'horizon, Beaulieu, le cap Ferrat. Le sentier aboutit à la plage Mala.

Villefranche-sur-Mer★

6 833 VILLEFRANCHOIS
CARTE MICHELIN DÉPARTEMENTS 341 E5 – ALPES-MARITIMES (06)

Le neveu de Saint Louis, le comte de Provence Charles II d'Anjou, fonda la ville au 13e s. et lui accorda des libertés ou « franchises » commerciales, d'où le nom. Ce joli port de pêche a gardé tout son charme avec ses couleurs, ses ruelles imbriquées et sa citadelle. La station balnéaire de Villefranche est surtout connue pour sa rade, encadrée de pentes boisées, l'une des plus belles de la Méditerranée. La baie s'étend entre la presqu'île du cap Ferrat et les hauteurs du mont Boron ; profonde (25 à 60 m), elle peut accueillir une escadre entière.

Se repérer – À 6 km à l'est de Nice par la Corniche inférieure *(voir Corniches de la Riviera)*. La rade est signalée par un phare et un sémaphore.

Se garer – Pour les voitures, parkings gratuits autour de la citadelle et sur la darse.

À ne pas manquer – Une promenade dans la vieille ville, entre ruelles charmantes, citadelle grandiose où vous marquerez un stop au musée Volti, et chapelle Saint-Pierre décorée par Cocteau.

Organiser son temps – Prévoir 2h pour faire le tour de cette charmante cité.

Avec les enfants – Le petit train qui relie Beaulieu-sur-Mer à Villefranche-sur-Mer.

Pour poursuivre la visite – Voir aussi les Corniches de la Riviera, Beaulieu-sur-Mer, Principauté de Monaco.

S. Sauvignier / MICHELIN

Petite pause avant la visite de la chapelle Saint-Pierre.

Comprendre

La rade de Villefranche – Les fonds sous-marins de la rade atteignant jusqu'à 60 m ont attiré les bateaux romains avant que ne s'y relâchent bâtiments de guerre russes, yachts ou paquebots. « Port de toute la Côte d'Azur » selon P. Morand, la rade de Villefranche fut, du 14e au 18e s., le grand port de l'État savoyard puis sarde, avant que Nice n'ait le sien. De 1945 à 1962, la base navale américaine y prit ses quartiers.

La présence russe à Villefranche – Elle remonte à la fin du 18e s. et a fait preuve depuis d'une originale constance. L'intérêt stratégique de la rade n'avait pas échappé aux autorités maritimes russes de l'époque qui y mouillaient à chaque conflit avec

SE LOGER
Hôtel Le Riviera.................①
Hôtel Patricia....................③
Hôtel St-Michel..................⑥

SE RESTAURER
L'Oursin Bleu....................②
La Grignotière...................⑤

l'empire ottoman. Elle leur devient essentielle quand, au lendemain de la guerre de Crimée en 1856, la flotte militaire russe est privée d'accès à la Méditerranée par le Bosphore : le roi de Sardaigne accepte alors de céder à la Russie le lazaret et la darse de Villefranche qui lui servent de dépôt à vivres et à combustibles. La rade devient alors le port d'attache de la noblesse impériale en villégiature sur la Côte, et ce, malgré le rattachement du comté de Nice.
Puis l'intérêt pour le site évolue à la fin du siècle : en 1893, une équipe de scientifiques de Kiev remplace les militaires pour pratiquer des recherches océanographiques en profitant de la présence d'un courant ascendant dans la rade. Ces études, malgré les aléas politiques, se poursuivent jusqu'aux années 1930, lorsque les locaux sont repris par l'Université de Paris qui y établit une station de zoologie marine de réputation internationale.

Se promener

Vieille ville★

Elle s'ouvre sur le charmant port de pêche par un front de hautes façades vivement colorées. La **rue du Poilu** forme l'artère principale de ce bel enchevêtrement de ruelles, parfois en escalier ou voûtées, comme la curieuse **rue Obscure**, dont les fondations remontent au 13e s., qui longeait les remparts médiévaux. Couverte sur 130 m, elle permettait aussi aux habitants d'y trouver refuge en cas de bombardements.

Église Saint-Michel

6 r. Baron-de-Brès. Discrètement baroque, elle abrite des retables du 18e s. et des statues : en bois polychrome du 16e s., saint Roch et son chien *(à gauche, contre un pilier)*, et un Christ gisant du 17e s., sculpté par un galérien dans un tronc de figuier, d'un réalisme impressionnant *(croisillon gauche)*. À la tribune, **orgue** typiquement français de 1790, œuvre des frères Grinda, facteurs niçois de grande réputation.

Villefranche-sur-Mer pratique

Voir aussi les encadrés pratiques de Nice et Beaulieu-sur-mer.

Adresse utile

Office du tourisme de Villefranche-sur-Mer – *Jardin François-Binon - 06230 Villefranche-sur-Mer - 04 93 01 73 68 - www.villefranche-sur-mer.com - juil.-août : 9h-19h ; oct.-mai : tlj sf dim. 9h-12h, 14h-18h, j. fériés 10h-12h, 14h-16h ; juin et sept. : tlj sf dim. 9h-12h, 14h-18h30 - fermé 1er janv. et 25 déc.*

Visites

Visites guidées de la ville – *S'adresser à l'Office de tourisme - visite guidée (1h45) vend. à 10h - 5 €.*

Visites thématiques – *Sur réserv. à l'Office de tourisme - 8 €.* « Les petits matins de la Citadelle » *(mai-sept. : vend.)* petit-déjeuner dans les jardins du musée, visite de la citadelle et de la vieille ville ; visite spectacle de la citadelle.

Petit train touristique – *Demander les horaires à l'Office de tourisme - sur réserv. - 7 € (3 €).* La micheline relie Villefranche-sur-Mer à sa voisine, Beaulieu. Comptez 1h AR de promenade commentée. De Villefranche, le départ s'effectue Pl. Wilson et vous mène successivement à la Citadelle, aux fossés, sur la Basse Corniche jusqu'à Beaulieu-sur-mer.

Se loger

Hôtel Patricia – *Av. de l'Ange-Gardien - par la Petite Corniche - 04 93 01 06 70 - http://hotel-patricia.riviera.fr - fermé en déc. - P - 13 ch. 54/59 € - 6 €.* Même si la voie ferrée passe tout près, cet hôtel simple et modeste bénéficie d'une situation privilégiée à 500 m de la plage. Repris récemment, il abrite 13 petites chambres aménagées avec goût, à des prix très raisonnables. On préférera celles de l'étage, qui ont vue sur la mer. Un accueil vraiment agréable.

Le Riviera – *2 av. Albert-Ier - 04 93 76 62 76 - www. hotelrivieravillefranche. com - fermé 6 janv.-1er fév. et 8-27 déc.- 22 ch. et 1 appart. 84/160 € - 9,50 €.* Cet hôtel simplement (mais joliment) rénové offre une halte agréable sur la corniche inférieure. Les chambres, climatisées et progressivement améliorées, sont accessibles à toutes les bourses ; certaines ont vue sur la mer.

Hôtel St-Michel – *2000 av. Olivula - 04 93 01 80 42 - 30 ch. 65/75 € - 8 €.* Installé sur les hauteurs de la ville, cet hôtel bénéficie du calme paisible d'un quartier résidentiel. Dans le bâtiment principal, les chambres, toutes rénovées, disposent désormais de sanitaires complets et de baignoires. Celles de l'annexe, partiellement rafraîchies, offrent plus d'espace. Confort standard.

Se restaurer

La Grignotière – *3 r. du Poilu - 04 93 76 79 83 - fermé merc. Et le midi hors sais. - 16 € déj. - 18/31 €.* L'enseigne peut induire en erreur, mais les assiettes gargantuesques, se chargeront de vous rassurer. Fi donc des grignotages, on vient ici pour la qualité des produits, cent pour cent frais, et les portions généreuses. Les habitués ne s'y trompent pas ! La carte s'est récemment enrichie de spécialités de couscous.

L'Oursin Bleu – *11 quai Courbet - 04 93 01 90 12 - fermé 10 janv.-10 févr., et mar. de nov. à mars - 22 déj./ 40 €.* Accueillant décor marin sur l'un des quais du charmant port de pêche. Un aquarium géant égaie la salle à manger où les nombreux habitués apprécient la cuisine au goût du jour.

Événements

Combat naval fleuri, défilé de pointus et bataille de fleurs – Chaque lundi gras au port de la santé.

Salon floral et potagers – À Pâques, *(w.-end de Pentecôte pour 2008)* la citadelle fleure bon.

La relève de la Garde – En juillet et août, rendez-vous tous les soirs à 19h au Pont-Louis de la Cltadelle pour assister à un spectacle haut en couleur.

Moments musicaux de la Citadelle – *Se renseigner à l'office de tourisme.* Sur le parvis de l'hôtel de ville à la Citadelle, courant juillet.

Darse

C'est l'ancien port militaire où se construisaient les galères et où embarquaient les forçats ; aujourd'hui y mouillent yachts et canots de plaisance.

Pour admirer la rade d'en haut, monter sur la colline superbement boisée des monts Alban et Boron *(voir p. 90)*, ainsi qu'au quartier Saint-Michel *(itinéraire à l'office de tourisme)* où vous trouverez une table d'orientation.

Visiter

Chapelle Saint-Pierre★

✆ 04 93 76 90 70 - possibilité de visite guidée (25mn) - 21 mars-22 sept. : tlj sf lun. 10h-12h, 15h-19h ; 23 sept.-20 mars : tlj sf lun. 10h-12h, 14h-18h - fermé de mi-nov. à mi-déc. et 25 déc. - 2 €.

Jean Cocteau (1889-1963), qui découvrit Villefranche dès 1924, décora la chapelle en 1957. De part et d'autre de la porte peinte intérieurement, les flammes des chandeliers de l'Apocalypse (traités en céramique) sont des yeux grands ouverts. Les fresques affirment la primauté du dessin, ample et précis, qui cerne des images figuratives et populaires : elles racontent la vie de saint Pierre, patron des pêcheurs, mais traitent aussi de sujets profanes comme l'*Hommage aux demoiselles de Villefranche* ou *Les Gitans*. Un décor géométrique relie les différentes scènes.

Citadelle

✆ 04 93 76 33 27 (musées)/✆ 04 93 76 33 63 (collection Roux) - juil.-août : 10h-12h, 14h30-19h, dim. 14h30-19h ; juin et sept. : 10h-12h, 14h-19h, dim. 14h30-19h ; oct.-mai : 10h-12h, 14h-18h, dim. 13h30-18h - fermé nov. (sf mar.) et j. fériés- gratuit.

Restaurée à la perfection en 1981, elle a été élevée en 1557 par le duc de Savoie pour protéger la rade. Elle faisait l'admiration de Vauban et fut épargnée par Louis XIV avec le fort du mont Alban lors de la destruction des défenses du comté de Nice. Elle abrite l'hôtel de ville, l'ancienne **chapelle Saint-Elme**, qui accueille des expositions temporaires, un auditorium de 200 places, un théâtre de verdure, trois musées *(voir ci-dessous)* et une salle-souvenir du 24e bataillon des chasseurs alpins (dernier corps d'armée ayant occupé les lieux).

Musée Volti★ – La grande cour de la citadelle et le dédale de casemates voûtées mettent admirablement en valeur les corps voluptueux de d'**Antoniucci Volti** (1915-1989), sculpteur de Villefranche que l'on sent formé à l'art de Maillol. L'humour n'est pas exclu, comme dans les *Cavaliers du ciel*, véritables hommes-cheminées en cuivre martelé *(dans la cour)*. Mais Volti excelle surtout dans la représentation inlassable de la femme, dressée avec la suprême élégance des Parisiennes, couchée avec grâce *(Nikaïa)*, noblement assise *(Maternité de Cachan)* ou enroulée comme un œuf *(Lotus)*. Certaines des œuvres les plus récentes atteignent à une majesté monumentale *(La Reine, Minerve…)*. De très belles sanguines accompagnent, çà et là, les sculptures.

Musée Goetz-Boumeester – Une centaine d'œuvres, représentant cinquante ans de recherches picturales allant du figuratif à l'abstrait, parmi lesquelles celles du peintre-graveur **Henri Goetz** (1909-1989), et de son épouse Christine Boumeester (1904-1971) qui donnèrent leur collection à la ville de Villefranche. Également des œuvres-souvenirs signées Picasso, Miró, Hartung, Picabia, etc.

Collection Roux – Figurines de céramique évoquant des scènes de la vie quotidienne au Moyen Âge et à la Renaissance, réalisées d'après des traités et ouvrages datant de cette époque.

Cap Ferrat★★

1 895 SAINT-JEANNOIS
CARTE MICHELIN DÉPARTEMENTS 341 E5 – ALPES-MARITIMES (06)

C'est une tête (sens du mot provençal *cap*) au corps ferrugineux (sens de *ferrum* ou *ferraria* en latin) mais surtout la presqu'île la plus prestigieuse de la Côte, recouverte d'une splendide végétation et parsemée de luxueuses résidences parmi lesquelles, la ravissante villa Ephrussi. Masquées par les façades de ces maisons, les vues sur la côte se contemplent depuis le sentier du littoral, les rues de Saint-Jean et la pointe Saint-Hospice à l'est.

Se repérer – Entre Nice (6 km) et Monaco (11 km), accessible par la Corniche inférieure *(voir Corniches de la Riviera)*, le cap Ferrat est presque une île, tant la route qui sépare le cap de la côte est étroite. Et à l'intérieur, c'est un autre monde, très privilégié.

À ne pas manquer – La visite de la villa Ephrussi-de-Rothschild, de son musée et des jardins ; le tour du cap en voiture ; une promenade sur le sentier touristique de la pointe Sainte-Hospice et la visite de Saint-Jean-Cap-Ferrat.

Organiser son temps – Pas question de musarder sans profiter de toutes les splendeurs offertes au cap Ferrat. Une demi-journée ne sera pas de trop. Consacrez 2h à la villa Ephrussi et 3h au tour du cap (avec un stop au zoo). Si vous n'êtes pas trop épuisé, la visite de Saint-Jean ou le sentier touristique réclamera 1h d'effort supplémentaire.

Avec les enfants – Le zoo du cap est incontournable pour les petits, tout comme la chasse au trésor organisée à la villa Ephrussi-de-Rothschild.

Pour poursuivre la visite – Voir aussi VIllefranche-sur-Mer, Beaulieu-sur-Mer et Principauté de Monaco.

Découvrir

Villa Ephrussi-de-Rothschild★★

04 93 01 33 09 - www.villa-ephrussi.com - juil.-août : 10h-19h ; de mi-fév. à déb. nov. : 10h-18h ; de déb. janv. à mi-fév. et de mi-nov. à fin déc. : 14h-18h, w.-end et vac. scol. 10h-18h ; de mi-fév. à juin et de sept. à mi-nov. 10h-18h - 9,50 € (7-17 ans gratuit). Mini-guide fourni à l'entrée pour visiter la villa, le musée et ses jardins.

Les 7 à 12 ans sont conviés à une chasse au trésor culturelle. Ils remplissent tout au long de la visite le questionnaire fourni à l'entrée avec, pour les vainqueurs, un petit cadeau à la clé !

Dans un **site★★★** incomparable, ce palais à l'italienne fut conçu par la baronne **Béatrice Ephrussi de Rothschild**, en 1905, pour abriter ses collections : plus de 5 000 œuvres d'art. Nombre des panneaux peints au 18e s. qui ornent les murs proviennent d'hôtels particuliers parisiens détruits lors des travaux d'Haussmann. Les architectes ont dû sans cesse adapter leur construction aux dimensions des panneaux... et aux exigences de la baronne. Celles-ci étaient telles que pas moins de 15 architectes se succédèrent en sept ans sur le chantier.

J. Malburet / MICHELIN

La villa ouvre sur le jardin à la française.

SE LOGER

Hôtel Brise Marine.......... ①

Hôtel Clair Logis.............. ③

SE RESTAURER

Capitaine Cook....... ⑤

Plage de Passable........... ⑦

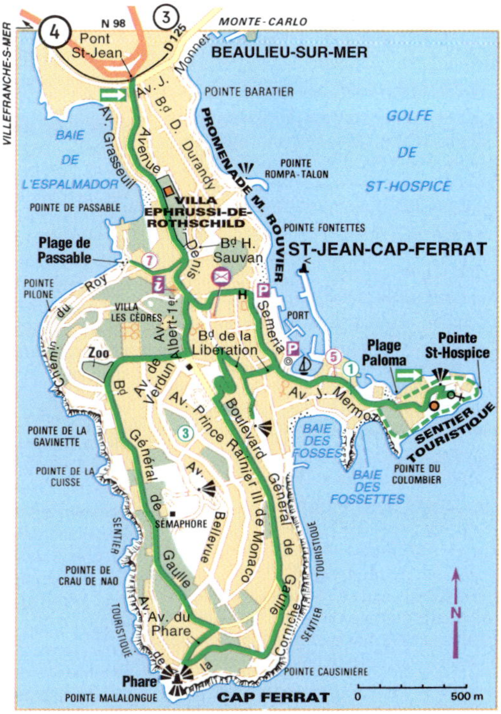

La baronne légua la villa en 1935 à l'Institut de France pour l'Académie des beaux-arts. Encadrée de magnifiques jardins, la villa domine la mer et, de part et d'autre, les rades de Villefranche et de Beaulieu.

Dès l'entrée, un patio couvert, au parterre en mosaïques entouré de colonnes de marbre rose provenant d'un palais de Vérone, présente des meubles et des peintures du Moyen Âge et de la Renaissance, dont un retable du 15e s. (sainte Brigitte d'Irlande) et un tableau de Carpaccio (condottiere vénitien). De là se découvrent deux salons : Louis XVI avec son immense tapis de la Savonnerie du 18e s. et Louis XV avec ses tapisseries des Gobelins. La chambre de Mme Ephrussi, son cabinet de toilette et son boudoir permettent de découvrir les appartements privés de la baronne. Enfin, la salle à manger de Sèvres rassemble des porcelaines rares.

Musée Île-de-France★★ – *Visite guidée uniquement, supplément tarifaire.* Au premier étage, les exceptionnelles collections de porcelaine de Vincennes, de Sèvres et de Saxe ajoutent à l'éclat de l'ensemble. Le curieux « salon des Singes » évoque le thème animalier cher à la baronne Ephrussi avec un étonnant orchestre de singes en porcelaine de Meissen. Dans un curieux décor gothique, le salon d'art d'Extrême-Orient s'ouvre par deux vantaux de laque chinois : grands paravents en laque de Coromandel, vases et tapis chinois et, dans un cabinet annexe, costumes de mandarin.

Jardins★★ – 7 ha de jardins thématiques paradisiaques entourent la villa. Au centre, le **jardin à la française** et ses jeux d'eau musicaux, mène dans une belle perspective à un escalier d'eau, une rocaille et un petit temple de l'Amour, réplique de celui du Trianon. Étiré sur la partie la plus étroite du cap, ce jardin est comparable à un pont de navire, dont la proue serait le temple de l'Amour. Installée sur sa loggia, la baronne pouvait ainsi s'imaginer à bord du paquebot *Île-de-France* sur lequel elle fit une croisière mémorable au point d'en baptiser sa villa… pour parfaire l'illusion, elle exigeait des jardiniers qu'ils soient vêtus en matelots. En bas des grandes marches, le **jardin espagnol**, d'allure très andalouse, est fraîchement ombré d'arums, de papyrus, de grenadiers et de daturas. Plus loin, le **jardin florentin** est habité d'un gracieux

Cap Ferrat pratique

Adresse utile

Office du tourisme de Saint-Jean-Cap-Ferrat – *59 av. Denis-Semeria - 06230 St-Jean-Cap-Ferrat - ✆ 04 93 76 08 90 - www.ville-saint-jean-cap-ferrat.fr - juil.-août 9h-18h, w.-end 10h-17h ; reste de l'année : tlj sf dim. 8h30-17h30.*

Se loger

Hôtel Clair Logis – *12 av. Centrale - 06230 St-Jean-Cap-Ferrat - ✆ 04 93 76 51 81 - www.hotel-clair-logis.fr - fermé 7 janv.-10 fév. et 6 nov.-22 déc. - P - 16 ch. 110/190 € - 14 €.* Le général de Gaulle fut l'un des célèbres hôtes de cette villa provençale nichée dans un agréable parc. Chambres de caractère ou confort plus modeste à l'annexe.

Hôtel Brise Marine – *58 av. Jean-Mermoz - 06230 St-Jean-Cap-Ferrat - ✆ 04 93 76 04 36 - www.hotel-brisemarine.com - fermé nov.-janv. - P - 16 ch. 150/172 € - 13 €.* Un beau jardin fleuri et arboré entoure cette jolie demeure bâtie en 1878. Les chambres, sobrement aménagées, ouvrent leurs fenêtres sur le cap, le golfe ou un petit patio. Agréable terrasse où l'on sert les petits-déjeuners.

Se restaurer

Capitaine Cook – *11 av. Jean-Mermoz - 06230 St-Jean-Cap-Ferrat - ✆ 04 93 76 02 66 - fermé 8 nov.-26 déc., jeu. midi et merc. - 26/31 €.* Discrètement situé entre le port de plaisance et la plage de la Paloma, restaurant familial où l'on mange au coude à coude une cuisine traditionnelle privilégiant les produits de la mer.

Plage de Passable – *Chemin de Passable - 06230 St-Jean-Cap-Ferrat - ✆ 04 93 76 06 17 - fermé fin sept. - 25/60 €.* Nichée dans la rade de Villefranche-sur-Mer, à l'entrée de la presqu'île de Saint-Jean-Cap-Ferrat, ce restaurant propose grillades sur la plage (le soir de juin à septembre), poissons, salades, pâtes et (uniquement le midi) pizzas, dans un environnement enchanteur sous les pins et les palmiers, bordé d'une plage de sable fin.

Sports & Loisirs

Bon à savoir - Plages de galets : à l'ouest, face à Villefranche, plage de Passable. À l'est, face à Beaulieu, plage Paloma. Près du port, plage du Cro des Pins. Enfin, plage de la pointe St-Hospice. Au gré de la promenade de bord de mer, des petites criques pour les bons nageurs.

SOS Grand Bleu Santo Sospir – *N 98 - 06230 St-Jean-Cap-Ferrat - ✆ 04 93 76 17 61 - www.sosgrandbleu.asso.fr.* Partez à la rencontre des cétacés du Sanctuaire Pelagos à bord d'un caïque magnifique (bateau équipé de gréement latin). Vous pourrez faire connaissance avec les baleines et les dauphins qui peuplent les eaux, mais aussi apercevoir des tortues Caouannes ou des poissons volants. Encadrement assuré par deux moniteurs.

éphèbe de marbre parmi les cyprès. Fontaines, chapiteaux, gargouilles et bas-reliefs (Moyen Âge et Renaissance) ornent un **jardin lapidaire** des plus romantiques. Auprès d'un délicieux **jardin japonais**, un **jardin exotique** offre sa végétation étonnante. Enfin, la **roseraie** rassemble une grande variété d'espèces de la fleur de prédilection de la baronne Ephrussi.

Tour du cap★★

10 km – environ 1h.

6 km au départ du port. Pour ceux qui préfèrent la marche à la voiture, le rivage à l'intérieur des terres, un sentier permet de faire le tour du cap entre criques, falaises et végétation aux essences enivrantes.

Zoo

✆ 04 93 76 07 60 - www.zoocapferrat.com - été : 9h30-19h ; hiver : 9h30-17h30 - 14 € (enf. 10 €, –3 ans gratuit).

Dans l'ancienne propriété du roi Léopold II de Belgique, un lac asséché a été transformé en 1950 en **parc d'acclimatation**. De beaux spécimens d'animaux et d'oiseaux exotiques s'épanouissent à l'ombre d'une végétation tropicale (3 ha). Aux bassin à vision sous-marine des loutres, « grand canyon des panthères » et « grotte mystérieuse » s'ajoute, depuis 2007, « la plaine des lions ». Vous pourrez suivre le nourrissage des animaux vedettes *(avr.-sept.)*.

Saint-Jean-Cap-Ferrat★

Cet ancien village de pêcheurs est devenu une station balnéaire et hivernale privilégiée, recherchée pour son calme. Quelques vieilles maisons entourent le **port**, largement aménagé pour la plaisance. Depuis la rue en escalier au sud du boulevard de la Libération, belle **vue★** sur la montagne de la Tête de Chien, Èze, le mont Agel et les Alpes franco-italiennes au loin.

1h AR, départ du port. La belle **promenade Maurice-Rouvier★** vous conduit à la baie de Beaulieu-sur-Mer *(voir ce nom)* avec vue sur Èze et la Tête de Chien.

Pointe Saint-Hospice

La montée à la pointe Saint-Hospice, entre les propriétés, offre de jolies vues sur Beaulieu et la côte vers le cap d'Ail. Elle longe une tour, construite au 18e s. pour servir de prison, aboutit à la chapelle du 19e s. remplaçant un ancien oratoire qui était dédié à l'ermite niçois saint Hospice. Des abords de cette chapelle, on a une bonne **vue★** sur la côte et l'arrière-pays, de Beaulieu au cap Martin.

3,5 km. Un **sentier★** fait le tour de la pointe Saint-Hospice. Il commence à la **plage Paloma** et finit à la baie des Fossettes.

Beaulieu-sur-Mer★

3 675 BERLUGANS
CARTE MICHELIN DÉPARTEMENTS 341 F5 – ALPES-MARITIMES (06)

Bien à l'abri au pied de sa ceinture de collines, cette station balnéaire est appréciée depuis l'Antiquité comme l'un des endroits les plus chauds de la Côte d'Azur, été comme hiver. Déjà appelé Bello Loco au 12e s., Beaulieu enchante par sa baie des Fourmis, verte et fleurie, et son boulevard Alsace-Lorraine, au cœur d'un quartier que sa végétation exotique a fait surnommer la « Petite Afrique ».

J. Malburet / MICHELIN

La surprenante villa Kérylos en toile de fond du port de Beaulieu.

Se repérer – Situé à 6 km à l'est de Nice, le meilleur accès à Beaulieu-sur-Mer, commune indépendante de Villefranche depuis 1891, se fait par la Corniche inférieure *(voir corniches de la Riviera)*.

Se garer – Les parkings les plus commodes sont en direction du port de plaisance, derrière l'hôtel de ville. Et pour aborder la promenade Maurice-Rouvier, il est conseillé de laisser sa voiture le long de l'avenue Blundell-Maple.

À ne pas manquer – La villa grecque Kérylos ; le sentier du plateau Saint-Michel et la promenade Maurice Rouvier.

Organiser son temps – Entre une halte obligatoire sur le sable blond, la visite de la villa Kérylos et une rapide balade dans le village, comptez 3h.

Avec les enfants – Avant un plouf dans la grande bleue, la villa Kérylos propose un atelier créatif autour de la céramique et une chasse au trésor-découverte.

Pour poursuivre la visite – Voir aussi Villefranche-sur-Mer, Cap Ferrat.

Comprendre

Quand on aime, on ne compte pas – L'hiver à Beaulieu, oasis de calme et de douceur, fut déjà fort apprécié par Gustave Eiffel ou l'Américain **Gordon Bennett.** Ce dernier, grand patron de presse américain, découvrit en 1891 le petit port, alors dépourvu d'embarcadère. Il propose d'en financer un, mais les pêcheurs du cru refusent. À défaut, la **route en corniche** reliant Beaulieu à Villefranche est tracée à ses frais. Elle porte aujourd'hui son nom. Les personnalités qui s'attachèrent à Beaulieu sont à l'origine de **belles demeures** encore visibles aujourd'hui : le kiosque à musique Marinoni, le Casino, la Rotonde, le Bristol, la villa grecque Kérylos et le palais des Anglais en sont les exemples les plus appréciés des visiteurs et la fierté des Berlugans.

Visiter

Villa grecque Kérylos★★

Visite audioguidée - ✆ 04 93 01 45 90 - www.villa-kerylos.com - 1er sam. de fév. au 1er sam. de nov. : 10h-18h ; reste de l'année : 10h-18h, lun. 14h-18h - 8 € (-7 ans gratuit, 7-17 ans 6 €).

Dans un **site★** qui rappelle les rivages de la mer Égée, cette villa est un pastiche d'une maison de la Grèce antique, conçue par et pour un archéologue fou amoureux de cette civilisation, **Théodore Reinach**. Édifiée en 1902 par l'architecte Pontremoli, elle a été léguée en 1928 à l'Institut de France. Les matériaux les plus précieux ont été utilisés : marbre de Carrare, albâtre, bois exotiques et citronnier. La villa est décorée, au détail près, d'éléments qui faisaient le confort grec, complétés discrètement de ceux qui faisaient, cette fois, le confort Belle Époque de son auteur qui ne dédaignait pas d'y évoluer revêtu d'une toge, et, peut-on supposer, en déclamant des tirades de ses auteurs préférés ! Des pièces authentiques (mosaïques, amphores, vases, lampes, statuettes de Tanagra) côtoient des meubles en bois incrustés d'ivoire, de bronze et de cuir, réalisés d'après les illustrations des vases et des mosaïques anciennes. Les fresques sont des reproductions. Partout, les fenêtres offrent des vues merveilleuses sur la mer, la baie des Fourmis et le cap Ferrat, Èze et le cap d'Ail. Dans les soubassements de la villa, sur trois côtés, a été aménagée une **galerie des Antiques** ouvrant directement sur les flots. Vous y retrouverez l'Apollon du Belvédère et la Vénus de Milo… Des copies certes, mais qui, dans ce cadre, ont un charme fou.

La Villa propose aux enfants deux activités insolites. **L'atelier Céramique** animé par un professionnel les familiarise à la création sur poterie en s'inspirant des œuvres découvertes durant la visite. Dans une ambiance **chasse au trésor**, les 7-12 ans se verront offrir un livret de jeux plein d'énigmes et de devinettes à résoudre.

Randonnées

Sentier du plateau Saint-Michel★★

Environ 2h AR ; forte montée. Au nord du boulevard Édouard-VII, le sentier gravit l'escarpement de la Riviera jusqu'au plateau Saint-Michel où, à la **table d'orientation**, une très belle vue vous attend, de la pointe du cap d'Ail à l'Esterel.

Promenade Maurice-Rouvier★

1h AR. Cette remarquable promenade se déroule le long du rivage, de Beaulieu à **Saint-Jean-Cap-Ferrat** *(voir ce nom)*, entre les villas ceintes de beaux jardins et la mer. Belles vues sur la Riviera et la presqu'île de la pointe Saint-Hospice.

Beaulieu pratique

Adresse utile

Office du tourisme de Beaulieu-sur-Mer – *Pl. G.-Clemenceau - 06310 Beaulieu-sur-Mer - ✆ 04 93 01 02 21 - www.ot-beaulieu-sur-mer.fr - juil.-août : tlj sf dim. apr.-midi 9h-12h15, 14h-18h, 14 Juil. et 15 août : 9h-12h ; reste de l'année tlj. sf. dim. - fermé j. fériés.*

Se loger

Le Sélect – *1 r. André-Cane et 1 pl. du Gén.-de-Gaulle - sortie Nice, prom. des Anglais - ✆ 04 93 01 05 42 – www.hotelselect-beaulieu.com - fermé 3ères sem. de déc. - 19 ch. 55/78 €.* Un bel immeuble ancien abrite cet hôtel aux couleurs provençales. Chambres rénovées, dotées de grands lits, de salles de bains bien équipées, de doubles vitrages et de la climatisation. L'été, petit-déjeuner servi sur la place située juste en face.

Se restaurer

Le Marco Polo – *Au port de plaisance - ✆ 04 93 01 06 50 - fermé en nov. et mar. - 25/45 €.* Une cuisine vouée à la Méditerranée, servie dans une salle à manger-véranda lumineuse ou sur la terrasse face au port de plaisance. Menu du jour à prix sage pour la région.

Sports & Loisirs

Bon à savoir – Petites plages de galets bien protégées des vents du Nord avec ensoleillement garanti de chaque côté de l'immense port de plaisance : plage de la baie des Fourmis et plage de la Petite Afrique au Nord.

Èze★★

2 509 ÉZASQUES
CARTE MICHELIN DÉPARTEMENTS 341 F5 – ALPES-MARITIMES (06)

Étrangement isolé sur un piton rocheux dominant la mer (429 m) et faisant corps avec lui, ce village forme un site extraordinaire. En dépit d'une solide forteresse médiévale, Èze n'a pas résisté au tourisme qui remplace dorénavant la culture de l'œillet et de la mandarine !

Se repérer – Entre Nice (11 km) et Monaco (7 km), vous y accéderez par la moyenne corniche *(voir Corniches de la Riviera)*.

Se garer – Deux parkings où on laisse la voiture avant de grimper. Celui de la place A.-Fighiera est gratuit, mais souvent complet… En saison, venir tôt le matin.

À ne pas manquer – Musarder dans le vieux village et profiter du point de vue superbe depuis le Jardin d'Èze sur la mer et les îles alentours.

Organiser son temps – 1h suffit pour flâner dans le vieil Èze. Quant au jardin, il se visite au rythme voulu.

Avec les enfants – Au choix, la visite guidée de la parfumerie Fragonard ou du musée de la Parfumerie et de la fabrique de savons Galimard *(voir l'encadré pratique)*.

Pour poursuivre la visite – Voir aussi Beaulieu-sur-Mer, Principauté de Monaco, Villefranche-sur-Mer, Cap Ferrat.

Le saviez-vous ?

Francis Blanche, connu pour son duo de choc avec Pierre Dac, notamment dans *Signé Furax*, possédait une maison à Èze. Il repose dans le cimetière.

Se promener

VIEUX VILLAGE★

Une double porte fortifiée du 14e s. avec mâchicoulis et chemin de ronde vous introduit d'emblée dans une ambiance de conte de fées où maisons et roches se confondent dans une même couleur de pierre ancienne. Les venelles étroites, couvertes de voûtes ou coupées d'escaliers, abritent des maisons bien restaurées, animées de feuillage et de fleurs quand ce ne sont pas de boutiques d'artisanat ou de souvenirs. De belles échappées lumineuses éclairent la montagne ou la mer.

D. Pazery / MICHELIN

Èze, un superbe balcon sur la mer : vue imprenable depuis le jardin exotique.

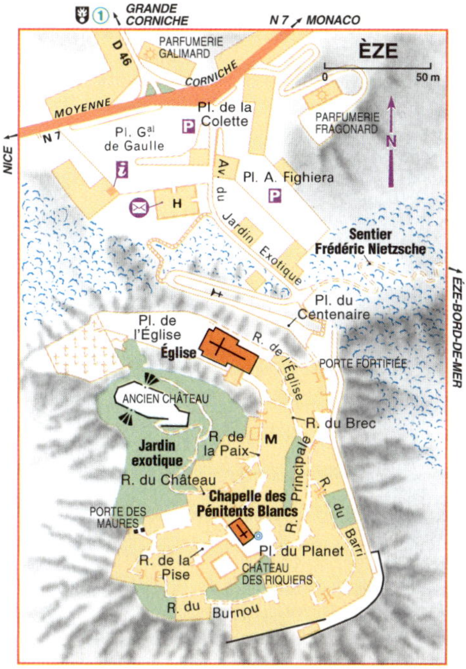

SE LOGER

Hôtel de l'Hermitage du Col d'Èze.................................. ①

Église

Pl. de l'Église - possibilité de visite guidée dans le cadre de la visite de la ville : se renseigner à l'office de tourisme.

Reconstruite au 18e s., elle présente une façade classique et un clocher carré à deux étages. L'intérieur, de style baroque, renferme une remarquable statue de l'Assomption (18e s.), attribuée à Muerto, et des fonts baptismaux armoriés.

Chapelle des Pénitents-Blancs

Carriera Plana - possibilité de visite guidée : se renseigner à l'office de tourisme.

D'un extérieur modeste avec ses panneaux émaillés, cet édifice du 14e s. est richement décoré. À l'intérieur, une *Crucifixion* attribuée à l'atelier de Ludovic Brea et un curieux crucifix catalan de 1258 à la tête droite et souriante. Ce crucifix est entouré d'un ciborium du 16e s en acajou et d'une *Madone des forêts* du 14e s., ainsi appelée car Jésus tient une pomme de pin dans sa main. Sur un pilastre de la tribune, crucifix en bois du 16e s.

Jardin d'Èze

R. du Château - ✆ 04 93 41 10 30 - www.eze-riviera.com - juil.-août. : 9h-20h ; sept.-juin : 9h-18h30 (hiver 17h30) (dernière entrée 30mn av. fermeture) - fermé 25 déc. - 6 € (-11 ans gratuit).

Il propose d'abord le plus beau **panorama★★★** qui soit, sur la mer, la Riviera et même la Corse, depuis sa terrasse couronnée des vestiges du château (table d'orientation). C'est aussi un éden luxuriant de **plantes succulentes** que vous découvrirez en parcourant un lacis d'allées d'où surgissent 15 sculptures de femmes de Jean-Philippe Richard. Miroirs d'eau, petite cascade et brumisateurs ajoutent un brin de fraîcheur. Piquez-y donc votre curiosité !

Èze pratique

Adresse utile

Office Municipal du tourisme d'Èze – *Pl. du Gén.-de-Gaulle - 06360 Èze - ✆ 04 93 41 26 00 - www.eze-riviera.com - avr.-oct. : 9h-19h ; nov.-mars : 9h-18h30, dim et j. fériés pdt vac. scol. 10h-13h, 14h-18h ; - fermé 25 déc.*

Visites

Visite guidée du village – *S'adresser à l'Office de tourisme - visite guidée (1h) - se renseigner pour les horaires - 6 €.*

Se loger

⊖⊖ Hôtel de l' Hermitage du Col d'Èze – *Grande Corniche - ✆ 04 93 41 00 68 - www.ermitage.com - P - 16 ch. 65/125 € - ☕ 8 € - restaurant pour résidents 22/45 €.* Cet hôtel posté à l'entrée du parc naturel départemental de la Grande Corniche jouit d'un point de vue agréable, d'un côté sur la mer, de l'autre sur les Alpes du Sud. Petites chambres entièrement rénovées, toutes équipées de TV, Internet et climatisées ; salle à manger d'esprit provençal. Jardin, terrasses et piscine à débordement.

Que rapporter

Parfumerie Fragonard – *Au village - ✆ 04 93 36 44 65 - www.fragonard.com - visite guidée tte l'année 8h30-18h30 ; de nov. à janv. : 8h30-12h, 14h-18h - gratuit.* Une visite guidée et gratuite de cette usine-laboratoire suspendue au dessus de la mer vous donnera un aperçu de l'univers de la parfumerie, de la savonnerie et des cosmétiques. Tous les produits dont vous aurez découvert les procédés de fabrication sont en vente sur place, à prix d'usine.

Parfumerie Galimard – *Pl. du Gén.-de-Gaulle - par la moyenne Corniche - ✆ 04 93 41 10 70 - www.galimard.com - 9h-18h30 - fermé 25 déc.* Cette maison fondée en 1747 propose des visites guidées et gratuites du musée de la Parfumerie et de la fabrique de savons. Parfums, produits cosmétiques, savons, etc. sont en vente (à prix d'usine) à la boutique attenante.

Sentier Friedrich-Nietzsche★

1h. Inspiré par Èze, Nietzsche y écrivit une partie du lyrique *Ainsi parlait Zarathoustra* et laissa son nom à ce sentier qui conduit, entre pins et oliviers, à la station d'**Èze-Bord-de-Mer** où se trouvent la gare et la plage.

Aux alentours

Astorama

À la sortie du col d'Èze. Voir Corniches de la Riviera, circuit 1.

La Turbie★

La Turbia

3 021 TURBIASQUES
CARTE MICHELIN DÉPARTEMENTS 341 F5 – ALPES-MARITIMES (06)

La Turbie est avant tout l'endroit où s'élève l'un des deux seuls trophées romains qu'ait conservés le monde moderne : un site archéologique majeur. Mais sa position sur la grande corniche, à 480 m d'altitude, en fait aussi un point de vue splendide et imprenable sur la côte, surtout le soir, quand s'illuminent Monaco et Monte-Carlo.

Se repérer – La Turbie est située au point culminant de la via Julia Augusta, qui conduisait de Gênes à Cimiez, à 450 m juste au-dessus de Monaco, sur le promontoire de la Tête de Chien. Le Trophée est visible de loin.

Se garer – Parking en contrebas du Trophée.

Organiser son temps – Accordez 2 à 3h selon la saison et la fréquentation à ce petit village.

Avec les enfants – Le Trophée des Alpes, impressionnant par ses dimensions exceptionnelles.

Pour poursuivre la visite – Voir aussi la Principauté de Monaco et Èze.

Info pratique

Adresse utile

Point d'information – *Pl. Detras - 06320 La Turbie - ✆ 04 93 41 21 15 - www.ville-la-turbie.fr.*

Comprendre

Un trophée pour Auguste – À la mort de César, la Gaule et l'Espagne sont romaines, mais les peuplades insoumises des Alpes contrarient la communication entre Rome et ses possessions transalpines. **Auguste** entreprend alors une série de campagnes (25-14 av. J.-C.), auxquelles il participe sans doute en personne, aidé de Drusus et Tibère. Il en résulte de nouvelles provinces, faisant la liaison entre l'Italie, la Gaule et la Germanie : parmi elles, les « Alpes maritimes », avec Cimiez pour capitale.
L'autre trophée romain qui subsiste encore aujourd'hui se trouve à Adamklissi (Roumanie), à 150 km de Bucarest.

Se promener

Départ avenue Charles-de-Gaulle.

À la **fontaine** de l'avenue Charles-de-Gaulle, construite au 19e s., aboutit l'aqueduc romain remis en service à la même époque. En bas, au sud-ouest de la **place Neuve**, belle **vue★** sur tout le littoral jusqu'aux Maures.

Rue Comte-de-Cessole

C'est l'ancienne **via Julia Augusta**, qui passe sous le portail de l'ouest, entre deux rangs de demeures médiévales. À droite, gravés sur une pierre d'angle de maison, les vers que Dante consacra à La Turbie. Une autre inscription précise que la ville figurait sur l'itinéraire d'Antonin : liste de villes-étapes (avec distances intermédiaires) sur les grandes routes de l'Empire romain.

Église Saint-Michel-Archange

Éclairage : 1re chapelle à droite en entrant. Bel exemple de baroque niçois : façade légèrement concave à deux étages, clocher à coupole en tuiles vernissées et plan ellipsoïdal. À l'**intérieur★**, la nef et les chapelles, voûtées en berceau sur de hauts pilastres, sont couvertes de fresques et de stucs. Table de communion (17e s.) en onyx et agate, maître-autel en marbre polychrome provenant de l'abbaye de Saint-Pons près de Nice, où il servit, sous la Révolution, au culte de la Raison. L'église est décorée de nombreux tableaux : dans la chapelle à gauche du chœur,

Pietà (école des Brea), *Saint Marc écrivant l'Évangile* (attribué à Véronèse) ; dans la 1re chapelle de droite, *Sainte Dévote* (attribué à Ribera) ; dans la 2e chapelle, *Marie Médiatrice* (école de Murillo), *Flagellation* à la manière de Rembrandt.

Revenir dans la rue de Cessole.

En haut de la montée, coup d'œil sur le trophée. Redescendre vers la **rue Droite** qui emprunte aussi le tracé de la via Julia vers l'Italie, avant de passer sous le portail est. Des **terrasses**, splendide **panorama★★★** sur la principauté de Monaco, la côte italienne, le cap Martin, Èze, le cap Ferrat, l'Esterel, les hauteurs de la corniche, le vallon du Laghet, le mont Agel.

Remonter vers l'avenue Charles-de-Gaulle.

Visiter

Trophée des Alpes★

✆ 04 93 41 20 84 - ♿ - de mi-mai à mi-sept. : tlj sf lun. 9h30-13h-14h30-18h30 (dernière entrée 30mn av. fermeture) ; de mi-sept. à mi-mai : tlj sf lun. 10h-13h30, 14h30-17h - fermé 1er janv., 1er Mai, 1er et 11 Nov., 25 déc. - 5 € (-18 ans gratuit, 19-25 ans 3,50 €).

Vénéré pendant l'Antiquité, puis mutilé et dépouillé de son décor, il fut converti en ouvrage fortifié à l'époque féodale, d'où une relative conservation. Louis XIV le fit miner, sans parvenir à une totale destruction. Exploité ensuite comme carrière, notamment pour l'église de la Turbie, il n'était plus qu'une tour ruinée entourée de décombres, avant la restauration menée de 1929 à 1933 par l'architecte Jules Formigé et financée par le mécène américain Edward Tuck.

Monument – Une grande partie de la ruine a été laissée intacte ; les arcatures aveugles au sommet datent du Moyen Âge. Construit surtout en belle pierre blanche de la Turbie, le trophée mesurait 50 m de haut (35 m aujourd'hui) et 38 m de long. Des escaliers accèdent à tous les niveaux. Le soubassement carré portait un petit étage en retrait, puis une colonnade dorique circulaire, avec des niches abritant les statues des généraux ayant pris part aux campagnes. Une face du soubassement portait une immense dédicace à Auguste et l'énumération des 44 peuples soumis. Elle a été reconstituée grâce à une citation de Pline. C'est la plus longue inscription lapidaire connue de l'Antiquité romaine. Une coupole conique à degrés servait de piédestal à une colossale statue d'Auguste, peut-être flanquée de deux captifs.

Musée – Plans, dessins, photos, film retracent l'histoire du trophée et de sa restauration (maquette). Également des bornes milliaires, inscriptions, fragments du Trophée, moulages, documents sur les autres monuments romains en Europe.

E. Baret / MICHELIN

L'impressionnant Trophée des Alpes.

Principauté de Monaco★★★

32 020 HABITANTS
CARTE MICHELIN DÉPARTEMENTS 341 F5

Décor d'opérette sur le Rocher, palaces et casinos rococo, paradis du jeu, architecture californienne ou « bonsaï » sur la côte est, ville de parade et ville policée, une famille princière telle qu'on l'aime… Monaco, c'est tout cela à la fois, mais c'est aussi de superbes jardins, un Musée océanographique remarquable et des hôtels… abordables.

Se repérer – L'État souverain sur ses 2 km² comprend : Monaco-Ville (« le Rocher », vieille ville) et Monte-Carlo (ville créée en 1860) réunis par la Condamine (le port), Fontvieille à l'ouest (l'industrie en site propre et quartier résidentiel) et le Larvotto à l'est (la plage). Visitez la ville à pied ou en bus… car y circuler en voiture relève de l'exploit, du moins si vous n'êtes pas pilote de formule 1 *(voir la rubrique « Transports » dans l'encadré pratique).*

À ne pas manquer – Les grands appartements du Palais princier ; le musée océanographique ; les jardins exotique et japonais. Les randonneurs emprunteront le sentier touristique du cap Martin pour apprécier un paysage rayonnant, vu différemment depuis la terrasse du Casino. Les remparts de la vieille ville vous offriront un autre visage de la principauté.

Organiser son temps – Pour profiter du Rocher sans vous presser, votre visite mérite au minimum deux jours. Attention, le mois de novembre et particulièrement le 19, jour de fête nationale, vous risquez de trouver portes closes un peu partout. Préférez le printemps et l'été pour en faire le tour.

Avec les enfants – La collection de voitures anciennes, le Musée océanographique et le Musée national ; l'Aquavision *(voir l'encadré pratique).*

Pour poursuivre la visite – Voir aussi les Corniches de la Riviera, entre Nice et Menton.

Comprendre

Les Grimaldi – Le site de Monaco a été habité dès les temps préhistoriques. Il fut fondation phénicienne, phocéenne puis romaine, mais c'est avec la dynastie des Grimaldi que Monaco prend sa véritable place dans l'histoire. Cette famille compte de nombreuses branches : à Antibes, à Cagnes et à Beuil, à Gênes et à Naples. En 1330, 96 chefs de famille mâles sont dénombrés. Dans le cadre de la lutte des Guelfes contre les Gibelins, **François Grimaldi**, expulsé de Gênes, s'empara de Monaco en 1297, déguisé en moine ainsi que ses hommes (d'où son surnom de « la Malice » et les deux moines armés qui figurent sur le blason des Grimaldi), mais il ne put s'y maintenir. Le véritable fondateur de la dynastie des Grimaldi est **Charles dit 1er** (1331-1357) qui s'installa à Monaco en 1331. Depuis le décès de Rainier III (1923-2005), son fils, Albert II, règne sur la Principauté.
L'histoire de la dynastie fut agitée. Au 16e s., Jean II est tué par son frère Lucien ; celui-ci est à son tour assassiné par son neveu Barthélemy Doria. En 1604, le corps d'Hercule Ier est jeté à la mer par ses sujets. Monaco passe de main en main : sous protectorat (devenu occupation) espagnol (1524-1641), sous protection française (1641-1793) ; après annexion à la France (1793-1814), Monaco passe sous protectorat de la Sardaigne (1815-1861), avant de revenir sous protection de la France. Menton et Roquebrune, qui appartenaient en propre aux Grimaldi, ont été cédés par traité à la France en 1861, sous Napoléon III.

La naissance de Monte-Carlo – En 1856, afin de se créer des ressources, le prince de Monaco **Charles III** autorise l'ouverture d'une maison de jeux. Celle-ci s'installe chichement sur le rocher de Monaco, modeste et unique ville de la Principauté. En 1862, une autre bâtisse est élevée sur l'ancien plateau des Spélugues ou Monte-Carlo : elle est isolée, nul ne voulant acheter aux alentours un terrain avec obligation de construire. Mais tout va changer quand **François Blanc**, le directeur du casino de Bad

Homburg (ville d'eaux de la Hesse) en devient concessionnaire. Grâce à ses talents et à ses capitaux, il réussit là où ses prédécesseurs avaient échoué : en quelques années, le succès s'installe et le plateau se couvre de constructions somptueuses ; la fameuse **société des Bains de Mer** (SBM), animée par François Blanc, en est en grande partie propriétaire. Toute l'aristocratie d'Europe en villégiature défile dans les palaces, le casino et l'opéra de Monte-Carlo.
En 1933 avec l'autorisation donnée en France et en l'Italie d'ouvrir des casinos, Monaco perd son monopole et de nombreux clients… mais, rassurez-vous, la principauté trouve très vite d'autres moyens d'en gagner.

Une économie florissante – Attirant sur son sol le tourisme par ses manifestations sportives ou culturelles, et des sociétés étrangères en quête de privilèges fiscaux, Monaco n'a cessé de se construire… jusqu'à occuper tout l'espace disponible. Qu'à cela ne tienne ! On décida de remblayer la mer : près de 25 % du territoire actuel ont été ainsi gagnés. Le **tourisme** reste la grande activité de la Principauté. Sans négliger la clientèle traditionnelle, il s'oriente résolument vers le tourisme d'affaires et de congrès, dont Monaco souhaite augmenter manifestement la part à l'horizon 2008 afin d'optimiser l'occupation de son centre de congrès (le Grimaldi Forum), ainsi que les développements considérables de ces dernières années (hôtels entièrement rénovés et ouvertures de nouveaux établissements augmentant la capacité actuelle de près de 34 %). La Principauté est également un bassin d'emploi de 42 000 salariés pour Monaco et les communes françaises voisines (industries de transformation, secteur tertiaire, commerce, surtout à Fontvieille).

Un urbanisme révolutionnaire – L'exiguïté du territoire monégasque (150 ha sur 3 km de long) se prêtait mal à l'explosion économique du milieu des années 1960, qu'accompagnèrent les premiers grands projets d'urbanisme.
Une première période, jusqu'à la fin des années 1970, privilégia la **construction verticale** de surface. Ainsi, une dizaine d'immeubles de grande hauteur (IGH), supérieurs à 30 étages, ont vu le jour et ont consacré le paysage « américain », traduction architecturale du développement économique monégasque.
Depuis les années 1980, une nouvelle conception se développe pour satisfaire l'extension des besoins résidentiels et de services : il semble que l'avenir immobilier de la ville se situe… dans ses **sous-sols** ! Les nouveaux accès routiers directs sont désormais reliés au réseau français par de profonds tunnels. Les communications entre chaque quartier sont facilitées par des batteries d'ascenseurs automatiques ou d'escalators. Les façades de certains fastueux hôtels de Monte-Carlo dissimulent des rampes d'accès à de vastes parkings publics s'enfonçant dans le roc.
À **Fontvieille**, une véritable presqu'île de 22 ha a été gagnée sur l'élément marin en dix ans pour y aménager des zones résidentielles et récréatives (parc paysager, musées, centres commerciaux). Le **stade Louis-II**, dans le nouveau complexe sportif de Fontvieille, a été conçu par H. Pottier selon des normes parasismiques. Ses lignes sont audacieuses.

Le saviez-vous ?

Du latin, du pré-celtique ou du grec, le sens de « Monaco » varie entre mont ou moine (allusion à la prise de Monaco en 1297). On retiendra celui de « Monoikos », associé au 1er s. av. J.-C. au port d'Hercule (vénéré des Grecs), qui signifie « à Hercule unique ». Les temps ont bien changé depuis !
Sainte Dévote, la patronne de Monaco est célébrée le 27 janvier. Le 26 au soir a lieu l'embrasement d'une barque en souvenir de celle qui recueillit le corps mutilé d'une jeune fille appelée « Devota » en l'an 304 selon la légende. Guidée par une colombe, la barque aurait conduit la sainte depuis la Corse jusqu'à Monaco.
Sur les 32 020 habitants, seuls 7 200 sujets monégasques et quelques résidents étrangers sont dispensés d'impôts directs.
Vouée aux fastes princiers, la ville vit, cependant, naître en 1917 un fameux rebelle, le chanteur **Léo Ferré**, dont le père était employé au casino.

À l'aube du 21e s. a été construit un immense palais de congrès et d'expositions, le **Grimaldi Forum**, encastré le long du rivage du Larvotto. D'autres projets à plus long terme mettront en œuvre des techniques encore plus audacieuses et novatrices (offshore), telle la création de lagons artificiels en vue de bâtir des quartiers au-dessus des hauts-fonds marins de la Principauté.

Se promener

LE ROCHER DE MONACO★★

Compter 3h. Laisser la voiture dans l'immense parking des Pêcheurs creusé dans le rocher et prendre l'ascenseur.

Le promontoire, couronné des **remparts** de la vieille ville et surplombant la mer, invite d'emblée à faire son ascension. Là, un véritable décor de théâtre vous accueille, avec de jolies maisons pimpantes des 16e-18e s., fraîchement colorées d'un même rose-saumon, serrées dans un lacis de ruelles engageantes. Vous êtes au cœur de la Principauté, là où se trouvent les principales attractions : le Musée océanographique *(voir « Découvrir »)* et la chapelle de la Visitation *(voir « Visiter »)*, la cathédrale et le palais. Et, afin de jouer le jeu de la Principauté jusqu'au bout, vous ne manquerez pas la relève de la garde !

Le berceau du sport automobile

Dès 1898, les premières voitures sans chevaux défilent dans des concours d'élégance. Créé en 1911, le prestigieux **Rallye de Monte-Carlo** est devenu le championnat du monde de grand tourisme. Depuis 1929, le Grand Prix de Monaco est l'une des épreuves les plus célèbres du championnat du monde de Formule 1 avec sa spectaculaire « course dans la cité ».

Monte Carlo Story

Sur les terrasses du parking, à proximité du Musée océanographique - ☎ 00 377 93 25 32 33 - ♿ - juil.-août : 10h-11h, 14h-18h ; reste de l'année : 10h-11h, 14h-17h - fermé 1er -24 déc. - 7 € (enf. 3,50 €).

Historique *(30mn)* sur écran géant de la dynastie des Grimaldi et évolution de la Principauté jusqu'à l'avènement et l'intronisation du Prince Albert II.

Terrasse du Musée océanographique

Arrêtez-vous au deuxième niveau. La **vue★★** s'étend de l'Esterel à la Riviera italienne. Dominant les constructions modernes de la Principauté, on reconnaît la Tête de Chien et derrière, le mont Agel, avec ses antennes de télédiffusion.

Suivre l'avenue Saint-Martin sur la gauche, en direction de la cathédrale.

Jardins Saint-Martin★ B/C2-3

La végétation méditerranéenne sème ses effluves à travers des allées ombragées, offrant de belles échappées sur la mer. On y rencontre la statue en bronze d'Albert Ier (par François Cogné, 1951).

Cathédrale B2

Édifiée de 1875 à 1911, dans un style roman-byzantin alors en vogue, elle vaut surtout pour son bel ensemble de **primitifs niçois★★**. Remarquez trois retables des Brea : le **retable de Saint-Nicolas**, par Louis Brea, comprend 18 compartiments, aux couleurs rutilantes, qui entourent saint Nicolas sur son trône épiscopal. Les personnages sont, pour la plupart, nommés : en bas à gauche, sainte Dévote, patronne de Monaco ; à droite, l'admirable sainte Madeleine ; en haut à droite, sainte Anne portant curieusement la Vierge enfant et Jésus. Sur le retable dit **Pietà du curé Teste** (du nom du donateur, 1505), par Louis Brea, se distingue le paysage de Monaco. Enfin, vous regarderez le retable des Pénitents Blancs par François Brea (1530).
Trois autres panneaux de l'école ligure du 16e s. retiennent l'attention dans le déambulatoire : saint Roch, saint Antoine et le Rosaire.
Le maître-autel est en marbre blanc incrusté de mosaïques et de cuivre. Dans la chapelle, bel autel de style Renaissance espagnole (1662).

Par la rue Comte-Félix-Gastaldi (remarquer les portails Renaissance), gagner la rue Princesse-Marie-de-Lorraine.

SE LOGER

Hôtel Alexandra.. 1
Hôtel de France.. 4
Hôtel Miramar.. 7

SE RESTAURER

Castelroc... 1
Costa à la Crémaillère.................................. 4
La Maison du Caviar..................................... 7
Le Bistroquet... 10
Loga.. 13
Polpetta.. 16

INDEX DES RUES

MOYENNNE CORNICHE A 8, N98 1
7 13 MENTON
MUSÉE NATIONAL 10
Jardin japonais
B
C
1
2
3
Av. de Villaine
16
Av. de Roqueville
4
Bd Princesse-Charlotte
R. Bel Respiro
RADIO MONTE-CARLO
MONTE-CARLO
Av. de la Costa
Av. de la Madone
Av. Pcesse Alice
Casino
SUN CASINO
COMPLEXE DES SPÉLUGUES
CENTRE DE RENCONTRES INTERNATIONALES
ASCENSEUR
THERMES
CENTRE DE CONGRÈS AUDITORIUM
GARE SOUTERRAINE
Bd de Suisse
Av. de la
Av. d'Ostende
Bd Louis II
Exotique
Ste-Dévote
ASCENSEUR
Pl. Ste-Dévote
ASCENSEUR
Av. J.-F. Kennedy
Q. des États-Unis
Bd Grimaldi
Bd Albert 1er
PORT
Secteur en travaux
R. L. Notari
POL.
R. Suffren-Reymond
R. de la Turbie
LA CONDAMINE
Rue
R. Pcesse Caroline
ASCENSEUR
POLICE MARITIME
Q. Antoine 1er
Av. de la Quarantaine
FORT ANTOINE
TUNNEL
Pl. d'Armes
T
Av. du
Av. de la Porte Neuve
Martin
Rampe Major
Av. de
MONACO
POL.
PALAIS PRINCIER
Chapelle de la Miséricorde
Chapelle de la Visitation
15
ASCENSEUR (DU CHEMIN DES PÊCHEURS)
Jardin animalier
TUNNEL
PLACE DU PALAIS
3
10
H
Ville
Vieille
7
J
Cathédrale
MUSÉE OCÉANOGRAPHIQUE
Musée des Timbres et des Monnaies
Promenade Ste-Barbe
ANSE DE LA GRUE
JARDINS ST-MARTIN
Pte ST-MARTIN
Av. St-Martin
PORT DE FONTVIEILLE
Quai des Sanbarbani
Av. des Papalins
Pl. du Campanin
POL.
ROSERAIE PRINCESSE GRACE
Parc paysager
FONTVIEILLE
CHAPITEAU
HÉLIPORT
Av. des Ligures
MONACO MONTE-CARLO
N
0
200 m

Chapelle de la Miséricorde B2
Édifiée de 1639 à 1646 par la confrérie des Pénitents Noirs dans le style baroque. Remarquez l'autel de marbre polychrome et Vierge (18e s.), les statues de saint Honoré et de sainte Dévote. Son beau **Christ gisant** *(niche de droite)*, du Monégasque Bosio, est porté solennellement le Vendredi saint dans les rues de la vieille ville.

En sortant, prendre à droite la rue Basse.

Place du Palais★ B2
Sur le côté sud-ouest de la place, la **promenade Sainte-Barbe** donne sur le cap d'Ail. La place est protégée par les canons et boulets des 17e-18e s. et, au nord-est, par un parapet crénelé d'où la **vue** s'étend sur le port et la Condamine, qui paraît bien basse, le plateau de Monte-Carlo et la pointe de Bordighera en Italie.

Ne manquez pas le spectacle de la **relève de la garde**, vêtue de noir en hiver et de blanc en été, réglée comme du papier à musique *(tlj 11h55 précises)*.

Palais princier★ B2
00 377 93 25 18 31 - www.palais.mc - visite audio-guidée (30mn) mai-sept. : 9h30-18h30 ; oct. : 10h-17h30 ; avr. : 10h30-18h (dernière entrée 30mn av. fermeture) - fermé reste de l'année - 7 € (8-14 ans 3,50 €) - billet combiné avec le musée des souvenirs napoléoniens : 9 € (8-14 ans 4,50 €).
Construit sur l'ancienne forteresse génoise du 13e s. soudée au rocher à pic, ce somptueux palais, précédé d'un portail aux armes des Grimaldi, date des 16e-17e s. De la galerie d'Hercule, entièrement décorée de fresques anciennes, on admire la très belle **cour d'honneur** ornée de 3 millions de galets ; le marbre blanc habille l'escalier à double révolution. La galerie des Glaces mène aux Grands Appartements, meublés précieusement, au salon Bleu et à la salle du Trône au plafond peint attribué à Orazio Ferrari (17e s.), où ont lieu les réceptions officielles. Au passage, d'intéressants portraits signés Rigaud, Champaigne, J.-B. Van Loo.

Rampe Major B2
Passer sous la voûte, à droite du palais. Sous de vieilles portes datant des 16e, 17e et 18e s., elle descend vers la **place d'Armes** de la Condamine, où se tient un marché tous les matins. Belle vue sur le port et la Tête de Chien.

En bas de la rampe, prendre à droite l'avenue du Port qui conduit au quartier de La Condamine.

LA CONDAMINE
Compter 30mn.
Ce terme désignait, au Moyen Âge, les terres du seigneur cultivées à son profit exclusif au pied d'un village ou d'un château. C'est maintenant le **quartier commerçant** entre le rocher de Monaco et Monte-Carlo.

Port B2
Après les vaisseaux phéniciens, massaliotes, romains et génois, les yachts les plus luxueux s'amarrent dans l'ancienne baie d'Hercule, aménagée en port par le prince Albert Ier. Des **promenades en mer** en catamaran avec vision sous-marine sont organisées en saison, au départ du quai des États-Unis *(voir l'encadré pratique)*. On doit au prince Rainier III la piscine olympique, face à la mer.

Le vallon qui sépare la Condamine de Monte-Carlo abrite, sous un viaduc, l'église Sainte-Dévote.

Pour y accéder, longer le quai puis emprunter le passage souterrain.

Église Sainte-Dévote B1
Elle remplace depuis 1870 une très ancienne chapelle dédiée à sainte Dévote, construite sur le lieu de sa sépulture. À l'intérieur, bel autel de marbre, tableaux du 18e s. et la châsse des saintes reliques. Récemment, **Claude Gautier**, peintre monégasque a fait don de deux tableaux sur le martyre de sainte Dévote.

En sortant de l'église, tourner à droite. Remonter la rue Grimaldi très commerçante (faites un détour par la rue piétonne Princesse-Caroline bordée de boutiques) jusqu'à la place d'Armes.

MONTE-CARLO★★★

Compter 1h30.

Ce nom, célèbre dans le monde entier, évoque le jeu, les caprices de la fortune, le rallye automobile, et aussi un cadre majestueux avec ses palaces, ses casinos, ses riches villas, ses magasins luxueux, ses terrasses fleuries. Mais sachez qu'on y trouve également le Musée national *(voir « Visiter »)* et le Jardin japonais *(voir « Faune et flore dans la Principauté »).*

Casino C1

Le casino *(voir l'encadré pratique)* comprend plusieurs corps de bâtiments. **Charles Garnier** a construit en 1878 la façade côté mer et le théâtre-opéra, situé à l'intérieur, en face du vaste hall central, scène des fameux **Ballets russes**. Cette compagnie fut fondée en 1909 à Saint-Pétersbourg par **Diaghilev** qui, après 1917, l'installa à Monte-Carlo. Elle prit son essor grâce à **Nijinski**. Elle devint alors le carrefour de l'avant-garde, attirant les plus grands chorégraphes, danseurs, peintres et musiciens. Les Ballets russes de Monte-Carlo continuèrent sous l'égide d'autres directeurs et artistes illustres, comme le marquis de Cuevas, jusqu'en 1962.

Avant de faire ou défaire votre fortune, vous pourrez admirer, dans le hall, la belle fresque *La Cueillette des olives* (Jundt) et, dans les salles de jeux sur la gauche, la somptueuse décoration fin 19e-début 20e s. réalisée par les artistes alors en vogue. Tout d'abord, les salles publiques : salon de style Renaissance, grand salon de l'Europe, salle des Amériques, salon des Grâces. Puis les salles du Cercle privé : les deux salles Touzet et la vaste et riche salle François-Médecin.

La **terrasse★★** du casino mérite votre visite : magnifique oasis de palmiers, elle domine la mer. La vue est divine, de Monaco à Bordighera. Les jardins, ornés d'une œuvre de Vasarely en lave émaillée, *Hexa Grace,* sont installés sur les toitures du complexe immobilier des **Spélugues**.

S. Sauvignier / MICHELIN

Monaco vu depuis la Grande Corniche.

À l'est de la Principauté, les installations luxueuses du **Larvotto**, gagnées sur la mer, présentent leurs **plages artificielles** de gravier, leurs piscines, leurs palaces et leurs complexes balnéaires ultra-modernes (Monte-Carlo Sporting Club) et, depuis juillet 2000, le translucide **Grimaldi Forum**, élevé par Fabrice Notari et Frédéric Genin. Plus anciennes, celles de Monte-Carlo Beach, au-delà de la frontière, reliées aux Spélugues par l'avenue Princesse-Grace et ses jardins.

D. Pazery / MICHELIN

Façade de l'hôtel de l'Hermitage, à Monte-Carlo.

Visiter

Musée des Souvenirs napoléoniens et Collection des Archives historiques du Palais★ B2

Pl. du Palais - ☏ 00 377 93 25 18 31 - www.palais.mc - visite audio-guidée (30mn) mai-sept. : 9h30-18h30 ; oct. : 10h-17h30 ; déc. : 10h30-17h ; janv.-mars : tlj sf lun. 10h30-12h30, 14h-17h ; avr. : 10h30-18h (dernière entrée 30mn av. fermeture) - fermé nov., 1er janv. et 25 déc. - 4 € (8-14 ans 2 €).

Installé dans une aile du palais, ce musée passionnera les admirateurs de l'empereur, dont la famille florentine est apparentée à celle des princes de Monaco. On y découvre notamment ses objets personnels : lorgnettes, montre, tabatière, écharpe tricolore, chapeau du « petit caporal », vêtements du roi de Rome, etc. Parmi les sculptures : des bustes de Napoléon par Canova et par Houdon ; buste de Joséphine par Bosio. Portrait de Napoléon par Gérard. L'histoire de Monaco est retracée par des documents originaux tirés des archives du Palais.

Musée national : Automates et Poupées d'autrefois★ C1

À Monte-Carlo - ☏ 00 377 98 980 91 26 - 10h-18h - fermé 1er janv., 1er Mai, 19 nov., 25 déc. - 6 € (enf. 3,50 €).

Au-delà du jardin et de la roseraie, apparaît, face à la mer, une villa due à **Charles Garnier**. À l'intérieur vous verrez la collection de poupées de Madame de Galéa (seconde moitié du 19e s.) et d'automates. Les scènes de la vie quotidienne des élégantes poupées sont recréées : la cuisine, l'heure du thé, le rendez-vous, la plage, le grand magasin, la coiffeuse… Les automates, en fonction plusieurs fois par jour, sont présentés de façon amusante et instructive. Enfin, une belle série de santons napolitains complète cet ensemble.

Collection des voitures anciennes★ A2

À Fontvieille - ☏ 00 377 92 05 28 56 - www.palais.mc - ♿ - 10h-18h - fermé 25 déc. - 6 € (8-14 ans 3 €).

Dans un somptueux hall d'exposition, une centaine de véhicules hippomobiles et de voitures de la collection princière sont présentés sur 5 niveaux. Le premier est réservé aux calèches du prince Charles III. Ensuite, on remarque la De Dion Bouton (1903), première voiture acquise par le prince Albert Ier, et de prestigieux modèles : Lincoln Torpedo décapotable (1928), Packard cabriolet (1935) et Buick Skylark (1966). La Rolls-Royce Silver Cloud offerte par les commerçants monégasques au prince Rainier pour son mariage en 1956, et le taxi londonien Austin 1952, aménagé pour la princesse Grace, apportent une touche personnelle à cette collection. L'histoire de l'automobile est retracée par les véhicules à chenillettes Citroën de la Croisière jaune, de belles tractions avant, une Trabant et une Lamborghini 1986 aux lignes futuristes. Dans le salon d'honneur dédié à la Formule 1 trône la Bugatti 1929 (victorieuse au 1er Grand Prix) et une Ferrari F1 1989 développant 600 CV.

Musée naval A2

Terrasse du centre commercial de Fontvieille - ✆ 00 377 92 05 28 48 - www.musee-naval.mc - ♿ - 10h-18h - fermé 1er janv. et 25 déc. - 4 € (enf. 2,50 €).

Il est constitué de plus de deux cents pièces, les plus remarquables de la collection princière, de maquettes navales depuis l'Antiquité jusqu'à l'époque moderne. Les plus anciennes ont été construites par le prince Albert Ier en 1874. On admirera la **Gondole impériale** réalisée en quinze jours pour l'inspection de Napoléon Ier à Anvers, le cuirassé *Missouri*, les navires d'exploration des commandants Charcot et Cousteau, et, bien sûr, le *Titanic* !

Musée des Timbres et des Monnaies B2

11 terrasse de Fontvieille - ✆ 00 377 98 98 41 50 - ♿ - juil.-sept. : 9h30-18h ; oct.-juin : 9h30-17h - 3 € (12-18 ans 1,50 €).

Dans un cadre très moderne, il présente une intéressante rétrospective des collections princières. Le premier timbre à l'effigie d'un souverain monégasque a été émis en 1885 sous le règne de Charles III. Auparavant, l'affranchissement du courrier s'effectuait avec des timbres sardes. À partir du Second Empire (1860), ils sont surchargés de la mention « Monaco ». Pendant un demi-siècle, ils furent imprimés avec une rotative en taille-douce. La salle des timbres rares enchantera les philatélistes.

Musée de la chapelle de la Visitation C2

Pl. de la Visitation - ✆ 00 377 93 50 07 00 - ♿ possibilité de visite guidée (15mn)- tlj sf lun. 10h-16h - fermé 1er janv., 1er Mai, w.-end. de l'Ascension, 19 nov., 25 déc. et les 4 j. du Grand Prix automobile de Monaco - 3 € (enf. 1,50 €).

Cette chapelle baroque abrite la riche collection d'**art sacré du 17e s.** de Barbara Piasecka-Johnson. Dès l'entrée, un ensemble d'apôtres vous accueille, magnifiquement peint en grisaille par un anonyme de l'école espagnole ; plus hommes que saints, ils sont habillés de drapés tourmentés, comme leur visage qui implore le ciel sombrement nuageux. Plus juvénile, voire primesautier, le saint Sébastien de **Zurbarán**, est néanmoins accablé par des flèches qui le font tourner de l'œil. Les superbes gaillards que sont saint Pierre et saint Paul vous narguent du haut de leur ciel, enveloppés des belles couleurs de **Rubens**. Cantarini nous dépeint une Madone tout à son enfant, accoudée, dans une attitude très humaine. **Ribera** accentue la souffrance de saint Barthélemy en le traitant dans ce puissant clair-obscur qui a fait la gloire de ce disciple du Caravage.

Faune et flore dans la Principauté

Musée océanographique★★ C2

Av. Saint-Martin - Monaco - ✆ 00 377 93 15 36 00 - www.oceano.mc - ♿ - juil.-août : 9h30-19h30 ; avr.-juin et sept. : 9h30-19h ; oct.-mars : 10h-18h - 12,50 € (6-18 ans 6 €).

Dans un site exceptionnel, ce majestueux édifice forme sur le rocher une falaise en pierre de taille dominant la mer de 85 m. Également institut de recherches scientifiques, le musée a été fondé en 1910 par le prince Albert Ier pour y abriter les collections scientifiques de ses campagnes menées depuis 1885. Le commandant **Jacques-Yves Cousteau** (1910-1997) en fut le directeur de 1957 à 1988. À bord de la *Calypso*, équipé de soucoupes plongeantes, ou vêtu de son scaphandre autonome, il pouvait mener ses recherches tout en réalisant les films qui ont consacré sa notoriété : *Le Monde du silence* et *Le Monde sans soleil (projetés parfois dans la salle de cinéma du musée)*. Il milita activement pour la protection des mers et de l'environnement, et fut membre de l'Académie française.

L'**aquarium★★** au sous-sol est l'un des plus remarquables avec ses 6 000 locataires (350 espèces de poissons) présentés en deux zones, « tropicale » et « méditerranéenne ». Les plus bariolés et les plus insolites vous transporteront vers

les mers chaudes des tropiques, dont on a ici reproduit fidèlement le biotope (90 bassins). Les acteurs nous invitent à un ballet en technicolor : clown orange, murène étoilée, mérou à pois, arlequin jaune et bleu, requin léopard nous dévisagent. Très poétique, le poisson-vache ; si fragile et si gracieux, l'hippocampe majestueux ; le napoléon, as du camouflage ; le mortel poisson-pierre, sans oublier l'inquiétant poisson-chirurgien, ni l'étonnant apogon des îles Banggai. 25 000 l sont nécessaires au requin-nourrice pour qu'il ait de bonnes relations de voisinage avec les grandes tortues vertes et les tortues à écailles. Enfin, inaugurée en décembre 2000, l'impressionnant **lagon aux requins**, immense aquarium de 400 m^3 d'eau présentant une barrière de corail et, derrière une vitre de 9 m sur 6 m, de grands prédateurs des fonds marins : requins, raies et poissons Napoléon.
Le musée proprement dit possède des collections de faune marine, d'animaux naturalisés et d'impressionnants squelettes de mammifères marins : orque, cachalot, lamantin, narval et une baleine de 20 m, échouée sur le rivage italien. Les salles de l'étage ont été restituées selon leur architecture originelle, avec leurs passerelles de métal évoquant un décor de Jules Verne. La **salle océanographie physique★** évoque les campagnes scientifiques du prince Albert Ier avec, notamment, le laboratoire reconstitué de son dernier bateau, l'*Hirondelle II*, et la baleinière qui lui permit de chasser des cétacés et de récupérer dans leur estomac des animaux de grandes profondeurs. À bord de la *Princesse Alice II,* il rapporta des poissons d'une profondeur record de -6 000 m et atteignit, lors d'expéditions au Spitzberg, les 80° de latitude nord.
En outre, le musée propose de grandes expositions thématiques.
La **terrasse** abrite un restaurant offrant une vue jusqu'à la Riviera italienne.

Musée Océanographique, Monaco

Le lagon aux requins au Musée océanographique.

Jardin exotique★★ A2

62 bd du Jardin-Exotique - ✆ 00 377 93 15 29 80 - www.jardin-exotique.mc - de mi-mai à mi-sept. : 9h-19h ; reste de l'année : 9h-18h - fermé 19 nov. et 25 déc. - 6,90 € (enf. 3,60 €) billet combiné avec la grotte de l'Observatoire et le musée d'Anthropologie préhistorique.
Dépaysement garanti dans cette insolite collection de cactées qui apprécient – certaines depuis plus de cent ans – le microclimat exceptionnel de ce jardin suspendu le long d'une falaise rocheuse. Depuis les allées, **panorama★** grandiose sur la principauté, le cap Martin et la Riviera italienne. Les couleurs du Mexique et de l'Afrique australe éclatent à travers les 900 variétés de la flore semi-désertique :

cactus et autres plantes « succulentes » telles que les espèces arborescentes : euphorbes en forme de candélabres, aloès géants, « coussins de belle-mère » ou figuiers de Barbarie.

Grotte de l'Observatoire★ – *Visite guidée 30mn, toutes les heures.* Elle est creusée dans le calcaire de la Tête de Chien. En bas des 279 marches, une magnifique forêt de stalactites, stalagmites et concrétions délicates pare des salles superposées sur 40 m. Dans la salle d'entrée, des fouilles ont révélé la présence de l'homme (outillage), il y a environ 200 000 ans, et livré des ossements d'animaux préhistoriques : ces objets sont exposés à côté, dans le musée d'Anthropologie préhistorique.

Musée d'Anthropologie préhistorique★ – *Accès par le Jardin exotique.* Par sa richesse, sa diversité et une présentation particulièrement soignée, ce musée intéressera même les profanes. Les collections régionales permettent de constater que la Côte d'Azur a été fréquentée, selon les variations climatiques, par le renne, le renard polaire, l'ours des cavernes, aussi bien que par l'hippopotame ou l'éléphant. Batterie impressionnante de squelettes d'*Homo sapiens* : négroïdes de Grimaldi, Grand Cro-Magnon, et leur sépulture collective. La salle Albert Ier présente une rétrospective des principaux jalons de l'évolution de l'humanité.

Jardin japonais★ C1

Accès par le bd Louis-II - Av. Princesse-Grace - de 9h au coucher du soleil - gratuit.
Réalisation, par l'architecte paysagiste nippon **Yasuo Beppu**, d'un vœu de la princesse Grace. Ce jardin est une oasis de verdure et de calme, apportant une touche spirituelle dans le luxueux **quartier du Larvotto**, à deux pas du casino. Tout est symbole dans cet espace de 7 000 m² régi par des principes shintoïstes. Véritable bonsaï du monde, chaque élément s'y retrouve, mais à une échelle miniaturisée. Moins exotique, la provenance, française, des minéraux (granit, porphyre, galets). Le **pont cintré** rouge (couleur du bonheur) illustre le passage vers les dieux, représentés par les îles centrales : celle ornée de deux pins présente la forme d'une tortue, symbole de longévité ; la petite, tout en hauteur, plantée d'un seul pin, représente une grue qui nidifie, autre symbole de longévité. À proximité de la maison de thé, le **jardin zen** invite à la méditation avec son paysage délimité par sept pierres du cap Corse, dans une mer de gravier ratissé en ellipse, symbole du mouvement perpétuel de l'univers.

Jardin animalier B2

Terrasse de Fontvieille - ✆ 00 377 93 50 40 30 - juin-sept. : 9h-12h, 14h-19h ; mars-mai : 10h-12h, 14h-18h ; oct.-fév. : 10h-12h, 14h-17h - 4 € (8-14 ans 2 €).
Perroquets et perruches à l'insurpassable vert font l'animation de ce superbe enclos fleuri, par ailleurs habité de macaques, pythons et autres jaguars… qui savourent, depuis leur terrasse accrochée au Rocher, leur belle vue sur le port de Fontvieille.

Parc paysager B3

Laisser la voiture dans le parking situé sous le stade Louis-II. Un magnifique parc de 4 ha dans le **quartier de Fontvieille** réunit des végétaux du monde entier. Dans la **roseraie** « Princesse Grace » attenante prospèrent 4 000 plans de 150 variétés différentes, dont une partie est l'œuvre de célèbres jardiniers. La statue de la princesse a été réalisée à la suite de sa disparition par Kees Verkade en 1983.

Randonnée

Sentier touristique du cap Martin★★

Au départ de Monte-Carlo. À Monte-Carlo Beach, prendre à gauche un petit escalier situé entre deux villas (voir Roquebrune-Cap-Martin, sentier en sens inverse).
3h AR. Les touristes désirant abréger la promenade peuvent aller en voiture jusqu'à la gare de Roquebrune-Cap-Martin : ils retrouveront le sentier en contrebas de celle-ci.

Monaco pratique

Adresse utile

Office du tourisme de Monaco – *2A bd des Moulins - 98030 Principauté de Monaco - 00 377 92 16 61 66 - www.visitmonaco.com - 9h-19h, dim. et j. fériés : 10h-12h.*

Mode d'emploi

Poste – L'affranchissement du courrier se fait avec des timbres de Monaco et leur dépôt dans les boîtes aux lettres orange de la Principauté.

Téléphone – Les appels téléphoniques à destination de la Principauté débutent par **00-377**, suivi du n° du correspondant, et ceux vers la France doivent être précédés du **00 33**.

Transports

Voitures – L'accès au Rocher est réservé aux véhicules immatriculés Monaco ou Alpes-Maritimes. Parkings publics et payants : centre commercial de Fontvieille, sous-sol du stade Louis-II, chemin des Pêcheurs et les Boulingrins.

Ascenseurs – Des ascenseurs de grande capacité permettent de traverser à la verticale certains quartiers. Principaux axes desservis : pl. Ste-Dévote vers le bd de Belgique (trajet le plus long), plages du Larvotto (et Musée national) vers la pl. des Moulins, av. Hector-Otto vers le bd de Belgique, Auditorium Rainier-III (bd Louis-II) vers les terrasses du casino, parking des Pêcheurs vers le Musée océanographique, av. de Grande-Bretagne vers l'av. des Citronniers, centre commercial de Fontvieille vers la pl. d'Armes, port de Monaco vers l'av. de la Costa.

Bus – N° 1 (Rocher-casino), n° 2 (Rocher-Jardin exotique) ou n° 4 (Gare-Larvotto plages), n° 5 (Gare-Fontvieille-Hôpital), n° 6 (Fontvieille - Larvotto).

Héli Air Monaco – *Av. des Ligures - 00 377 92 050 050 - www.heliairmonaco.com.* Héliport de Monaco-Fontvieille, cette compagnie assure 50 vols quotidiens entre Nice et Monaco en 6mn de vol. Elle propose également des vols privés toutes destinations (vers Saint-Tropez, l'Italie, la Corse...), des vols panoramiques, des vols photos (possibilité de travail aérien).

Visite

Monaco Tours – *00 377 92 05 64 38 - été : 10h-17h ; hiver : 10h30-17h - fermé janv. et de mi-nov. au 26 déc. - 6 €.* Circuit touristique en petit train, départ face au Musée océanographique Monaco ville.

Se loger

Hôtel Miramar – *126 av. du 3-Septembre - 06320 Cap d'Ail - 1,5 km de Monaco - 04 93 78 06 60 - www.monte-carlo.mc/hotel-miramar-capdail - fermé 3 1ère sem. de janv. - P - 25 ch. 43/63 € - 6,50 €.* Dans une petite localité balnéaire voisine de Monaco, hôtel familial dont la façade ne paie pas de mine mais dont les chambres, pas trop chères et plutôt agréables à vivre, offrent un niveau de confort très valable. Elles ont bénéficié d'une rénovation en 2003, et six d'entre elles, à l'arrière, s'agrémentent d'une terrasse avec vue sur mer. WIFI dans tout l'établissement.

Hôtel de France – *6 r. de la Turbie - 98000 Monaco - près de la gare - (00 377) 93 30 24 64 - www.monte-carlo.mc/france - 26 ch. 103 €.* Cet hôtel vient de s'offrir une sympathique cure de jouvence : chambres bien insonorisées, parées de jolies couleurs provençales ; salle des petits-déjeuners moderne garnie d'un plaisant mobilier en bois et métal.

Hôtel Alexandra – *35 bd Princesse-Charlotte - 98000 Monaco - (00 377) 93 50 63 13 - www.monaco-hotel.com/montecarlo/alexandra/ - 56 ch. 120/185 € - 15 €.* La façade richement ouvragée témoigne du goût ostentatoire de la Belle Époque. Petit-déjeuner continental servi uniquement dans les chambres, dont le décor est aimablement désuet.

Se restaurer

Costa à la Crémaillère – *Pl. de la Crémaillère - 98000 Monte-Carlo - (00 377 93) 50 66 24 - fermé dim. - 12 € déj. - 10/22 €.* Ce pavillon-véranda d'inspiration 1900 a conservé les structures métalliques de l'ancienne gare du train à crémaillère qui montait à La Turbie. Quelques photos et fresques évoquent son passé. Ambiance brasserie moderne avec son banc d'écailler.

Le Bistroquet – *Galerie Charles III, avenue des Spéluges - 98000 Monte-Carlo - (00 377) 93 50 65 03 - www.mcpam.com. - 14/18 € déj. 30/70 € - .* Face aux jardins du casino, agrégé à un centre commercial, restaurant devancé d'une grande terrasse abritée et chauffée, où défile sans mondanité le « tout-Monte-Carlo ». Carte mi-classique, mi-bistrotière et sélection de vins servis au verre. Animation musicale en soirée le vendredi et le samedi.

Castelroc – *Pl. du Palais - 98000 Monaco - (00-377) 93 30 36 68 - fermé janv. déc. et sam. - 22/44 €.* Quelle belle terrasse pour s'adonner au farniente le temps d'un déjeuner, sous les arbres de la place du Palais... Vous y savourerez une cuisine du cru, entre ombre et soleil, à moins que vous ne préfériez la fraîcheur de la salle à manger, ornée de paysages «panoramiques».

Polpetta – *2 r. Paradis - 98000 Monaco - (00-377) 93 50 67 84 - fermé 10-30 juin, sam. midi et mar. - 23 €.* Ce petit restaurant italien vous propose trois cadres différents pour apprécier sa cuisine : la véranda côté rue ; la salle à manger rustique ; enfin, un espace plus intime et cossu à l'arrière. Cuisine transalpine dont quelques spécialités familiales.

La Maison du Caviar – *1 av. St-Charles - 98000 Monaco - (00-377) 93 30 80 06 - fermé sam. midi et dim. - 23 € déj. - 32/70 €.* L'un des plus anciens restaurants de la ville. Dans un chaleureux décor composé de casiers à bouteilles, de cuivres et de boiseries, vous dégusterez... du caviar bien sûr, mais aussi du foie gras ou du saumon. Un classique à découvrir.

Loga – *25 bd des Moulins - 98000 Monte-Carlo - (00-377) 93 30 87 72 - fermé 8-27 août, mar. soir et dim. - 15 € déj. - 37/42 €.* Sympathique petite adresse familiale proposant une cuisine régionale et une ardoise du jour très prisée des habitués. Décor intérieur à base de bois blond en terrasse-trottoir.

En soirée

Casino de Monte-Carlo – *Pl. du Casino - 98000 Monaco - (00 377) 98 06 23 00 - www.casinomontecarlo.com - tlj de 14h jusqu'au dép. du dernier client (12h le w.-end).* Premier casino d'Europe, avec plus d'un milliard de chiffre d'affaires (obtenu à 70 % avec des jeux européens et non avec des machines à sous comme dans les autres casinos). Il faut voir les salons de jeux majestueux et le luxueux restaurant au décor de train (Le Train Bleu). La terrasse donnant sur la mer vous offrira une quiétude incomparable que vous ressortiez les poches vides ou pleines.

Le Jimmy'z – *Quai Princesse-Grace - 98000 Monaco - 377 92 16 22 77 -http://www.montecarloresort.com/ - tlj 23h à l'aube. Réservation conseillée.* C'est un sacrilège de quitter Monaco sans avoir goûté à l'atmosphère du célèbre Jimmy'z. Le costume et la cravate sont exigés dans ce sanctuaire de la jet-set où vous croiserez des top models en paillettes, des stars et autres célébrités. C'est tout petit mais grandiose, unique, magique !

Bar du Vistamar (hôtel Hermitage) – *Sq. Beaumarchais - 98000 Monaco - (00 377) 92 16 40 00 - www.montecarloresort.com - 12h-14h30, 19h-0h - fermé juil.-août à midi.* Superbe palace de style Belle Époque abritant, entre autres, un élégant bar dont la terrasse offre une vue splendide sur le port et le Rocher. Carte de champagnes et de cocktails. Tenue correcte exigée.

Sass Café – *11 av. Princesse-Grace - 98000 Monaco - (00 377) 93 25 52 00 - www.sasscafe.com/ - restaurant : été : tlj 20h-2h ; hiver : tlj 20h-0h ; piano-bar : tte l'année : tlj 23h-aube.* Ce bar-restaurant de standing au décor feutré est le passage obligé de la jet-set avant de se rendre au « Jimmy'z ». Piano-bar chaque soir à partir de 23h. Spécialités : vodkas, cocktails, champagne.

Le Cabaret – *Pl. du Casino, Monte-Carlo - 98000 Monaco - (00 377) 98 06 24 30 - www.montecarloresort.com - ouv. merc.-sam. - fermé de mi-juin à mi-sept.* Le cabaret du casino de Monte-Carlo présente trois shows différents (danse). Concerts exceptionnels de variétés internationales et de jazz.

Que rapporter

Bon à savoir – Toutes les grandes marques de luxe sont représentées à Monte-Carlo et dans les galeries de certains palaces (Métropole, Park Palace). Les boutiques d'articles traditionnels sont regroupées dans les ruelles du Rocher, face au palais. À noter la Boutique du Rocher, av. de la Madone, boutique officielle de l'artisanat monégasque.

Sports & Loisirs

L'Aquavision – *Quai des États-Unis - 98000 Monaco - (00 377) 92 16 15 15 - www.aquavision-monaco.com - juil.-août : dép. à 11h, 14h30, 16h et 17h30 ; juin et sept. : tlj sf dim. 11h, 14h30, 16h - 11 € (3-18 ans 8 €).* Promenades en mer avec vision sous-marine (55mn).

Événements

Outre le Rallye Automobile de Monte-Carlo qui a lieu fin janvier depuis 1911, il faut signaler la fête de Sainte-Dévote (27 janvier), le Printemps des arts, le Grand Prix automobile de Monaco qui se déroule dans les rues de la Principauté sur un circuit sinueux de 3 145 km (mai), la fête de la Saint-Jean avec le groupe folklorique « La Palladienne de Monaco », les concerts dans la Cour d'Honneur du Palais princier et le Concours international de feux d'artifice (juillet-août), la Fête nationale monégasque (19 novembre), le Festival international du cirque (janvier).

Roquebrune-Cap-Martin★

Rocabruna

11 692 HABITANTS
CARTE MICHELIN DÉPARTEMENTS 341 F5 – ALPES-MARITIMES (06)

De Monte-Carlo à Menton en passant par le cap Martin, cette vaste commune littorale est couronnée par le village perché de Roquebrune et le donjon de son château. Ce dernier représente le seul vestige en France de château carolingien, embryon de ceux qui, deux siècles plus tard, marquèrent l'apogée de la féodalité. Sublime, la vue du haut du donjon plonge sur la mer, les toits rouges et les cyprès !

- **Se repérer** – Roquebrune surplombe la Grande Corniche *(voir Corniches de la Riviera)* et au-dessous, le tissu urbain continu que forment Menton et Roquebrune-Cap-Martin.
- **Se garer** – Parking à l'entrée du village.
- **À ne pas manquer** – La visite du village perché médiéval avec son donjon offrant un somptueux panorama. Les amoureux de nature ne regretteront pas leur détour par la presqu'île du cap Martin et son sentier du littoral.
- **Organiser son temps** – Roquebrune pousserait bien à musarder sur ses terres une bonne journée. Pour un réveil en beauté, rejoignez la terrasse du donjon : vous aurez la vue pour vous tout seul ! Poursuivez votre séjour par la visite du village (1h). Enfin, si le courage vous en dit, consacrez un après-midi entier au Cap-Martin (la grande promenade sur le sentier du littoral vous prendra 4h AR).
- **Pour poursuivre la visite** – Voir aussi Menton, Principauté de Monaco et les Corniches de la Riviera.

Se promener

LE VILLAGE PERCHÉ★

Le **château** fut édifié à la fin du 10e s. par Conrad Ier, comte de Vintimille, pour résister aux Sarrasins. Comme celui de Menton, il appartint plusieurs siècles aux Grimaldi *(voir Monaco)* qui renforcèrent sa défense. À l'origine, le donjon et le village étaient réunis dans l'enceinte du château, percée de six portes fortifiées. Au 15e s., le donjon prenait la dénomination de **château** et le reste de la forteresse devint le village qui, jusqu'à aujourd'hui, a conservé intact son caractère médiéval.

S. Sauvignier / MICHELIN

Le cap Martin invite à une promenade sur le sentier du littoral.

Le charme si italien du village perché de Roquebrune se saisit en flânant dans le dense lacis des ruelles, couvertes, en pente raide ou en escalier. Ces dernières ont conservé leur physionomie ancienne malgré les boutiques touristiques qui investissent les vieilles maisons à tuiles rouges ou en pierre.

De la place de la République, ancienne barbacane (défense avancée du donjon), gagner la place des Deux-Frères (deux rochers) pour prendre la rue Grimaldi. Prendre la première rue à gauche.

Rue Moncollet★

Taillée dans la roche, elle est surprenante avec ses longs passages voûtés, étroits et coupés d'escaliers, ses demeures médiévales aux fenêtres à barreaux, où résidaient jadis les invités de la cour seigneuriale.

Rue du Château (prendre à gauche pour le donjon, voir « Visiter »), prendre à droite puis à gauche la rue de la Fontaine.

Olivier millénaire

Sur le chemin de Menton *(200 m après la sortie du village)*, se trouve un olivier qui passe pour l'un des plus vieux au monde.

En revenant prenez à droite pour rejoindre le **cimetière** où repose Le Corbusier, dans une tombe conçue par lui-même *(carré J, n° 3)*.

Cortèges traditionnels

Depuis plus de cinq siècles a lieu, dans l'après-midi du 5 août, une procession représentant les principales scènes de la **Passion**. Elle est exécutée telle qu'elle fut conçue à son origine par les auteurs du vœu prononcé en 1467 durant une épidémie de peste. Dans la nuit du Vendredi saint, à 21h, a lieu la **procession du Christ Mort★**, représentant la Mise au tombeau, instituée par la confrérie des Pénitents Blancs, aujourd'hui disparue. Un cortège composé d'une soixantaine de personnages parcourt les rues du village ornées de motifs lumineux rappelant les symboles de la Passion et éclairées par une multitude de lumignons formés de coquillages et de coquilles d'escargot.

Visiter

Donjon★

Château médiéval - pl. William-Ingram - Roquebrune Village - ✆ 04 93 35 07 22 - visite audio-guidée (1h) juil.-août : 10h-12h30, 15h-19h30 ; avr.-juin et sept. : 10h-12h30, 14h-18h30 ; fév.-mars et oct. : 10h-12h30, 14h-18h ; nov.-janv. : 10h-12h30, 14h-17h - 3,70 € (7-18 ans 1,60 €).

Puissant et austère du haut de ses 26 m, il se découvre après avoir traversé l'« enceinte fleurie ». Les murailles du donjon, de 2 à 4 m d'épaisseur, sont dotées de tous les éléments nécessaires à une parfaite défense : mâchicoulis, créneaux, meurtrières, archières… Vingt marches montent à la salle des Cérémonies féodales, au 1er étage, où l'on voit une citerne de forme cubique ; la fenêtre à meneaux, du 15e s., remplace les regards de 20 cm de côté qui donnaient jour. En contrebas, le magasin aux vivres, creusé dans le roc. Au 2e étage, on traverse la petite salle des Gardes ; à droite, une confortable prison ; plus loin, le dortoir des Archers. Au 3e étage se trouve la demeure seigneuriale, meublée : salle des armes, salle à manger, cuisine avec four à pain. Enfin, on accède à la terrasse et au chemin de ronde. La plate-forme supérieure d'artillerie procure un fabuleux **panorama★★** sur les toitures du village, la mer, le cap Martin, Monaco, le mont Agel (base militaire aérienne).

Église Sainte-Marguerite

Baroque, elle recouvre, avec sa jolie façade sobre et pastel, une construction du 12e s. L'intérieur, décoré de stucs polychromes, abrite une Crucifixion *(2e autel)* et une Pietà *(au-dessus de la porte)* du 17e s. attribuée au peintre Roquebrunois **Marc-Antoine Otto**.

Roquebrune-Cap-Martin pratique

Adresse utile

Office du tourisme de Roquebrune-Cap-Martin – *218 av. Aristide-Briand - 06190 Roquebrune-Cap-Martin - ✆ 04 93 35 62 87. www.roquebrune-cap-martin.com - juil.-août : 9h-13h, 15h-19h, dim. et j. fériés 10h-13h, 15h-19h ; sept.-juin : tlj sf dim. et j. fériés 9h-12h30, 14h-18h.*

Se loger

Hôtel Westminster – *14 av. Louis-Laurens, par N 98, rte de Monaco par Basse Corniche - ✆ 04 93 35 00 68 - hotel@westminster06.com - fermé 22 nov.-6 fév. - P - 28 ch. 75/90 € - 6,50 €.* L'atout majeur de cet hôtel simple, situé dans une rue calme, est son joli jardin en terrasses qui semble suspendu au-dessus de la mer. Certaines chambres disposent d'un balcon où vous pourrez prendre votre petit-déjeuner en profitant de la vue. La voie ferrée, toute proche, ne troublera pas votre séjour. Vente de l'hôtel qui n'en sera peut-être plus un, le guide rouge ne le fera pas reparaître.

Se restaurer

La Roquebrunoise – *Av. Raymond-Poincaré (au vieux village) - ✆ 04 93 35 02 19 - www.laroquebrunoise.com - fermé nov.-déc., lun. sf le soir en juil.-août, mar. midi, merc. midi, jeu. midi et vend. midi – 21 € déj./24 €.* Cette maison rose à l'entrée du village est une petite halte sympathique au cours de votre promenade. La salle à manger campagnarde est décorée de tableaux. Cuisine simple et goûteuse, à savourer aussi en terrasse avec vue sur la mer et le château. Responsable injoignable. Responsable absent. Va envoyer un mail pour les informations nécessaires.

Au Grand Inquisiteur – *18 r. du Château (au vieux village - accès piétonnier) - ✆ 04 93 35 05 37 – fermé 3 nov.- 30 déc., mar. sf juil.-août et lun. - réserv. obligatoire - 21/49 €.* Rassurez-vous : malgré son nom, la seule question à laquelle vous serez soumis dans ce restaurant concernera le choix de votre menu. La maison accueille ses hôtes dans une jolie cave voûtée du 14e s. et les régale d'une appétissante cuisine traditionnelle, préparée avec des produits locaux, biologiques pour certains.

Séjourner

LE CAP MARTIN★★

Annexe aristocratique de Menton, la presqu'île du cap Martin a conservé intact son visage Belle Époque, avec ses somptueuses résidences cachées dans la luxuriante végétation. Des routes odorantes la traversent, ombrées de pinèdes et d'olivettes, de bouquets de cyprès et de massifs de mimosa. Au milieu se dresse la tour à l'allure féodale du **sémaphore**, devenu relais de TDF. À ses pieds, les ruines du prieuré et de la basilique Saint-Martin (11e s.), détruits par les pirates vers 1400.

De la rive est du cap Martin, vous découvrirez une **vue★★** merveilleuse sur Menton, son cadre de montagnes et la rive italienne jusqu'à Bordighera. Dominée par le vieux village, la **station balnéaire** compte plusieurs plages sableuses, notamment celle de Carnolès, dans le prolongement de celle de Menton.

Le « Cabanon » de Le Corbusier

Visite guidée mar. et vend. 10h sur réserv. à l'office de tourisme - 8 € (-12 ans gratuit).

Bâti en 1952, il est magnifiquement situé en contrebas de la promenade Le Corbusier, qui longe le bord de mer entre Cap-Martin et Cabbé. L'architecte vécut chaque été (jusqu'à sa mort en 1965) dans cette construction à l'aspect faussement banal. Constituée d'une simple pièce de 10 m^2 et d'un couloir orné d'une fresque, il s'agit en fait d'un exemplaire unique, appliquant au cabanon marseillais traditionnel des dimensions calculées selon son système de **modulor**. Cet outil de mesure à échelle humaine fut conçu par l'architecte comme référence pour réaliser ses Unités d'habitation modulaire (« Cité radieuse » à Marseille). Donnant vue sur la baie, les fenêtres – certaines sont articulées – apportent clarté et ventilation latérale. Le mobilier dépouillé est multi-fonctionnel. Les couleurs sont lumineuses. Cette construction demeure un élément de référence pour les écoles d'architectes.

Randonnée

Sentier touristique★

Laisser la voiture au parking, avenue Winston-Churchill, à la pointe du cap. Près d'un restaurant s'amorce le sentier signalisé : promenade Le Corbusier.

4h AR. Du cap Martin à Monte-Carlo Beach. La végétation méditerranéenne, dense et sauvage, parfume le sentier qui serpente entre de belles perspectives sur la mer et les villas nostalgiques du début du siècle. Depuis certains rochers culminants, tout l'amphithéâtre de Monaco se découvre peu à peu, avec la pointe du cap Ferrat, la Tête de Chien, le mont Agel, la Turbie, le vieux village de Roquebrune et son château.

Un escalier, à droite, franchit la voie ferrée et permet d'abréger la promenade en gagnant, par la mairie, la plage de Carnolès.

Le sentier côtoie ensuite la voie ferrée, surplombant la mer par un à-pic impressionnant, et gagne la gare de Cap-Martin-Roquebrune. Longeant les belles plages de Cabbé et les rochers de Bon Voyage, on continue en direction de Monte-Carlo, puis on passe derrière la pointe de la Veille et on débouche, par un escalier, près du Monte-Carlo Beach Hotel.

Menton★★

Mentoun

28 812 MENTONNAIS
CARTE MICHELIN DÉPARTEMENTS 341 F5 – ALPES-MARITIMES (06)

Son climat passe pour être le plus chaud de la Côte d'Azur. Une végétation tropicale prospère, palmiers et citronniers en tête, fait qu'on ose à peine parler d'hiver dans cette ville au merveilleux cadre montagneux, adossée à des pentes boisées ou cultivées d'agrumes et d'oliviers. Festivités et promenades occuperont estivants comme hivernants.

- **Se repérer** – Menton se situe à une trentaine de kilomètres à l'est de Nice par les corniches *(voir corniches de la Riviera)*. Ceux qui veulent y accéder rapidement sans regarder le paysage défiler prendront l'A 8.
- **Se garer** – Nombreux parkings près du port.
- **À ne pas manquer** – La découverte de la vieille ville ; la promenade du soleil ; une halte culturelle au palais Carnolès ; la visite des jardins de la Serre de la Madone et du Val Rameh.
- **Organiser son temps** – Aux heures fraîches de la journée, accordez-vous 2h pour visiter la vieille ville et longer le bord de mer. Préférez les visites guidées des jardins (1h30 en moyenne) pour profiter des trésors verdoyants et des allées ombragées. Ici, vous souffrirez moins de la chaleur que sur la plage.
- **Avec les enfants** – La découverte du jardin de la Serre de la Madone (guide édité pour les enfants) et de son parc ornithologique (*se renseigner pour les horaires spécifiques de visite*). Le petit train, le parc Koaland *(voir l'encadré pratique)*.
- **Pour poursuivre la visite** – Voir aussi la Riviera Italienne *(voir p. 10)*, en particulier Vintimille, ville médiévale avec son grand marché le vendredi, les jardins Hanbury et Bordighera. Les stations balnéaires voisines : Cap d'Ail *(voir Corniches de la Riviera)*, Beaulieu-sur-Mer, Villefranche-sur-mer, Roquebrune-Cap-Martin et la voisine Principauté de Monaco.

Comprendre

Entre France et Italie – Les fouilles des Rochers Rouges de Grimaldi, à la frontière italienne, attestent une présence humaine dès le paléolithique supérieur, mais on ne sait pas grand chose de la suite. Fondé au 13e s., Menton devient propriété des **Grimaldi de Monaco** en 1346, bien que son église dépende de l'évêché italien de Vintimille.

Ombrelles et couronnes – En 1860, Menton est rattaché à la France, juste avant l'invasion de la Côte d'Azur par l'aristocratie européenne. Jusqu'en 1914, cette dernière vient à Menton soigner sa tuberculose ou simplement passer un hiver douillet. Palaces et autres bâtiments somptueux fleurissent, tandis que les Mentonnais continuent à cultiver avec succès les olives et surtout les citrons.

Ville d'artistes – Parmi les architectes qui s'illustrèrent à Menton à la Belle Époque, outre **Charles Garnier** qui y résida (et dessina les plans de deux villas) et le Danois **Georg Tersling**, citons le Mentonnais **Adrien Rey** qui a laissé, entre autres, l'agréable marché couvert du quai de Monléon (1898), décoré de céramiques colorées dues à la

La fête du Citron

Les citrons, spécialités réputées de l'agriculture locale, aujourd'hui en partie importés d'Espagne, règnent sur le **Carnaval de Menton** depuis la première exposition d'agrumes (1929). 120 tonnes de citrons, oranges, pamplemousses, kumquats, fixés par des élastiques sur des armatures en métal, illustrent un thème nouveau chaque année. Ils sont revendus en gros à bas prix après la fête (défilé de chars, expositions, attractions).

À la tombée du jour, les quais s'illuminent et la basilique s'enflamme.

fabrique locale des Saïssi. Dans un tout autre art, **Émile Zola** écrivit à Menton *La Faute de l'abbé Mouret*, dans la villa Le Paradou, et la Néo-Zélandaise **Katherine Mansfield** (1888-1923), *L'Étranger, La Femme de chambre, La Jeune Fille.*

Aujourd'hui – Les guerres mondiales n'ont pas épargné Menton, la première en sonnant le glas du tourisme Belle Époque, la seconde par deux occupations, italienne et allemande. Depuis, le tourisme d'été a largement contribué au développement de la ville, dont la zone résidentielle s'étend à l'ouest jusqu'à toucher Roquebrune-Cap-Martin, et à l'est vers la frontière italienne. La ville est encore cosmopolite ; beaucoup d'Italiens y viennent en voisins.

Se promener

LA VIEILLE VILLE★★

Compter 2h.

Rue Saint-Michel

Cette rue piétonne, bordée d'orangers et de nombreuses boutiques, conduit au cœur du vieux Menton. À mi-chemin, à droite, l'agréable **place aux Herbes**, dotée d'une colonnade et d'une fontaine, donne accès au marché.

Arrivé place du Cap, monter la rue des Logettes.

Celle-ci se transforme bientôt en **rue Longue**, ex-artère principale de la ville et ancienne via Julia Augusta.

Parvis Saint-Michel★★

Accès par les rampes du Chanoine-Gouget. Dans ce décor à l'italienne, vous apprécierez la vue sur la mer et la ville. Pavé d'une belle mosaïque de galets gris et blancs dessinant les armes des Grimaldi, le parvis est encadré par les façades baroques de deux églises et par de vieilles demeures mentonnaises.

Façade de la chapelle de la Conception★

Chapelle des Pénitents-Blancs (1689), très restaurée au 19e s. ; guirlandes de fleurs en stuc, fronton en anse de panier surmonté des statues des trois Vertus théologales.

Basilique Saint-Michel-Archange

La plus belle et la plus vaste **église baroque** de la région. Façade jaune et vert pâle à deux étages, flanquée, à gauche, de la tour (15e s.) d'une église antérieure coiffée d'un campanile à tuiles vernissées (17e s.), et, à droite, du grand campanile (53 m) d'allure génoise ajouté au début du 18e s. Les statues au-dessus des portes figurent saint Michel entouré de saint Maurice et de saint Roch.

SE LOGER

- Hôtel L'Aiglon ... 2
- Hôtel Chambord ... 4
- Hôtel de Londres ... 6
- Hôtel Orly ... 7
- Hôtel Paris Rome ... 8
- Hôtel Prince de Galles ... 10

SE RESTAURER

- A Braijade Méridiounale ... 1
- Auberge Pierrot-Pierrette ... 4
- Le Boudoir ... 8

L'intérieur en croix latine, inspiré de l'Annunziata de Gênes, est somptueux. Les chapelles latérales, au décor baroque dû en partie à des artistes mentonnais comme Puppo et Vento sont les chapelles funéraires de notables mentonnais et monégasques. Dans le chœur, **buffet d'orgue** (17e s.), stalles du 18e s. surmontées de *Saint Michel* (1569) de Manchello, maître-autel au baroque exubérant.

À droite du chœur, la **chapelle des princes de Monaco** : un tableau y représente sainte Dévote, patronne de la principauté, devant le Rocher (17e s.). Lors de son mariage, en 1757, Honoré III de Monaco offrit à la basilique des tentures en damas amarante (rouge), visibles tous les cinq ans dans le chœur et la nef.

Une rampe en escalier accède à la rue du Vieux-Château, qui aboutit au cimetière.

Cimetière du Vieux-Château

Ses terrasses superposées, que l'on distingue nettement du port, occupent l'emplacement de l'ancien château médiéval. Chaque niveau accueille une religion ou une nationalité différente, celles notamment des riches hivernants du Menton du 19e s. Parmi eux : le révérend Webb Ellis, prétendu inventeur du rugby, les oncle et tante (Delano) du président américain Roosevelt, des princes russes (Troubetzkoy, Volkonsky, Ouroussof) et l'architecte danois Georg Tersling, concepteur de nombreux palaces et résidences sur la Côte.

À la pointe sud du cimetière anglais, belle **vue★** sur la vieille ville, la mer et la côte, de la pointe Mortola en Italie jusqu'au cap Martin.

Descendre la montée du Souvenir, qui ramène au parvis.

En dehors de ce circuit, voyez aussi quelques décors Belle Époque : ancien hôtel d'Orient *(1 r. de la République)* ; Winter-Palace *(20 av. Riviera)* ; Riviera-Palace *(28 av. Riviera)* ; marché couvert *(quai de Monléon)*.

LE BORD DE MER ET LES PLAGES

Depuis le casino municipal.

Promenade du Soleil★★

Environ 2 km de promenade. D'un côté, la mer et une longue plage de galets gris ; de l'autre, la vieille ville et les Alpes, puis toute la façade littorale de la ville moderne. Des terrasses de cafés permettent de s'asseoir face à la mer.

Vieux port

Utilisé par les pêcheurs et les plaisanciers, il est encadré par le **quai Napoléon-III**, le long de la jetée du phare, et par la **jetée Impératrice-Eugénie**. De son extrémité, près de la sculpture de Volti, *Saint Michel à la mer*, **vue**★ sur le vieux Menton soutenu par des arcades ; au fond, sur les montagnes de l'arrière-pays et la côte du cap Martin à Bordighera (le cap Mortola cache Vintimille).

Plage des Sablettes

Planche à voile et scooter des mers interdits. Cette plage de graviers est surplombée par le **quai Bonaparte**. De là, agréable coup d'œil sur la vieille ville.

Garavan

Autrefois isolé de Menton, à côté de la frontière italienne, Garavan en est devenu un luxueux quartier résidentiel, où vous découvrirez nombre de témoignages (souvent représentatifs du style éclectique alors en vogue) de l'architecture Belle Époque comme la fondation Barriquand-Alphand, d'Abel Gléna (bd. de Garavan). Le port de plaisance peut accueillir à quai des unités de 40 m de long. La petite **chapelle Saint-Jacques**, édifice baroque du 17e s., abrite des expositions municipales.

Les jardins de Menton★

Menton, où fleurit l'oranger, ressemble dès la fin du 18e s à une vaste serre à ciel ouvert. Les anglais qui s'y pressent l'hiver, y créent de véritables jardins d'acclimatation, en important leur goût légendaire pour la botanique et une harmonie végétale incontestable.

Jardins Serre de la Madone★

74 rte de Gorbio - ☏ 04 93 57 73 90 - www.serredelamadone.com - possibilité de visite guidée (1h30) à 15h (mar. et vend. visites assurées par des guides conférenciés de la mairie de Menton) - avr.-oct. : tlj sf lun. 10h-18h - déc.-mars : tlj sf lun. 10h-17h - fermé nov., 1er janv., 1er Mai et 25 déc. - 8 € (12-18 ans 4 €).

« Serre » signifie « crête » en provençal. Ce grand jardin en pente, créé entre les années 1924 et 1939 par le « gentleman jardinier » **Lawrence Johnston**, est classé monument historique depuis 1990 et appartient au Conservatoire du littoral depuis 1999. Son histoire tumultueuse en a fait un lieu d'exception : à son apogée, en 1935, où des variétés sont alors importées par container du monde entier, puis réduit à néant pendant la Seconde Guerre mondiale, il fut laissé à l'abandon durant 24 ans avant d'être sauvé de la spéculation immobilière par ses voisins.

Il règne dans ce jardin botanique une atmosphère unique, apaisante et rafraîchissante. Ici se succèdent des petits jardins variés en terrasses (serre froide, jardin des collections, hispano-mauresque, aride, le boulingrin, etc.), réorganisés selon le milieu d'origine. Des grands arbres (dont une espèce non identifiée !) font écran aux environs et cachent une jolie villa et de grands bassins. Là se mêlent essences exotiques, dont certaines variétés uniques dans la région (le plus gros Afro Carpus du pays, un original pseudo panax ferox, le rarissime hakea cucullata originaire du Sud-Ouest de l'Australie, etc.), et arbres locaux (cyprès, chênes verts, pins parasols mais pas de palmier), dans un cadre où l'intérêt ornithologique est aussi très prononcé (40 espèces sont répertoriées).

Jardin du Val Rameh★

☏ 04 93 35 86 72 - www.menton.fr/jardins - avr.-sept. : tlj sf mar. 10h-12h30, 15h-18h30 ; oct.-mars : tlj sf mar. 10h-12h30, 14h-17h - fermé 1er Mai - 5 € (7-15 ans 2,50 €).

Ce jardin botanique touffu est au meilleur de ses couleurs en juin-juillet. Créé en 1905 par **Percy Racliff** autour de la villa Val Rameh, il est, depuis 1966, l'antenne méditerranéenne du muséum d'Histoire naturelle. Il regroupe plus de 700 espèces

S. Sauvignier / MICHELIN

La villa du Val Rameh et son jardin exotique.

végétales venant d'Australie, d'Asie et d'Amérique : agrumes, fruits exotiques (passiflore, sapote blanche, goyave, avocat), bassin de lotus de l'Inde et seul exemplaire du **Sophora toromiro**, l'arbre mythique de l'île de Pâques. De ses terrasses, vue vers la ville ancienne et la mer.

Jardin Fontana Rosa

Av. Blasco-Ibañez. Visite uniquement avec la Maison du Patrimoine - ✆ 04 92 10 97 10/33 66- visite guidée (1h30) vend. 10h - fermé j. fériés.- 5 €.

La villa Fontana Rosa se signale à l'attention du passant par son porche orné de céramiques représentant de grands noms de la littérature espagnole. Elle a été créée en 1921 par le romancier **Vicente Blasco-Ibañez**. Kiosque, bancs et bassins couverts de céramique colorée donnent de fait un petit air espagnol au jardin.

Jardin de Maria Serena

21 promenade Reine-Astrid. Visite uniquement avec la Maison du Patrimoine - ✆ 04 92 10 97 10/33 66- visite guidée (1h30) mar. 10h - fermé j. fériés - 5 €.

Construite (suppose-t-on) par Charles Garnier, la villa Maria Serena, qui longe la frontière italienne, est entourée du jardin le plus tempéré de France : il n'y fait jamais moins de 5 °C (ce qui lui valu le surnom de « petite Afrique »). Collection de palmiers et de cycas ; vue sur Menton et la vieille ville.

Jardin Biovès

Beau jardin de ville avec palmiers, orangers, citronniers, et fleurs, décoré de fontaines et de statues (*Déesse aux fruits d'or*, de Volti). Jolie **perspective** sur les montagnes de l'arrière-pays.

Oliveraie du Pian

Bd de Garavan - possibilité d'y accéder par un escalier depuis le jardin du Val Rameh.

Plus de 530 oliviers centenaires. On s'y donne rendez-vous pour la promenade du dimanche ou pour pique-niquer.

Visiter

Musée des Beaux-Arts (palais Carnolès)★

Accès par l'av. Carnot - 3 av. de la Madone - ✆ 04 93 35 49 71 - tlj sf mar. 10h-12h, 14h-18h - fermé j. fériés - gratuit.

Le bâtiment, ancienne résidence d'été des princes de Monaco, fut construit au 17e s. dans l'esprit du Grand Trianon. Il accueillit le gotha avant d'être acheté au 19e s. par l'Américain Allis, célèbre ichtyologiste (qui étudie les poissons), qui le fit restaurer et redécorer par l'architecte danois Tersling et l'Allemand Matthiessen.

Ce dernier réalisa un superbe décor de fresques à la mode antique. Le Grand Salon de Musique Antoine Ier et le Salon Bleu ont conservé leurs stucs et leurs dorures. Remarquez l'escalier en fer forgé. L'**art ancien** *(étage)* est illustré par des peintures essentiellement religieuses d'artistes français, italien et flamand : œuvres de Louis Brea, du maître de la Maddalena (13e s.), de Léonard de Vinci, de Bernadino Orsi et de Ph. de Champaigne. Quelques tableaux modernes de Suzanne Valadon, Kisling et Camoin.
Les expositions temporaires *(rez-de-chaussée)* de **peinture moderne et contemporaine** puisent dans la collection Wakefield Mori (Picabia, Forain, Dufy...), les apports des Biennales de peinture et les dons des artistes (Gleizes, Desnoyers, Delvaux, Sutherland).
À la sortie, en hiver, les arbres du **jardin d'agrumes** (plus de 400 d'une cinquantaine d'espèces) seront chargés de fruits ; en toute saison, vous apprécierez les sculptures modernes bordant les allées.

Musée Jean-Cocteau

Le Bastion - Quai Napoléon-III - ✆ 04 93 57 72 30 - tlj sf mar. 10h-12h, 14h-18h - fermé j. fériés - 3 € (-18 ans gratuit), gratuit 1er dim. du mois.
Ce bastion, bâti par Honoré II de Monaco (17e s.), a été restauré et transformé en musée (salle des gardes et magasins de munitions) sous la direction de Cocteau, qui y travailla à partir de 1957. À l'extérieur, remarquez les mosaïques en galets réalisées dans la tradition mentonnaise par l'artiste *(Orphée, Faune de la jeunesse, Mentonnaise et Pêcheur)*. L'entrée est ornée au sol de l'emblème méditerranéen, le lézard ; au mur, la tapisserie *Judith et Holopherne*, fut qualifiée par Matisse de « seule vraie tapisserie moderne ». Cocteau dessina spécialement pour son musée les vitrines en fer forgé qui abritent ses vases zoomorphes. La tapisserie l'*Âge du Verseau* fut tissée par les ateliers des Gobelins. À l'étage, série de pastels *Les Innamorati* (1961). Remarquez le portrait de Cocteau par McAvoy.

Hôtel de ville

17 r. de la République - ✆ 04 92 10 50 00 - www.villedementon.com - tlj sf w.-end 8h30-12h30, 14h-17h - fermé j. fériés. Visite de la salle des mariages - 1,50 €.
Ce bel édifice inspiré du style italien abrite une **salle des Mariages★** décorée par **Jean Cocteau** : histoire d'Orphée et Eurydice et une noce imaginaire. Un pêcheur à l'œil en forme de poisson porte l'ancien bonnet des pêcheurs de Menton, une jeune fille est coiffée d'un chapeau niçois. Au plafond, la Poésie chevauche Pégase, la Science jongle avec les planètes et l'Amour n'est plus aveugle. Cocteau a choisi le mobilier lui-même : les candélabres en forme de palmier, les chaises de type espagnol, la peau de panthère face à la table de mariage. Il a également dessiné les deux Marianne gravées sur les miroirs de l'entrée.

Musée de Préhistoire régionale

R. Lorédan-Larchey - ✆ 04 93 35 84 64 - tlj sf mar. 10h-12h, 14h-18h - fermé j. fériés - gratuit.
Joli bâtiment (1909) construit spécialement par l'architecte Adrien Rey. Les fouilles de Bonfils, naturaliste mentonnais du 19e s., dans les grottes de Grimaldi ont fourni le noyau des collections de préhistoire régionale *(rez-de-chaussée)*, dont on suit les grandes étapes de 1 million d'années à 1 500 ans av. J.-C. *(salle de projection, bornes interactives)*. Le feu, la métallurgie, l'agriculture, mais aussi la maladie, l'art, le quotidien : des scènes reconstituent la vie des premiers hommes de la région, à Caucade, au mont Bego, au Cavillon. L'histoire, l'art et les traditions mentonnaises sont retracés à travers des reconstitutions d'intérieurs (cuisine et chambre), des objets traditionnels de la culture du citron, des olives et de la pêche.

Église orthodoxe russe

R. Paul-Morillot - ✆ 04 92 10 97 10 - visite guidée (1h30) : 4e sam. du mois 14h30 - fermé juil.-août - 5 €.
Œuvre de l'architecte danois **Georg Tersling** (1892). Ses dimensions modestes sont plutôt celles d'une chapelle. Intérieur richement décoré de peintures murales réalisées par le prince Gagarine et de nombreuses icônes.

L'Annonciade★

6 km. Quitter Menton par les avenues de Verdun et de Sospel et tourner à gauche dans une petite route (signalisée) en forte montée et très sinueuse.

La **chapelle** (17e s.) est un centre de pèlerinage marial depuis le 11e s. L'endroit vaut surtout par le **panorama★** depuis la terrasse, côté mer (de la pointe de Bordighera au cap Martin) et côté terre (montagnes autour de Menton).

Aux alentours

Gorbio★

9 km. Quitter Menton par la D 23, route de Gorbio, étroite et tortueuse.

Le val de Gorbio, très fleuri, bordé d'oliviers, de pins et de luxueuses résidences, précède Gorbio, perché dans un **site★** rocheux et sauvage. Ruelles pavées de galets, fontaine Malaussène dans une rue voûtée et orme planté en 1713, sont à découvrir dans cette cité médiévale. En contournant l'église, beau **point de vue** sur la mer vers la pointe de Bordighera.

Sainte-Agnès★

13 km. Quitter Menton au nord par l'avenue Carnot, puis à droite le cours René-Coty, l'avenue des Alliés et la route des Castagnins (D 22).

Route en montée continue au-dessus du val de Gorbio. Au **col Saint-Sébastien** (alt. 602 m), **vue★** sur le joli village de Sainte-Agnès, le plus haut du littoral, et son site : une falaise de calcaire gris que le soleil couchant enflamme de superbes teintes roses. Petites rues étroites, voûtées, pavées de galets et bordées de boutiques d'artisans (rue Longue, rue des Comtes-Léotardi). Près du cimetière, un chemin mi-caillouteux, mi-maçonné conduit aux ruines du château : jardin médiéval, table d'orientation et vaste **panorama★★**.

Fort Maginot de Sainte-Agnès – *Parking sud (à droite à l'entrée du village). Prévoir un vêtement chaud, il fait froid à l'intérieur. ✆ 04 93 35 84 58 - juil.-sept. : visite guidée (1h) 15h-18h ; oct.-juin : w.-end 14h30-17h30 ; fév. (pdt la fête du Citron à Menton) - 4 €.* Dissimulé par le décrochement naturel des rochers, le fort fut construit de 1931 à 1938 pour renforcer le secteur alpin de la **ligne Maginot** et protéger les approches de la baie de Menton, au sud-est. Outre canons et mortiers, la visite, agrémentée d'animations et de scénographies, fait découvrir l'organisation de ce fort creusé profondément dans la falaise, ainsi que le quotidien spartiate de la garnison. De la plate-forme en contrebas du fort, **vue★★** sur la côte de Bordighera au cap Martin ; à droite, le mont Agel.

> **Résistance**
>
> Ce point d'appui en 1940 était défendu par le capitaine de réserve instituteur **Jean Allègre**. Il s'engagea dans le groupe résistant « Franc-Tireur » et devint chef de l'Armée Secrète à Nice. Emprisonné en Italie puis déporté à Neuengamme, il en revint.

Castellar

13 km. Quitter Menton au nord par la route de Castellar.

Agréable village perché, aux vieilles rues parallèles reliées par des passages voûtés. Place Clemenceau, vue sur la mer et les sommets environnants. À l'intersection des GR 51 et 52, c'est également un centre d'excursions pédestres.

Au retour, au bout de 2,5 km, prendre le sinueux « chemin du Mont-Gros ».

Roquebrune-Cap-Martin★ *(voir ce nom)*

Menton pratique

Adresse utile

Office du tourisme de Menton – *Palais de l'Europe - 8 av. Boyer - 06500 Menton - ✆ 04 92 41 76 76 - www.menton.fr - de mi-juin à mi-sept. : 9h-19h ; reste de l'année : 8h30-12h30, 14h-18h, dim. 9h-12h30 - fermé 1er janv., 1er Mai et 25 déc.*

Transports

Train – *✆ 0892 35 35 35 - www.ter-sncf.com/paca.* La ligne TER Nice/Vintimille dessert Monaco et Menton.

Bus – *Gare routière - av. de Sospel - ✆ 04 93 35 93 60. Ticket à l'unité et carnet de 10 en vente auprès des conducteurs. Coupon mensuel à la gare routière.* 10 lignes desservent Menton et ses environs.

Visites

Bon à savoir – Les mosaïques de **galets** posés sur la tranche sont une tradition mentonnaise très décorative. Prévoyez des semelles épaisses si vous avez l'intention d'arpenter longuement les ruelles de la vielle ville…

Visites guidées – *S'adresser à la Maison du Patrimoine - 24 r. Saint-Michel - programme sur www.menton.fr - ✆ 04 92 10 33 66 - www.vpah.culture.fr - 5 €.* Menton est labellisé **Ville d'art et d'histoire**, les visites-découvertes sont animées par des guides-conférenciers agréés par le ministère de la Culture et de la Communication.

Visites de jardins – La Maison du Patrimoine *(voir ci-dessus)* organise des visites des jardins toute l'année. Meilleurs moments : Mois des jardins *(juin)*, Journées méditerranéennes du jardin et Journées du patrimoine *(sept.)*.

Petit train – *Dép. Jardin du Bastion - ✆ 04 93 41 31 09 - www.menton.fr - visite commentée (30mn) 10h-12h, 14h-19h (17h de Noël à Pâques).* En juillet-août : 15h-19h nocturnes 20h30-23h30 pour voir Menton illuminé.

Se loger

⊖ **Hôtel Paris Rome** – *79 porte de France - ✆ 04 93 35 73 45 - www.paris-rome.com – fermé 7-15 janv. et 11 nov.-28 déc. - 22 ch. 59/70 € - ☕ 10 €.* Sympathique petit «home» familial posté à l'entrée du port de Garavan. Intérieur mi-rustique, mi-provençal. Chambres rajeunies. Séjours à thème (culturel, pêche, etc.). Cuisine aux saveurs méditerranéennes.

⊖⊖ **Hôtel de Londres** – *15 av. Carnot - ✆ 04 93 35 74 62 - www.hotel-de-londres.com - fermé 1er nov.-10 janv. - 27 ch. 60/115 € - ☕ 8,50 € - restaurant 25 €.* Rénovation réussie pour cet accueillant hôtel situé à deux pas du front de mer. Chambres de taille variable, bien insonorisées et meublées dans un style rustique ou moderne ; elles sont toutes climatisées en façade. La terrasse, en net retrait de la rue, est très agréable.

⊖⊖ **L'Aiglon** – *7 av. Madone - ✆ 04 93 57 55 55 - www.hotelaiglon.net – fermé 24 nov.-15 déc. - P - 28 ch. 67/152 € - ☕ 9,50 €.* Cette belle villa allie au charme de son jardin l'agrément d'une terrasse avec piscine. Le salon a conservé son décor mixte de peintures et mosaïque. Quelques palmiers majestueux veillent sur les tables dressées dans le jardin.

⊖⊖ **Hôtel Prince de Galles** – *4 av. du Gén.-de-Gaulle - ✆ 04 93 28 21 21 - www.princedegalles.com - P - 65 ch. 72/112 € - ☕ 6/11 €.* Cette villa fut la caserne des carabiniers des princes de Monaco. Vous serez bien accueilli dans son décor soigné et relativement cossu. Préférez les chambres avec vue sur la mer. Restaurant Le Petit Prince avec terrasse dans le jardin.

⊖⊖ **Hôtel Orly** – *27 porte de France - ✆ 04 93 35 60 81 - www.hotelorly.com - P - 29 ch. 75/140 € - ☕ 6 € - restaurant 15/35 €.* Hôtel du front de mer que seule la route sépare des plages de Garavan. Chambres fonctionnelles, plus tranquilles à l'arrière. Recettes traditionnelles servies en terrasse ou dans une sobre salle à manger éclairée par de vastes baies.

⊖⊖⊖ **Chambord** – *6 av. Boyer - ✆ 04 93 35 94 19 - www.hotel-chambord.com - 40 ch. 98/120 € - ☕ 8 €.* Hôtel confortable situé près du palais de l'Europe. Petits-déjeuners exclusivement servis dans les chambres. Elles sont insonorisées et presque toutes dotées d'un balcon.

Se restaurer

⊖⊖ **Le Boudoir** – *14 av. Boyer - ✆ 04 93 28 28 09 - 19/29,50 €.* Les jolies petites salles à manger, « cosy » et intimes, ont effectivement des allures de boudoirs. Belle terrasse ombragée. Cuisine au goût du jour et suggestion du marché.

⊖⊖ **A Braijade Méridiounale** – *66 r. Longue - ✆ 04 93 35 65 65 - www.abraijade.com - fermé 15 nov.-5 déc., merc. et le midi en juil.-août - 29/35 €.* Simple restaurant discrètement niché dans une des pittoresques ruelles de la vieille ville. Intérieur chaleureux : cheminée, poutres et pierres apparentes. Le chef propose une cuisine régionale et des grillades.

⊖⊖ **Auberge Pierrot-Pierrette** – *Pl. de l'Église, à Monti - ✆ 04 93 35 79 76 - fermé 1er déc.-10 janv. et lun. - 28/39,50 €.*

C'est dans un petit hameau tranquille perché sur les hauteurs de Menton que se niche cette auberge familiale entourée d'un jardin qui embaume la rose. La cuisine provençale généreuse et bien tournée achèvera de vous convaincre avec ses raviolis à la niçoise ou à la mentonnaise, ses paupiettes de veau farcies et autre daurade royale en bouillabaisse.

En soirée

Bon à savoir – Le climat de Menton étant réputé pour être le plus doux de la Côte d'Azur, la ville attire particulièrement les personnes âgées. D'où le grand nombre de salons de thé et de restaurants qui occupent cette charmante station balnéaire. Les noctambules seront peut-être déçus : les bars de nuit sont rares.

Casino Barrière de Menton – *Av. Félix-Faure - ✆ 04 92 10 16 16 - www.lucienbarriere.com - à partir de 10h.* Jeux traditionnels et machines à sous, restaurant, discothèque, salle de spectacles, bar-lounge.

Palais de l'Europe de Menton – *8 av. Boyer - ✆ 04 92 41 76 50 - www.villedementon.com - galerie d'expo. : tlj sf mar. 10h-12h, 14h-18h ; billetterie office de tourisme : tlj sf w.-end 10h-12h,14h-17h.* Beau palais de 730 places où sont organisés des ballets, des opéras et opérettes, des pièces de théâtre et des concerts de musique classique. Le bâtiment comprend également une galerie d'art contemporain où sont présentées des expositions temporaires dont l'accès est gratuit.

Que rapporter

Marchés – Tlj en matinée. Marché couvert quai de Monléon. Marché du Careï en haut des jardins Biovès, sous le pont du chemin de fer.

Citron – Les boutiques déclinent le fruit d'or sous forme de tartes, pains d'épice, confitures, bonbons, pâtes d'amande, vins de citron, savons, bougies…

Confitures Herbin – *2 r. du Vieux-Collège - ✆ 04 93 57 20 29 - www.confitures-herbin.com - tlj sf dim. 9h15-12h, 15h15-19h, dim. en sais. 10h30-12h, 16h-19h.* Difficile de ne pas succomber au péché de gourmandise dans cette maison familiale qui produit un nombre impressionnant de confitures, mais aussi des confits, des moutardes, des vinaigres et des miels aux saveurs variées. Si le cœur vous en dit, vous pourrez visiter la fabrique artisanale.

Sports & Loisirs

Bon à savoir – La Promenade de la Mer concentre la plupart des organismes de loisirs : clubs de voile, de plongée, d'ULM... A ne pas manquer : le club de tennis et le Palais de l'Europe.

ULM Club – *Prom. de la Mer - ✆ 04 93 14 00 12 - mai-sept. : 8h-21h ; oct.-avr. : 9h-17h sur demande préalable.* Ce club dispose d'une base hydro ULM où l'on propose baptêmes de l'air et vols d'initiation à l'hydravion à bord d'un Weedhopper Europa 2. Sensations fortes garanties !

Compagnie de Navigation et de Tourisme – *3 bis Traverse du Bastion, quai Napoléon III, Vieux Port de Menton - ✆ 04 92 35 51 72 - ouv. tlj sf sam. avr.-oct. ; pour la Riviera française (1h45) merc. et dim. à 14h30 ; pour la Riviera italienne (1h45) lun. et jeu. à 14h30. Promenades commentées pour Monaco avec ou sans escale - fermé de mi-oct. à mi-avr.* Cette compagnie organise des promenades en mer commentées en français au départ de Menton.

Koaland – *Av. de la Madone - ✆ 04 92 10 00 40 - http://www.parckoaland.fr - juil.-août : 10h-12h, 16h-0h ; reste de l'année : 10h-12h, 14h-19h - fermé mar. sf vac. scol.* Parc de loisirs pour les plus jeunes. Minigolf et restauration de type snack (boissons, crêpes, glaces, etc.).

Événements

Fête du Citron – www.*feteducitron.com.* Trois semaines en février, autour de Mardi gras. Réserver au moins 2 mois à l'avance, l'événement attire beaucoup de monde.

Salon des Orchidées – Pendant la fête du Citron : corso fleuris, nocturnes et feux d'artifice.

Festival de Musique de chambre – La 1re quinzaine d'août, concerts donnés sur le parvis de la basilique Saint-Michel. Solistes et chefs d'orchestre prestigieux ont bâti sa réputation internationale.

La procession aux limaces – Elle a lieu à Gorbio le jour de la Fête-Dieu (juin). Des coquilles d'escargot posées sur les fenêtres sont remplies d'huile et garnies d'une mèche allumée.

L'arrière-pays niçois★

CARTE MICHELIN DÉPARTEMENTS 341 E-F/4-5– ALPES-MARITIMES (06)

Contrastant avec le bord de mer bondé et baigné de soleil, l'arrière-pays niçois est un refuge pour les amateurs de solitude et de grands espaces, avec son relief escarpé et sauvage, sa relative fraîcheur et ses petits villages de caractère perchés dans les montagnes. Les routes ne sont pas toujours faciles, mais offrent en revanche des panoramas d'une beauté incomparable, des Alpes à la Corse, et quantité d'occasions d'aller se dégourdir les jambes au cours d'une petite randonnée.

Se repérer – Depuis le nord de Nice, la D 14 passe à proximité du Mont Chauve Pour rejoindre Peille et Peillon, empruntez la D 2204 puis la D 53.

Se garer – Des parkings sont aménagés à l'entrée des sentiers de randonnée. Dans les villages, garer une voiture peut s'avérer plus complexe, en particulier les jours de marché et en haute saison, la capacité d'accueil des parkings n'étant pas toujours à la hauteur de la fréquentation touristique.

Organiser son temps – Une journée suffira à vous faire une idée de l'arrière-pays niçois, mais comptez un jour supplémentaire si vous désirez flâner dans les villages où faire une partie de votre découverte en suivant des sentiers pédestres. Malgré la sensation de fraîcheur apportée par l'altitude, pensez tout de même à emmener une réserve d'eau en haute saison.

Pour poursuivre la visite – Voir aussi Lucéram, Peille, Peillon, Vence.

Le tour du mont Chauve★

51 km au départ de Nice – 1/2 journée. Quitter Nice au nord par le bd de Cessole, l'av. Saint-Sylvestre et l'av. du Ray puis, à gauche à angle aigu, l'av. de Gairaut (D 14). 1 km après être passé sous l'autoroute, continuer à droite sur la D 14 et prendre à gauche la route signalisée.

Cascade de Gairaut

Ses deux ressauts font dévaler ses eaux dans une belle piscine naturelle, eaux venant du canal de la Vésubie alimentant Nice. Continuez jusqu'à l'esplanade de l'église d'où l'on a une belle **vue**★ sur la ville.

Revenir à la D 14.

Peu après, beau paysage sur la gauche vers Nice avec le mont Boron, le cap d'Antibes. La route s'élève ensuite vers Aspremont, et l'horizon s'étend sur les *baous*, la vallée du Var, les montagnes du haut pays.

Aspremont

Le village, joliment perché à 550 m d'altitude sur les contreforts des monts Cima et Chauve, est bâti suivant un plan concentrique. L'**église** a une nef gothique, peinte à fresque, retombant sur de solides chapiteaux cubiques. Jolie Vierge à l'Enfant en bois polychrome.

Contournez l'église et montez jusqu'à la terrasse de l'ancien château (rasé) qui domine le village : le **panorama**★ s'étend sur le cours inférieur du Var avec le pays de Vence, le cap d'Antibes, les collines niçoises, le mont Chauve et le mont Cima.

À la sortie du village, une petite route sur la gauche, signalée Mont Cima, mène à une bergerie *(laisser la voiture place des Selettes pour y accéder à pied)*. De là, belle vue sur Aspremont et la vallée du Var.

Revenir sur ses pas et poursuivre sur la D 719 qui franchit le petit col d'Aspremont entre le mont Chauve et le mont Cima et mène au riche bassin de Tourrette-Levens (plusieurs parcs de stationnement pour apprécier les panoramas).

Tourrette-Levens

Encerclé de montagnes, ce village de la route du sel s'accroche à son rocher, en forme de lame de couteau.

La petite **église** du 18e s. abrite, derrière le maître-autel, un beau retable de bois sculpté de même époque (la Vierge entre saint Sylvestre et saint Antoine). *Dim. pdt les offices ou en allant chercher la clé à l'auberge « Chez Lucien », face à la mairie.*

Suivant la montée du château, arrêtez-vous entre l'église et la tour du château à la Maison des remparts qui abrite le **musée des Métiers traditionnels** et ses 6 000 outils mis en scène sous forme d'ateliers des métiers d'antan. *✆ 04 97 20 54 60 - tlj sf lun. 14h-18h - fermé 1er janv., 1er Mai et 25 déc. - gratuit.*
Poursuivez l'ascension, votre effort sportif sera récompensé par la visite du **musée d'Histoire naturelle**, au centre des arts et traditions populaires, qui présente une intéressante collection de papillons exotiques et un diorama des animaux du monde entier, ainsi que par une vue panoramique sur les sommets voisins (mont Chauve, Férion) et les vallées du Gabre et du Rio Sec. *✆ 04 93 91 03 20 - mai-oct. : tlj sf lun. 14h-18h30 ; nov.-avr. : tlj sf lun. 14h-17h30 - fermé 1er janv. et 25 déc. - gratuit.*
En outre, en été, vous pourrez assister dans les jardins aux « **Nuits du château** » : concerts de musique baroque, chants polyphoniques ou conférences.

Rejoindre la D 19 que l'on prend à gauche, descendant la vallée du Gabre.

Les **gorges du Gabre** sont taillées dans des parois calcaires.

Prendre à droite la très sinueuse D 114 vers Falicon.

Falicon

Les lecteurs de **Jules Romains** (1885-1972) connaissent ce petit village niçois typique, serré sur son rocher et entouré de figuiers et d'oliviers : l'écrivain l'a choisi pour cadre d'un épisode des amours de Jallez et de la petite marchande de journaux niçoise dans son roman *La Douceur de la vie*. L'auberge où ils dînèrent *(le Bellevue)* existe toujours, avec sa terrasse panoramique ; quelques souvenirs de l'auteur y sont exposés.
Le village reçut d'autres hôtes illustres séduits par l'agrément du site. La reine Victoria venait en voisine de Cimiez y savourer le thé, comme le clame fièrement l'enseigne : *Au Thé de la Reine*. Vous aussi vous apprécierez les maisons anciennes blotties les unes contre les autres (les « Giaïnes »), le rempart percé de portes fortifiées, les ruelles tortueuses et étroites, les placettes pavées reliées par des passages voûtés. L'**église**, fondée par les bénédictins de Saint-Pons, présente un clocher carré et une façade en trompe l'œil. Elle possède une nef unique. À droite de l'abside, belle Nativité du 17e s. auréolée d'or. *Sam. pdt les offices.*
Prenez à gauche de l'église un large escalier, puis tournez à droite dans le sentier qui s'élève jusqu'à une terrasse d'où la **vue★** porte sur Nice et la mer, les collines niçoises et le mont Agel.

Rejoindre la D 114 à gauche. À la chapelle Saint-Sébastien se détache, à droite, la D 214, étroite et dangereuse, vers le mont Chauve. Laisser la voiture au terminus de la route.

Mont Chauve d'Aspremont

30mn AR. Comme son nom l'indique, son sommet (854 m) est pelé, à l'exception de la silhouette du fort désaffecté. De là, magnifique **panorama★★**, au nord sur les Alpes aux cimes enneigées, au midi sur Nice, ses collines et tout le littoral de Menton au cap Ferrat. Par temps (très) clair, on aperçoit la Corse.

Revenir à la D 114 et tourner à gauche ; après 2 km, prendre à droite à angle aigu dans la D 19. Passer sous l'autoroute ; 1 km plus loin se détache à droite une rampe qui monte vers Saint-Pons.

Église Saint-Pons★

L'abbaye bénédictine de Saint-Pons, fondée à l'époque de Charlemagne, a joué un rôle important dans l'histoire locale durant un millénaire. L'église, reconstruite au début du 18e s. sur un piton dominant la vallée du Paillon, déploie de tous côtés sa gracieuse silhouette et l'un des plus jolis campaniles génois de la région. Ce charmant édifice baroque dresse une haute façade à courbes et contrecourbes précédée d'un péristyle qui épouse la forme ondulante de l'ensemble.
L'intérieur de l'église est formé d'un grand vaisseau elliptique, précédé d'un vestibule et prolongé par un chœur en hémicycle. Il est étayé de chapelles rayonnantes entre de hauts et puissants piliers et est richement décoré de stuc.

Les deux Paillons★

90 km au départ de Nice – compter une journée.

Le Paillon principal ou Paillon de l'Escarène prend sa source au nord-est du col Saint-Roch, le Paillon de Contes descend de la cime de Rocca Seira, au nord-ouest du même col ; ils se rejoignent à Pont-de-Peille pour déboucher à Nice. L'itinéraire proposé emprunte d'abord la vallée du Laghet, avec un crochet par la Turbie et Peille, puis il fait découvrir les cours moyens des deux Paillons.

Quitter Nice au Nord par le boulevard J.-B.-Vérany et la route de Turin (D 2204). À la Trinité, prendre à droite vers Laghet.

La route remonte la vallée du Laghet, très verdoyante. La voie romaine de la Turbie à Cimiez empruntait l'autre rive.

S. Sauvignier / MICHELIN

Notre-Dame-de-Laghet renferme de nombreux d'ex-voto.

Notre-Dame-de-Laghet

Son cadre sylvestre au charme italien est connu de nombreux pèlerins qui y viennent, de Nice ou d'Italie, célébrer la Vierge en mémoire de ses miracles de 1652. Dans l'église on ne peut plus baroque, la statue de la Madone de Laghet apparaît au maître-autel, dans sa robe de bois sculpté. Le cloître et l'église, qui ont été fondés alors, regorgent d'innombrables **ex-voto**, qui témoignent de cette ferveur populaire. D'une naïveté touchante et amusante, les plus beaux sont exposés dans le petit **musée** de la place du Sanctuaire. Ils remontent au 19e s., la Révolution ayant détruit ceux qui la précédèrent. *☎ 04 92 41 50 50 - http://nice.cef.fr/laghet - ♿ - sanctuaire : 7h-13h, 17h-21h30 - musée de déb. mai au 15 oct. : tlj sf mar. 15h30-17h30 ; de mi oct. à fin avr. : 15h-17h - gratuit.*

Montée sinueuse dans les oliviers vers la Grande Corniche où l'on tourne à gauche.

La Turbie★ *(voir ce nom)*

Quitter la Turbie au nord par la D 53 qui ménage des vues sur la mer et le bassin du Paillon.

À gauche de la route, on aperçoit la **chapelle Saint-Martin**.

Saint-Martin-de-Peille

L'**église**, isolée, s'élève dans un beau cadre de montagnes plantées d'oliviers. Moderne, elle est d'une grande simplicité : vitraux en plastique, base d'autel faite d'un tronc d'olivier massif. De grandes baies s'ouvrent de chaque côté de l'autel sur la montagne. *Fermeture pour travaux.*

La route serpente au pied du **mont Agel** puis descend sur Peille. Près du dernier tunnel, on a un beau coup d'œil sur le village et son site.

Peille★ *(voir ce nom)*

À la Grave, la route rejoint la vallée du Paillon. 2,5 km plus loin, prendre à gauche la D 121 d'où se détache le pittoresque nid d'aigle de Peillon.

Peillon★ *(voir ce nom)*

Par la D 21 que l'on reprend à droite, on remonte la vallée du Paillon.

Bientôt, sur la droite, apparaît le village de Peille, bâti au flanc du mont du Castellet.

Gorges du Paillon★

Beaux défilés, frais et verdoyants, entre des murailles boisées.

L'Escarène

Bâti à la croisée de l'accès à la station de Peïra-Cava et à l'amorce des lacets du col de Braus, ce gros bourg s'étend au fond d'une vallée parcourue par le Paillon. Dès 1591 et jusqu'au 19e s., il est un important relais muletier sur l'ancienne route de Nice à Turin, appelée la **route du sel**. L'ancien pont à arche unique et la place de la Gabelle en conservent le témoignage. Du pont de l'Armée-des-Alpes, qui enjambe le Paillon, le vieux village se profile élégamment.

Du 17e s., flanquée de deux chapelles de Pénitents blancs et noirs, l'**église Saint-Pierre★** est l'œuvre de l'architecte niçois Guibert, concepteur de la cathédrale de Nice. Elle est parée d'une intéressante façade baroque très ouvragée. L'intérieur, remarquablement grand, présente un décor de la même époque. À droite du vestibule, le bénitier est creusé dans un antique autel gallo-romain surmonté d'une statuette dorée du 17e s. L'orgue, daté de 1791, est signé des **frères Grinda**, célèbres facteurs d'orgues niçois.

Sur la route du col de Turini (D 2566), au nord du village, un imposant **mausolée dédié à la 1re DFL**, inauguré en le 23 octobre 1960 par le général de Gaulle, rappelle les sacrifices et les combats de la Libération.

Monter au col de Nice par la D 2204 puis tourner à droite dans la D 125 qui mène à Berre-les-Alpes par de belles vues renouvelées sur le village.

Berre-les-Alpes

Ce village perché (675 m) est un charmant belvédère naturel dans un très joli site. Aux abords du cimetière, **panorama★** sur les Préalpes de Nice et la mer. Son **église**, remaniée régulièrement depuis le 14e s. conjugue plusieurs styles : décoration intérieure baroque, façade néorenaissance et vitraux contemporains. *✆ 04 93 91 88 36 - uniquement dans le cadre de la visite guidée du village par l'office de tourisme - gratuit.* Pendant la révolution, la sœur de Mirabeau se réfugia dans le **château** de Berre avant de fuir en Italie. Aujourd'hui, seuls les remparts, les échauguettes et les cours d'Honneur sont toujours accessibles et visibles en arpentant le lacis de ruelles pavées disposées tels des gradins.

Redescendre par la même route et prendre à droite la D 615.

La route, très tourmentée, qui mène à Contes est un enchantement. Les bouquets de châtaigniers alternent avec les pins d'Alep, les cyprès, les mimosas, les oliviers et les cultures en terrasses pour composer un paysage typique de l'arrière-pays niçois.

Contes

Les Romains l'ont bâti comme ses voisins sur un rocher formant, ici, une proue surplombant la vallée du Paillon de Contes. À l'époque carolingienne, le village était séparé en deux parties : le *villum* dans la plaine et le *castrum*, les bases de la ville d'aujourd'hui. Après une crue terrible du Paillon en 1530, la population se replia sur le castrum. Rien ne fut conservé du villum enseveli sous plusieurs mètres de terre.

Outre une élégante fontaine à deux étages de 1587, l'**église** renferme un retable de sainte Madeleine *(chapelle de droite)* de l'**école niçoise** (1525), remarquable pour sa **prédelle★** qui raconte la vie de la sainte en 5 petits tableaux, et un retable de Canavesio daté de 1632. Remarquez aussi les belles boiseries du 17e s.

En bordure du Paillon *(D 15, en direction de Coaraze)*, le **site des moulins** comprend le moulin à huile (13e s.) du village toujours en activité *(déc.-mars)* et le moulin à fer (14e s.) où l'on fabriqua des outils agricoles jusqu'en 1958. Outre l'atelier du forgeron, vous verrez au 1er étage une cuisine paysanne de 1900. *✆ 04 93 79 19 17 - sam. 9h30-12h30, 14h-17h - fermé nov. - 2 €.*

Prendre la D 715 qui longe, puis traverser le Paillon à la Grave, et la D 815 parmi les pins et les oliviers.

Châteauneuf-Villevieille

Ce fief dominant la vallée du Paillon est occupé depuis longtemps, comme en témoigne le magnifique paysage de ruines de la ville médiévale, située 2 km plus loin *(30mn)*, d'où se dégage un vaste **panorama★**, du mont Chauve et du Férion (ouest) aux Alpes (nord-est).
Dans le village actuel, réinvesti au 18e s., la présence romaine se lit dans l'inscription encastrée de la façade de l'**église**, la « Madone de Villevieille ». Cette dernière est du 11e s., comme l'attestent ses festons et ses bandes lombardes. Elle a été rhabillée au 17e s. par une voûte à fresque et un beau retable en stuc qui entoure une Vierge à l'enfant du 15e s. *Possibilité de visite sur demande la veille à Mme Martin, ✆ 04 93 91 00 97, à Mme Morand, ✆ 04 93 79 14 71 ou à Mme Quaranta, ✆ 04 93 79 14 85.*
De la place partent les ruelles ombragées et tranquilles. Certaines maisons, construites tels des à-pics au-dessus du vide vous donneront le vertige.

Revenir à la D 15, qui, de Contes, ramène à Nice par la vallée du Paillon.

D. Pazery / MICHELIN

Gilette, un village accroché au-dessus d'un ravin.

Vallées du Var et de l'Esteron

66 km – une demi-journée.

Voie de passage, le **Var** a toujours été, aux confins de la Provence et du comté de Nice, l'une des deux grandes voies de pénétration vers les Alpes de Haute-Provence ; l'autre étant la route Napoléon. Large dans son cours inférieur et en voie d'industrialisation et d'urbanisation poussées, sa vallée se prête à une intense circulation. Son charme augmente à mesure que l'on remonte son cours qui se resserre en amont du confluent de la Vésubie.

Quitter Nice par la promenade des Anglais prolongée par la promenade Corniglion-Molinier, agréable parcours le long de la baie des Anges. Rejoindre la N 98, puis prendre à droite vers Plan-du-Var.

La N 202 qui longe le Var permet un accès rapide dans l'arrière-pays niçois. Dans un décor de cultures florales et potagères, de vignobles et d'oliveraies apparaissent

Gilette, la cité solidaire

Le Moulin à huile coopératif, né avec l'arrivée de l'électricité à Gilette, a été construit grâce aux dons de Louis d'or des villageois et à leur participation à des journée de travail collectif. Il a longtemps servi à tous les Gilettois qui souhaitaient extraire de leur récolte d'olives leur huile pour leur consommation personnelle (il sert encore aujourd'hui).

Pour les différents travaux de réhabilitation du village, les initiatives et les bénévoles n'ont pas manqué non plus. Il y a quelques années, la toiture de la chapelle Saint-Pancrace du 15e s. fut ainsi rénovée par des riverains. L'intérieur fut confiée bénévolement à une école de fresquistes en 1999.

En 1994, la mairie se charge de la restauration des toitures et façades de l'église baroque du 17e s., tandis que l'association *Arts Cultures et Traditions* est à l'origine de la réalisation du chœur, de l'autel et de l'achat des bancs. Jean-Paul Belmondo qui avait tourné à Gilette, 18 ans auparavant, le début de *La Scoumoune* aurait même subventionné une partie des travaux. Des peintres gilettois, qui ont poussé leur sérieux jusqu'à « monter à Paris » pour se documenter précisément sur les couleurs et compositions des enduits, ont mené à bien la remise en état des fresques intérieures.

tour à tour les villages perchés de l'arrière-pays niçois et vençois. À gauche, au pied des *baous*, Gattières, puis Carros et le Broc, à droite, Aspremont et Castagniers au pied du mont Chauve, Saint-Martin-du-Var, la Roquette-sur-Var… À l'horizon, la **vue★** se porte sur les cimes enneigées des Alpes. À Saint-Martin-du-Var, l'Esteron se jette dans le Var.

Gagner la rive droite du Var par le pont Charles-Albert et prendre la D 17 en direction de Gilette.

On aperçoit, à droite, le site de Bonson, village qui couronne un à-pic vertigineux au-dessus de la rivière, et bientôt, le curieux site de Gilette, bâti dans une brèche.

Gilette

4 km avant le village, faites une halte au surprenant **musée Lou Ferouil★**. C'est le maître des lieux, Pierre-Guy Martelly, qui vous guide dans la convivialité. Passionné d'anciens outils qui sont pour la plupart des dons (auxquels vous pouvez contribuer si l'envie vous en dit), il les remet en état et en situation en recréant des ateliers (menuiserie, ferronerie, mécanique, etc.). Il vous fera découvrir les métiers d'autrefois mais aussi l'histoire locale à travers eux, et partager sa passion pour le travail du métal en œuvrant devant vous, car le collectionneur-conteur est également sculpteur (ne manquez pas sa gigantesque reproduction de la vallée de l'Esteron, façon forgeron). Belle collection d'automobiles également. *04 92 08 96 04 et 06 80 45 12 08 - mai-sept. : tlj sf lun. 9h-19h ; oct.-avr. : tlj sf lun. 10h-17h30 - lun. et j. fériés sur demande - 4 € (-12 ans 2 €).*

Imprenable aux temps troublés, Gilette, accroché au-dessus d'un ravin, garde sa réputation d'accès difficile, comme la plupart de ses voisins perchés. De la place de la Mairie, suivre le parcours fléché qui monte aux ruines du château (12e s.), d'où le **panorama★** porte sur d'impressionnantes routes en corniche, la vallée du Var, son confluent avec l'Esteron et les Préalpes. Une agréable allée, bordée de platanes et d'acacias, passe sous le château, livrant de belles vues sur les villages perchés de Bonson et de Tourette-du-Château ainsi que sur les Grandes Alpes, au nord.

Reprendre la D 17 au nord de Gilette, qui remonte la vallée de l'Esteron, puis, 2 km après Vescous, s'engager à droite dans la petite route qui monte à Vieux-Pierrefeu.

Vieux-Pierrefeu

Accès interdit en voiture. Ancien poste romain du nom de Petra Ignaria, Vieux-Pierrefeu était le maillon de la longue chaîne qui s'étirait entre le Mur d'Hadrien (frontière entre l'Écosse et l'Angleterre) et Rome, servant à transmettre des messages optiques.

Austère et fier, ce beau village perché (618 m), vêtu de ses vieilles pierres bien restaurées, donne envie de s'y attarder. L'Esteron tout proche, avec son lit escarpé et son eau turquoise, réjouit les amateurs de canyoning.

L'église (16e s.) abrite le **musée « Hors du temps »**, collection unique de peintures contemporaines sur le thème de la Genèse, où l'on relève, parmi la quarantaine de signatures, les noms de Brayer, Carzou, Folon, Erni, Vicari, Villemont, Moretti et Dupuis. *✆ 04 93 08 58 18 - visite uniquement sur demande à la mairie 2 j. av. - 2 €.*

En redescendant par la superbe D 17, vous apercevrez la vallée du Var et les villages rocheux de Bonson et de La Roquette.

Bonson★

Bâti dans un site remarquable, au bord d'un éperon sur le Var, Bonson offre de la terrasse de l'église une **vue★★** exceptionnelle sur le confluent du Var et de la Vésubie, le défilé du Chaudan, les gorges de la Vésubie ; en bas coule le Var, au pied de nombreux villages perchés. Le cadre sylvestre réputé de Bonson a malheureusement subi les ravages d'un terrible incendie en août 1994.

L'**église** renferme trois œuvres de **primitifs niçois**, pleines d'une touchante dévotion populaire à une époque de peurs, d'épidémies et de guerres. Au revers de la façade, le **retable de saint Antoine**, où l'on reconnaît sainte Gertrude (invoquée contre la peste) aux rats qui l'escaladent. Sur le bas-côté droit, le **retable de saint Jean-Baptiste**, attribué à Antoine Brea (repeints fâcheux au centre). Au maître-autel, enchâssé dans un cadre Renaissance, le **retable de saint Benoît★**, émouvant par son style naïf et direct, avec sainte Agathe retenant ses seins coupés, sainte Catherine armée d'un glaive, saint Sébastien au corps transpercé de flèches, traité à la manière byzantine. *✆ 04 93 08 58 39 - demander la clé au bar-tabac sur la place contre une pièce d'identité ou à la mairie tlj sf jeu. et w.-end 9h-12h, 15h-17h- gratuit.*

Quitter le village à l'Ouest par la D 27 en direction de Puget-Théniers.

La route serpente à flanc du relief et offre de belles échappées sur Gilette. Après Tourette-du-Château, prendre à droite la route en forte déclivité qui sinue jusqu'à la crête du **mont Vial★** avant d'atteindre le sommet (1 549 m). Un **panorama★★** impressionnant récompense les courageux de leur ascension. Par beau temps, la vue s'étend sur le cours du Var depuis Puget-Théniers jusqu'à l'embouchure.

Retourner à Bonson par le même itinéraire.

Par de belles **vues★**, de grands lacets descendent sur le Var qu'on atteint au pont Charles-Albert. À gauche, la N 202 conduit à **Plan-du-Var**, où l'on franchit la Vésubie à son confluent avec le Var. On laisse à droite les gorges de la Vésubie.

Défilé du Chaudan★★

Jusqu'à proximité du pont de la Mescla, le Var développe ses méandres au fond d'une gorge étroite aux superbes parois verticales. La route, serrée de près par le fleuve, contourne ces méandres dans un spectacle éblouissant.

Au **pont de la Mescla**, la Tinée se jette dans le Var.

Revenir à Nice par la N 202.

L'arrière-pays niçois pratique

Voir aussi les encadrés pratiques de Lucéram, Vence, Peille, Peillon.

Adresses utiles

Syndicat d'initiative de Gilette Val d'Esteron – *pl. du Docteur-Morani - 06830 Gilette - 04 92 08 98 08 - www.esteron.fr - horaires sur demande.*

Office du tourisme de Contes – *13 pl. Jean-Allardi - 06390 Contes - 04 93 79 13 99 - tlj sf w.-end 14h-17h - fermé j. fériés.*

Maison de pays et des traditions - Office du tourisme de Berre-les-Alpes – *6 pl. Bellevue - 06390 Berre-les-Alpes - 04 93 91 88 36 -http://monsite.wanadoo.fr/mdp.berre-les-alpes - de mi-juin à mi-sept. : tlj sf merc. 9h-12h, 15h-18h, vend. et w.-end 9h-12h, 14h30-18h30 ; reste de l'année : vend. et w.-end 9h-12h, 14h-17h - 1er janv., 1er Mai et 25 déc. : ouv. le mat.* Visite du village gratuite sur demande *(48h av.)*.

Se loger

Chez Michel – *06670 Castagniers - 04 93 08 05 15 - www.chezmichel.fr - fermé 31 oct.-4 déc. - 9 ch. 47/50,50 €.* Amoureux de la nature : la vue sur la vallée vaut le détour. Situées dans une annexe, les chambres sont simples et bien tenues. Restaurant de style rustique.

Chambre d'hôte La Maïoun aux Oliviers – *360 rte des Mortissons - 06910 Pierrefeu - 04 97 02 12 81 - www.maioun-aux-oliviers.com - - 3 ch. 55/60 € - repas 25 €.* Perdue dans l'arrière-pays niçois, dans le calme de la montagne, cette jolie maison offre une vue agréable sur la vallée et les bois alentour. Les 3 chambres misent sur une décoration fraîche et claire. Sanitaires privatifs (sur le palier pour 2 d'entre elles). Piscine entourée de verdure.

Chambre d'hôte les Cyprès – *289 rte de châteauneuf - 06390 Contes - 04 93 62 58 77 - www.lescypres.fr - - 3 ch. 68/75 €.* Récemment rafraîchie, cette maison niçoise des années 1920 compte 3 chambres, toutes au rez-de-chaussée, donnant chacune sur l'extérieur. On appréciera la décoration à la fois sobre et raffinée, jusque dans les salles d'eau, ornées de jolies faïences. Petits-déjeuners servis sous la pergola ou sous la treille.

Se restaurer

La Capeline – *06830 Toudon - 9 km de Gilette par D 17 rte de Roquesteron - 04 93 08 58 06 - ouv. mars-oct., w.-end d'oct. à fév. et fermé merc. - réserv. obligatoire - 20/26 €.* Poussez la porte de cette petite maison dans la vallée de l'Esteron, où le patron mitonne chaque jour un menu aux saveurs régionales qui vous sera annoncé verbalement. Petit plus : l'huile d'olive maison. Décor rustique simple et terrasse ombragée de canisses.

Au Rendez-vous des Amis – *176 av. de Rimiez, Aire St-Michel - 06100 Nice - 9 km au nord de Nice - 04 93 84 49 66 - fermé 29 oct.-29 nov., 26 fév.-14 mars, mar. sf juil-août et merc. - 23/29 €.* Isabelle et Thierry vous reçoivent comme à la maison dans leur restaurant coloré. C'est elle qui prépare les entrées et les desserts, pendant que monsieur mitonne de savoureuses recettes aux accents du Sud. Pas de carte à rallonge ici, mais un menu à prix sage dont le choix restreint garantit la fraîcheur des produits.

Que rapporter

VIN DE PAYS

Domaine de la Source – *303 chemin de Saquier - 10 km de Nice par N 202 - 06200 St-Roman-de-Bellet - 04 93 29 81 60 - www.domainedelasource.fr - 8h30-20h30.* Une famille d'horticulteurs convertis à la vigne est à la tête de ce domaine produisant des vins rouge, blanc et rosé bien représentatifs de l'appellation Bellet. Exposition de vieux outils dans la cave ; techniques viticoles privilégiant l'écologie. Propriétaire au caractère bien trempé, maniant volontiers la galéjade !

Via Julia – *10 km de Nice par N 202 - 06200 St-Roman-de-Bellet - 04 93 32 81 76 - sur RDV uniquement.* Avec ses 2 ha de vignes, le domaine Via Julia produit le **bellet** rouge, rosé ou blanc en restant fidèle aux méthodes artisanales. Terres en restanques étroites ou en pente nécessitent un travail à la main. La vinification s'effectue en fûts de chêne, garantie d'une production de grande qualité. Si vous êtes dans la région, allez visiter la propriété : la grande maison rouge décorée d'une frise représentant des grappes de raisin est très accueillante.

Sports & Loisirs

Ski – La proximité des stations de ski d'Auron et Valberg – accessibles en une ou deux heures par la route – est un des attraits de Nice.

Peille★

Pelha

2 045 PEILLASQUES
CARTE MICHELIN DÉPARTEMENTS 341 F5 – ALPES-MARITIMES (06)

Son nom d'origine ligure (*Pilia*), qui signifie « hauteur nue et herbeuse », est en parfait accord avec sa situation ! Ce bourg médiéval de caractère s'étage dans un site exceptionnel, à la fois désolé avec ses montagnes escarpées, vert avec ses oliveraies, et sauvage, surplombant le profond ravin du Faquin.

- **Se repérer** – À 11 km au nord de La Turbie par la D 53.
- **Se garer** – Un seul parking public prévu à l'entrée du village.
- **À ne pas manquer** – Chaussez vos baskets pour visiter le vieux bourg et adhérer au sol des calades qui font le charme de ce village.
- **Organiser son temps** – Comptez 1h30 pour visiter le village, et 30mn supplémentaires pour apprécier les objets et outils du musée du Terroir.
- **Pour poursuivre la visite** – Voir aussi Peillon et le circuit des deux Paillons *(voir Arrière-pays niçois).*

M.-H. Carcanagues / MICHELIN

À Peille, les maisons s'accrochent à flanc de colline.

Se promener

Village

Tout respire le calme dans ce village dont les vénérables habitants parlent encore un dialecte à eux, le « pelhasque », à mi-chemin entre nissart et gavouot du Haut-Pays. Depuis la place de la **Tour** (13e s.) en bordure de la D 53, les marches descendent la rue de la Sauterie, rocailleuse, entrecoupée d'escaliers et de passages voûtés ; la rue dégringole ensuite vers la place A.-Laugier. À droite, la rue Centrale mène à la mairie sise dans l'ancienne **chapelle Saint-Sébastien** (13e s.), couronnée d'un dôme. En tournant deux fois à gauche, on tombe sur la rue Saint-Sébastien : à gauche se dresse l'ancien **hôtel de la Gabelle** du sel, restauré après les tremblements de terre de 1909. À nouveau sur la place A.-Laugier, admirez l'ancien **hôtel des Consuls** ou « palais du juge Mage » avec ses portails et ses fenêtres géminées. Derrière une **fontaine gothique**, sous une maison, deux demi-arches s'appuient sur un pilier roman. Celle de droite conduit à la rue Lascaris, puis vers le monument aux morts, d'où le point de vue est superbe. Celle de gauche ouvre sur l'**Arma**, le plus vieux quartier qui

Peille pratique

Adresse utile

Syndicat d'initiative (mairie) – *Pl. Carnot - 06440 Peille - ✆ 04 93 91 71 71 - tlj sf w.-end 9h-12h.*

Se restaurer

⊖⊖ **Le Relais St-Martin «Chez Cotton»** – *06440 St-Martin-de-Peille - 6 km au sud de Peille dir. La Turbie - ✆ 04 93 41 16 03 - www.chezcotton.com - fermé nov., le soir de sept. à juin et lun. - 18/30 €.* Lorsqu'il fait bien chaud au bord de l'eau, les gens montent ici avec délectation pour profiter de la fraîcheur. Recettes du terroir et grillades servies dans la grande salle vitrée (flambées dans la cheminée en hiver) ou sur la terrasse ombragée. Vue sur la vallée et la montagne.

présente encore l'ancien portail d'entrée du village lorsque celui-ci était ceinturé d'un solide rempart. Un **musée du Terroir** évoque les us et coutumes locales à travers des objets, meubles, outils et vêtements donnés par les habitants. *✆ 04 93 91 71 71 - merc., w.-end et j. fériés 14h-17h - gratuit.*

Église

Flanquée d'un élégant clocher lombard pyramidal, l'église (12e-13e s.) est formée de deux chapelles accolées. À gauche en entrant, un retable à quinze compartiments (1579) d'Honoré Bertone décore un autel. À droite, Peille est représenté tel qu'il était au Moyen Âge. Sainte Anne, la Vierge et l'Enfant figurent sur une fresque du 14e s.

Randonnée

Via ferrata

Se garer sur le parking public à l'entrée du village et suivre la signalétique spécifique.

Longueur totale du parcours : 800 m ; compter 3h30 environ. Tarif d'accès : 3 €. Location d'équipement sur place, s'adresser au bar l'Absinthe - ✆ 04 93 79 95 75. Pour un encadrement, s'adresser aux guides de haute montagne.

Cet itinéraire de randonnée sportive riche en émotions, au-dessus du village de Peille, offre une succession de passerelles, ponts de singe et tyrolienne en toute sécurité.

Peillon★

Pelhéon

1 227HABITANTS
CARTE MICHELIN DÉPARTEMENTS 341 F5 – ALPES-MARITIMES (06)

Ce village, juché en nid d'aigle sur un rocher étroit et abrupt, est l'un des plus spectaculaires de la Côte d'Azur. Une rigoureuse unité architecturale, imposée par le site et les nécessités de la défense, en compose harmonieusement les formes jusqu'au sommet occupé par l'église.

Se repérer – Un peu en retrait de la vallée du Paillon, Peillon se rejoint facilement depuis Nice.

Sur l'ancienne voie romaine, un sentier relie Peillon à Peille (village dont il fut séparé au 13e s.) en 2h depuis l'église.

Se garer – Stationnez en bordure de la route d'accès au village ou sur la place Annulf proposant une dizaine de places de parking.

À ne pas manquer – Pensez à réserver auprès de la mairie votre visite de la chapelle et l'église, incontournables.

Organiser son temps – L'été, préférez visiter le village à la fraîche (tôt le matin ou en fin d'après-midi) car fatigue et coup de chaud ne font pas bon ménage. 1h30 suffisent à en faire le tour et à se rendre sur le site des moulins, dans la vallée.

Pour poursuivre la visite – Voir aussi Peille et le circuit des deux Paillons *(voir Arrière-pays niçois).*

H. Le Gac / MICHELIN

Peillon, un charmant village perché de l'arrière-pays niçois.

Se promener

Village

Il a gardé intégralement son aspect médiéval. Partout des escaliers en calades qui serpentent parmi les maisons fleuries, et de nombreux passages voûtés.

À l'entrée (derrière les monuments aux morts), subsistent les vestiges d'une partie de tour carrée. C'est le « portail », l'ancienne porte d'accès à la forteresse. Dans le prolongement sud, trônant sur la place Arnulf, à l'ombre des platanes, une fontaine datée de 1800. Les maisons les plus basses en pierre grise sont accrochées les unes aux autres par des « pountins » et font corps avec la roche pour dessiner un rempart. D'autres les surmontent et se superposent à flanc de montagne jusqu'au clocher qui domine le village tout entier.

Peillon pratique

Adresse utile

Mairie – 672 av. de l'Hôtel-de-ville - *06440 Peillon - ✆ 04 93 79 91 04 - tlj sf w.-end 8h-12h, merc. et vend. 8h-12h, 14h-17h30.*

Se loger et se restaurer

Annexe Lou Pourtail – *Accueil à l'Auberge de la Madone - ✆ 04 93 79 91 17 - fermé 20 oct.-20 déc. - 6 ch. 40/70 € - 12 € - restaurant 32 € déj. – 50/62 €.* Au pied du village-crèche, l'annexe de l'Auberge de la Madonne se révèle être une maison ancienne pleine de charme : murs chaulés, voûtes ou hauts plafonds et mobilier campagnard. Cuisine du terroir servie dans une petite salle à manger rustique ou dans le jardin-terrasse.

Église Saint-Sauveur

Dominant le ravin et très austère, elle fut construite au début 16e s., incluant l'abside et une autre église romane du 12e s. Sa façade est de style classique tandis que l'intérieur affiche un goût baroque (ses colonnes et ses trompe-l'œil).

Depuis la plaça dei Gleia (place de l'Église), superbe **panorama★** sur le massif de l'Esterel, le mont Massourda, le vallon de Saint-Martin, le vallon de Longa (table d'orientation).

Chapelle des Pénitents-Blancs

Une minuterie extérieure permet de voir à travers la grille les fresques.

L'intérêt de cette chapelle réside dans les **fresques★** de **Jean Canavesio**, datées de la fin du 15e s. Au fond, la Crucifixion, avec les portraits de saint Antoine et de sainte Pétronille. Sur les murs et les voûtes sont peintes des scènes de la Passion, remarquables par la vigueur de leur mouvement (voir notamment la Flagellation et le Baiser de Judas) et le goût de l'anecdote. La parenté avec les fresques de Notre-Dame-des-Fontaines *(voir La Brigue)* est évidente. Sur l'autel, remarquez une belle Pietà de bois polychrome.

Moulins à huile et à farine

Au confluent de la Launa et du Paillon, s'étend le petit hameau des Moulins qui, comme son nom l'indique, possède l'intérêt de recenser sur son territoire deux moulins du 19e s. parfaitement conservés et toujours en activité. Moulins à huile et à farine (seul moulin à grain de la vallée du Paillon) utilisent la même roue à canon (d'origine !) pour fonctionner.

Lucéram★

1 035 LUCÉRAMOIS
CARTE MICHELIN DÉPARTEMENTS 341 F4 – ALPES-MARITIMES (06)

Ce très joli village, aux trois clochers de tuiles colorées, est niché au creux d'un ravin. En descendant depuis Peïra-Cava, le hasard des tournants propose de splendides vues. C'est le petit bijou du comté de Nice tant pour la beauté du site que pour le charme de ses ruelles et la richesse de son patrimoine d'art religieux.

Se repérer – À 21,5 km au nord de Nice.

Se garer – Parking aux deux extrémités du village. Venant de Nice : 2 parkings, à gauche après la caserne des pompiers, ou plus loin sur la droite, juste avant la poste. Venant de Peïra-Cava, à droite au niveau des premières rues.

À ne pas manquer – La visite guidée du village et des musées *(sur réservation)*. Les amoureux d'art prolongeront leur promenade en allant admirer les fresques des chapelles Saint-Grat et Notre-Dame-de-Bon-Cœur.

Le saviez-vous ?

Lucéram trône à la croisée des chemins artistiques ! Étape incontournable de la **Route du Baroque** et de la **Route des Brea**, prenez le temps de vous arrêter pour découvrir des œuvres aussi rares qu'exceptionnelles.

Pour en savoir plus et connaître les itinéraires de la Route des Brea (balisée) et de la Route du baroque, connectez-vous sur le site du conseil général des Alpes-Maritimes : www.cg06.fr *(voir aussi la rubrique « routes thématiques » p. 32.)*.

Organiser son temps – Prévoyez une demi-journée pour découvrir tous les secrets de ce village. 2h suffiront à ceux qui souhaitent uniquement s'imprégner de l'humeur de Lucéram en flânant dans ses ruelles pentues.

Avec les enfants – Le Musée des vieux outils, pour son aspect pédagogique et le Musée de la crèche pour plonger à tout moment dans la magie de Noël.

Pour poursuivre la visite – Voir aussi Peille.

Comprendre

Un ancien village médiéval – Lucéram a été conçu en deux parties : le village supérieur bâti sur un escarpement rocheux entre deux ravins et le village inférieur, ancien lieu de passage, sur la **route du sel**. Par sa situation défensive hors du commun, Lucéram a vu se succéder sur son rocher bon nombre de peuples en 3 000 ans. Les Ligures, d'abord, les Celtes, les Romains et les Francs ensuite y ont construit plusieurs demeures et places fortes. Les Comtes d'Anjou, plus tard, ont édifié le **château** dont les vestiges du 13e s. sont encore bien conservés au sud du village. Autre particularité de Lucéram : le nombre considérable de chapelles de

Mon olivier, mon or !

En vous rapprochant de Lucéram, le paysage typique des collines cultivées en terrasses et complantées d'oliviers ne vous aura certainement pas échappé. Le nombre d'oléiculteurs y serait-il plus important qu'ailleurs dans la région ? Absolument pas… mais les propriétaires d'oliviers qui bichonnent toute l'année leurs petits arbres, oui ! Et ils le leur rendent bien. Chacun y va alors de sa production personnelle (bio, s'il vous plaît) d'olives et d'huile d'olive. Grâce à l'altitude du village (750 m) et à sa relative résistance au froid, le développement normal des parasites nécessitant des traitements est exclu. Les belles olives de Nice (cailleter) prennent une forme parfaitement ovoïdale, offrent un fruit très petit et une chair savoureuse. D'une couleur jaune pâle, brillante à reflets dorés, fluide, douce et fine, le jus en or qui coule sous les tanières est unique en son genre, reconnaissent les experts.

confréries. Fief de l'ordre de Malte et des templiers, Lucéram en a compté jusqu'à sept, à l'extérieur du village ! Il n'en reste que deux aujourd'hui : la chapelle Saint-Grat et la chapelle Notre-Dame-de-Bon-Cœur. À l'intérieur du village, la chapelle des Pénitents blancs Saint-Pierre, la chapelle des Pénitents noirs Saint-Jean et l'église ponctuent le caractère extrêmement sacré de Lucéram.

Se promener

Vieux village★

Départ place Adrien-Barralis. Suivre les panneaux indiquant le chemin de l'église.

Maisons aux belles fenêtres géminées du 18e s., arches et passages voûtés, portes en ogives, petits escaliers inattendus, portes basses coincées dans un creux de la chaussée : un véritable petit labyrinthe médiéval ! Des fontaines, souvent agrémentées d'un petit lavoir, coule une fraîche eau de source.

Église Sainte-Marguerite

Pl. de l'Église - ✆ 04 93 79 46 50 ou 04 93 91 60 56 - mar. et merc. 10h-12h, 14h-17h, dim. 14h-17h - possibilité de visite guidée (2h) dans le cadre de la visite du village sur RV à l'Ofice de tourisme mar., merc. et jeu. 11h, 14h30 et 16h - 5 €.

Remanié au 18e s., l'édifice n'a plus grand-chose de médiéval : façade classicisante, gracieux clocher et, à l'intérieur, stucs rococo. Vous y découvrirez le plus important ensemble de **retables★★** niçois (15e s.), à fond d'or ou de paysage : au-dessus du maître-autel, le retable de Sainte-Marguerite, chef-d'œuvre de **Louis Brea** ; dans le bras droit du transept, le retable de Saint-Antoine de Padoue par **Jean Canavesio**, encadré d'une boiserie gothique flamboyant. Dans le **trésor★**, belle statuette en or, argent et vermeil de sainte Marguerite au dragon (1500).

En sortant, descendre l'escalier à droite et gagner la montée du Terron.

Elle conduit aux **remparts** (15e s.), dont il reste un angle et une tour défensive.

M.-H. Carcanagues / MICHELIN

En route vers le col de Turini, Lucéram mérite un arrêt.

Visiter

Musée des vieux outils★

Sur RV à l'office de tourisme pour une visite guidée (2 €) ou une visite guidée du village (5 €) - ✆ 04 93 79 46 50.

L'association les Amis de Lucéram a créé en 1998 ce musée retraçant l'histoire locale de Lucéram. Dans le somptueux décor de la chapelle Saint-Jean, tous les outils d'antan liés au travail de la terre, du bois, de l'or-piment et de l'arsenic, du

Lucéram pratique

Adresse utile

Office du tourisme de Lucéram/Maison de pays de Lucéram et du Haut-Paillon – *pl. Adrien-Barralis - 06440 Lucéram - ✆ 04 93 79 46 50 - tlj sf dim. et lun. 9h-12h, 14h-18h - fermé j. fériés.*

Visites

Visites guidées – Possibilité de visite guidée des musées de la crèche et des vieux outils, du village, de l'église et des musées en réservant auprès de la Maison de pays *(mini. 5 pers.).*

Événement

Circuit des crèches – *Se renseigner à la Maison de pays.* En décembre-janvier, plus de 400 crèches sont exposées dans les caves et les rues de Lucéram et de Peïra Cava. Pastorale des bergers et messe en dialecte le 24 décembre.

fer, de la viticulture, de l'olive… y sont représentés. Le tout sous le regard en noir et blanc des ainés du village dont on retrace en photo la vie et les labeurs. Des meubles très travaillés, une glacière imposante (charrette chargée pour acheminer la glace depuis Nice), un lavoir et la panoplie des outils servant à décortiquer les châtaignes vont vous étonner.

Musée de la crèche★

Sur RV à l'office de tourisme pour une visite guidée (2 €) ou une visite guidée du village (5 €) - ✆ 04 93 79 46 50. Pendant le Circuit des Crèches (de déc. à mi-janv.), le musée est ouvert tlj sf lun.

Les membres fondateurs de l'association Maison de Pays ont créé ce musée étonnant et unique dans la région, sur la placette du village. Entre 150 et 200 œuvres sont exposées, toutes conçues et offertes par des habitants. La plus impressionnante a été réalisée à l'aide de 33 000 allumettes. Dans un univers magique, vous passerez en revue les crèches du monde. La plus ancienne date de 1948. Et pour les santons, tous les matériaux sont représentés : terre cuite, porcelaine, allumettes, verre, bois, laine, tissus, fil de fer et même en chocolat !

Aux alentours

Chapelle Saint-Grat

1 km au sud par la D 2566, sur la gauche en sortant du village, avant le tunnel. Y descendre à pied. Intérieur de la chapelle visible à travers les grilles.

Fresques attribuées à **Jean Baleison**. La Vierge et l'Enfant sont assis sous un triple baldaquin gothique. Saint Grat porte la tête de saint Jean-Baptiste qu'il aurait découverte en Palestine près d'un puits. Saint Sébastien, patron des archers, tient une flèche à la main.

Chapelle Notre-Dame-de-Bon-Cœur

2 km à l'ouest par la D 2566. Se garer (à gauche) quand apparaît un terre-plein des deux côtés de la route. Un petit sentier conduit à la chapelle.

Fresques restaurées également attribuées à **Jean Baleison**, avec quelques repeints. Sous le porche, *La Bonne et la Mauvaise Prière* (inscription latine : « Si ce n'est pas le cœur qui prie, la langue travaille en vain »), et à nouveau saint Sébastien, en martyr. Au fond, scènes du Nouveau Testament (Vie de la Vierge, Nativité).

Saint-Paul★★

San Pàu

2 847 SAINT-PAULOIS
CARTE MICHELIN DÉPARTEMENTS 341 D5 – ALPES-MARITIMES (06)

Dans un site plein de charme, sa silhouette effilée apparaît de loin entre paisibles collines et riches vallons du pays de Vence. Ce ravissant village, l'un des plus visités de France, a su conserver son visage féodal propre aux cités fortifiées qui gardaient la frontière du Var jusqu'en 1870. Depuis 1964, la fondation Maeght en fait un des hauts lieux de l'art moderne.

- **Se repérer** – À 4 km au sud de Vence par la D 2.
- **Se garer** – Parking payant Route des Serres.
- **À ne pas manquer** – Le magnifique panorama sur la vallée depuis les remparts ; la fondation Maeght.
- **Organiser son temps** – En été et le week-end, les visiteurs affluent dans la Rue-Grande ! Visitez donc (si vous le pouvez) Saint-Paul hors saison, faute de quoi la magie des lieux risque de céder le pas à l'agacement… En outre, vous pourrez découvrir les collections permanentes de la fondation Maeght, remplacée aux beaux jours par des expositions temporaires.
- **Pour poursuivre la visite** – Voir aussi Vence, Cagnes-sur-mer, Biot.

Comprendre

Une certaine idée du bonheur – Tous les jours, c'est le même rituel. Ici, on a la blague facile mais il y a un sujet avec lequel on ne plaisante pas : les boules ! À l'entrée du village, la place du marché, renommée « place du jeu de boules », une fois libérée de ses obligations commerciales se transforme en terrain de championnat, où pression et performances sont de la partie, sous le regard tantôt amusé tantôt concentré des passants. Vous reviennent alors en tête les images qui ont fait le tour de la France en vacances sur lesquelles Yves Montand et Lino Ventura s'adonnaient eux aussi, avec leurs amis Saint-Paulois, à cette passion locale.

Se promener

Rue Grande

Cette belle artère qui traverse la ville de bout en bout se découvre tôt le matin, avant que la foule, compacte, n'arrive et que n'ouvrent les boutiques de plus ou moins bon aloi et les galeries, où le pire côtoie le meilleur, qui ont investi les belles maisons blasonnées, à arcades et loggias, des 16e et 17e s. L'ensemble témoigne de la prospérité de cette ancienne cité royale, autonome depuis le 13e s. La célèbre **fontaine** de 1850 qui capte toujours les sources du Malvan et de la Font Renaude et son lavoir voûté donnent beaucoup de cachet à la petite place.

En entrant à droite, la tour carrée à mâchicoulis abrite l'office de tourisme et le **musée de Saint-Paul** qui propose des expositions photographiques sur la vie de Saint-Paul ainsi qu'une exposition de printemps des artistes Saint-Paulois.

Le saviez-vous ?

Vous avez le choix entre deux appellations : Saint-Paul et Saint-Paul-de-Vence (rappelant la proximité du village avec Vence) que chantèrent Trenet et Montand.

Dans les années 1920, alors que la ville déclinait depuis un siècle au profit de Vence, sa rivale, un certain **Paul Roux** la relança, en gardant ses amis artistes à coucher. Modigliani, Signac, Bonnard, Soutine, Chagall (qui repose au cimetière), puis gens de lettres et du spectacle ont ainsi contribué à la notoriété de Saint-Paul.

Difficile de passer à côté de Saint-Paul-de-Vence…

Monter la ruelle en escalier, tourner dans la première ruelle à droite et, enfin, dans la première à gauche pour atteindre l'église.

Église

De cet édifice du début du 14e s., situé sur le point le plus haut du village, on a refait les voûtes au 17e s. et le clocher au 18e s.
L'intérieur à 3 nefs et 4 chapelles renferme de belles œuvres d'art : un tableau attribué à Claudio Coello représente sainte Catherine d'Alexandrie couronnée, dans un somptueux manteau rouge, une épée à la main *(au fond de la nef gauche)*. Belles stalles de noyer sculptées au 17e s. dans le chœur. La chapelle de droite attire l'attention par la richesse de sa décoration en stuc ; le devant d'autel est un bas-relief qui représenterait le martyre de saint Clément. Au-dessus de l'autel, belle toile de l'école italienne du 17e s. : saint Charles Borromée offrant ses œuvres à la Vierge ; à gauche, Assomption de l'école de Murillo. La chapelle suivante est ornée d'une Madone du Rosaire de 1588, où l'on reconnaît dans la foule des fidèles le visage de Catherine de Médicis. Chemin de croix moderne, peint suivant une technique du 16e s., la détrempe à la colle.
Situé dans la nef collatérale, le **trésor** est riche en pièces du 12e au 15e s. Des statuettes, un ciboire, une croix processionnelle et des reliquaires témoignent du talent des orfèvres provençaux, en particulier une belle Vierge à l'Enfant en vermeil (13e s.) et un parchemin signé du roi Henri III.

Donjon

En face de l'église, l'ancien donjon seigneurial, seul vestige de l'ancien château de Saint-Paul, abrite la mairie. Levez la tête pour apercevoir, au sommet, sa belle cloche fondue en 1443 !

Revenir sur ses pas jusqu'à la rue Grande et pousser jusqu'à la porte du sud.

Remparts★

Les remparts n'ont guère subi d'altération depuis François Ier, qui les fit élever comme réplique à la citadelle de Nice de 1537 à 1547. Par endroits, on peut emprunter l'ancien chemin de ronde. Depuis le bastion sud et vers l'est, la promenade procure un beau **panorama** sur la vallée cultivée d'orangers et de fleurs, ses vignes, la mer (cap d'Antibes), l'Esterel et les Alpes.

Visiter

Fondation Maeght★

Une seule salle de collection permanente lors des expositions temporaires. Chemin des Fumerates - ✆ 04 93 32 81 63 - www.fondation-maeght.com - juil.-sept. : 10h-

S. Sauvignier / MICHELIN / © Adagp, Paris 2007

Salle d'exposition de la Fondation Maeght, où sont présentées des œuvres contemporaines.

19h ; oct.-juin : 10h-12h30, 14h30-18h - fermé 1er janv., 1er Mai et 25 déc. - 11 € (enf. 9 €).
Ce temple de l'art moderne est admirablement situé au nord-ouest de Saint-Paul, sur la colline des Gardettes. L'architecte **José Luis Sert** (collaborateur de Le Corbusier et successeur de Gropius) a réussi une parfaite intégration du bâtiment dans le paysage méditerranéen par ses matériaux – béton blanc et briques roses – et ses grandes baies qui ouvrent sur le jardin d'arbres et de sculptures.
Comme le souhaitait Aimé Maeght (1906-1981), les œuvres qui animent le parc sont des monuments, tout comme le sont les arbres ou l'édifice : mosaïques de Braque, Tal-Coat, Chagall, mobiles et stabiles géants de Calder, le bronze de Zadkine, le *Pépin géant* d'Arp, la fontaine mobile de Pol Bury et de l'autre côté, les sculptures et céramiques du *Labyrinthe* de Miró ou la *Sirène* de Laurens peuplent l'espace de façon surnaturelle... et toute naturelle tant elles donnent l'impression d'être ici dans leur élément. La cour Giacometti avec ses troublantes figures sépare le musée en deux. La fabuleuse collection de la fondation y est présentée par roulement. Pour vous mettre en appétit, vous pourrez y trouver, outre les noms déjà cités : Léger, Kandinsky, Bonnard, Soulages, Van Velde, de Staël, Bazaine, Hartung, Tapiès, Alechinsky, etc., mais aussi des artistes marquants de la jeune génération : Adami, Garache, Messagier, Viallat... et tant d'autres qui nous laissent sans voix.
Très actif, le centre organise de grandes expositions thématiques ou des rétrospectives qui font souvent événement. Librairie, projections de films, bibliothèque contribuent à faire de la fondation un lieu total.

Musée d'Histoire locale

Pl. de l'Église - ✆ 04 93 32 41 13 - tlj sf mar. et dim. 10h-12h, 14h-17h - fermé nov., 1er janv. et 25 déc. - 3 € (enf. 2 €).
Cet édifice offre un intéressant raccourci de l'histoire de la commune, et donc de la Provence. Des scènes historiées de figures grandeur nature relatent la venue à Saint-Paul du comte de Provence, Raymond Béranger V, en 1224, de la reine Jeanne, de François Ier lors de la « trêve de Nice », de Vauban (intégration du village dans le système défensif des frontières) et enfin, les épisodes locaux de la guerre entre les républicains français et la coalition austro-sarde. Au rez-de-chaussée, les expositions temporaires de photographies (20e s.), issues de la photothèque municipale J. Gomot, apportent une note contemporaine à cette évocation historique.

Saint-Paul pratique

Voir aussi l'encadré pratique de Vence.

Adresse utile

Office du tourisme de Saint-Paul – *Maison de la Tour - 2 r. Grande - 06570 St-Paul - 04 93 32 86 95 – www.saint-pauldevence.com - juin-sept. : 10h19h ; oct.-mai : 10h-18h - fermé 1er janv. et 25 déc.*

Visites

Visites guidées – L'office de tourisme propose 5 thèmes de découverte : le patrimoine, le patrimoine religieux, les sentiers (entre terre et pierre), les artistes, et la pétanque *(5 €)*. De plus, la visite nocturne du village (1h30) est possible sur demande.

Se loger

Les Bastides de St-Paul – *880 chemin Blanquières, D 336 - 04 92 02 08 07 – www.bastides.fr.fm - P - 20 ch. 95/125 € - 10 €.* En léger retrait d'une route passante, demeure colorée abritant des chambres spacieuses, fonctionnelles et bien insonorisées. Piscine en forme de trèfle.

Hostellerie des Messugues – *Quartier des Gardettes - 2 km par rte Fondation Maeght - 04 93 32 53 32 - www.messugues.com - fermé 1er janv.-31 mars et 1er nov.-31 déc. - P - 15 ch. 85/140 € - 10 €.* Cette grande villa provençale située à proximité de la fondation Maeght est nichée dans un paisible jardin agrémenté d'une piscine originale où l'on trouve un îlot planté de bananiers. Les portes des chambres, confortables et calmes, proviennent d'une prison du 19e s.

Se restaurer

Chez Andréas – *Remparts Ouest - 04 93 32 98 32 - 15/25 €.* Idéale pour admirer le coucher de soleil, la charmante petite terrasse s'ouvre sur une salle à manger décorée avec goût : du mobilier au moindre objet, tout est « sur mesure » ! Quelques salades, un plat du jour et des vins régionaux au programme...

La Cocarde de Saint Paul – *23 r. Grande - 04 93 32 86 17 - 15/35 €.* Au cœur du village, dans la rue piétonne principale, ce restaurant-salon de thé capte l'attention par son harmonie de couleurs méditerranéennes. La table et notamment les pâtisseries du propriétaire, conforteront votre choix.

La Ferme de St-Paul – *1334 rte de la Colle - entre la Colle et St Paul - 04 93 32 82 48 - fermé 31 oct.-26 déc. - 25/79 €.* Ancienne ferme magnifiquement restaurée où le charme du décor - tonalités provençales, poutres, fer forgé et superbe vaisselle - rivalise avec les plaisirs de l'assiette, dédiée au poisson. Jolie terrasse avec vue sur le village.

En soirée

Café de la Place – *Pl. du Gén.-de-Gaulle - 04 93 32 80 03 - juil.-août : 8h-1h ; reste de l'année : 8h-20h - fermé de déb. nov. à fin déc.* Incontournable, ce café l'est d'emblée par son emplacement central. C'est là que les Paulois boivent un verre entre deux parties de pétanque. Il appartient au mythique hôtel de la Colombe d'Or (situé juste en face) - ancienne propriété d'Yves Montand - qui accueillit par le passé Picasso, Prévert et bien d'autres artistes.

Que rapporter

Marchés – Marché pl. de Gaulle, dite « pl. du jeu de boules » mardi, jeudi et samedi toute la journée. Mercredi matin pour le marché provençal.

Événements

Les Nuits de la Courtine – En juillet-août, la place de la Courtine est le cadre de manifestations (concerts, théâtre...).

La fête de la Sainte-Claire – Fête patronale organisée le 2e week-end d'août. Embrasement et feu d'artifice le dimanche, suivis d'un bal.

Vence★

Vénço

16 982 VENÇOIS
CARTE MICHELIN DÉPARTEMENTS 341 D5 – ALPES-MARITIMES (06)

Au pied des Baous, Vence est entouré de sa belle nature provençale, baigné de ravins à l'eau pure. Posté sur son rocher, il regarde la mer de loin, trop occupé à rassembler les villages voisins les jours de marché ou à faire le bonheur du visiteur avec sa vieille ville où abondent les galeries d'art moderne et contemporain.

Se repérer – À 23 km à l'ouest de Nice, par la A 8 *(payante)* puis la D 336.

Se garer – La ville s'étend bien au-delà de ses remparts, vers l'ouest, où l'on pourra se garer dans l'un des trois parkings.

À ne pas manquer – Une promenade dans la vieille ville s'impose tout comme la visite de la chapelle du Rosaire. Les passionnés d'art ne manqueront pas d'aller à la rencontre des créations vençoises exposées au château de Villeneuve.

Organiser son temps – Comptez deux heures pour apprécier le cadre médiéval de cette ville surprenante.

Avec les enfants – Pensez à rendre visite à l'office de tourisme (*voir « Adresse utile » dans l'encadré pratique*) qui propose pour les familles de nombreuses balades et occupations à thème : journées provençales avec prêt de jeu de boules, circuit guidé botanique, randonnées au coucher du soleil…

S. Sauvignier / MICHELIN

Fontaine de la place du Peyra.

Pour poursuivre la visite – Voir aussi Saint-Paul.

Comprendre

Une ville épiscopale depuis le 4e s. – Fondée par les Ligures, la cité romaine de *Vintium*, vit croître sa puissance avec le christianisme et devint une importante ville épiscopale. Parmi les évêques qui s'y succédèrent, on compte saint Véran (5e s.) et saint Lambert (12e s.), Alexandre Farnèse (16e s.), le futur Paul III (qui n'y mit jamais les pieds), Antoine Godeau et Surian (18e s.), autre brillant prélat.

Les seigneurs de Vence – Les évêques de Vence durent, de tout temps, disputer le pouvoir aux barons de Villeneuve, coseigneurs de la ville. Cette famille tirait son renom de **Romée de Villeneuve**, l'habile sénéchal d'origine catalane qui, au 13e s., rétablit les affaires du comte de Provence et de Forcalquier. Le comte avait un trésor à sec et quatre filles à marier. Fin diplomate, il parvint à en faire des reines, regonflant du même coup ses finances.

En attendant Godeau – Le souvenir d'**Antoine Godeau** est resté vivant dans le pays. Ses débuts ne semblaient pas devoir le conduire à l'épiscopat : il était l'oracle de l'hôtel de Rambouillet. On le surnomme le « nain de Julie » (fille de la marquise de Rambouillet) et le « bijou des Grâces ». Petit, maigrichon, noiraud, fort laid, Godeau n'en fait pas moins fureur chez les précieuses par son esprit, sa parole facile et sa veine poétique. Sa réputation est inouïe. D'un texte qui bravera les siècles, on dit : « C'est du Godeau ». Sans attendre, Richelieu en fait le premier membre de l'Académie française. À 30 ans, sans doute fatigué de composer des vers, et à la suite d'une déception sentimentale, Godeau entre dans les ordres et, l'année suivante, il est nommé évêque de Grasse et de Vence. Il reste pourtant plusieurs années entre deux mitres avant d'opter pour Vence. L'ancien précieux prend son rôle au sérieux ; il relève sa cathédrale qui tombe en ruine, introduit diverses industries : parfumerie, tannerie, poterie, et rend prospère son pauvre et rude diocèse. En 1672, à 67 ans, en toute humilité d'esprit, il rend son âme à Dieu.

Se promener

VIEILLE VILLE

Voir le plan II. Partir de la place du Grand-Jardin, puis de la place du Frêne.

Médiévale à souhait, avec son beau **château** *(voir « Visiter »)* situé sur la place du Frêne, ombragée par un arbre vénérable planté selon la tradition (apocryphe bien entendu) par François Ier et le pape Paul III en 1538, et son enceinte elliptique à cinq portes dont celle du Peyra (1441), la vieille ville abrite un charmant lacis de ruelles, animées de marchés, galeries d'art, restaurants, boutiques d'artisanat et de spécialités provençales.

Place du Peyra★

Ancien forum de la ville romaine et ancienne place du marché, c'est la plus mignonne, avec les eaux chantantes et fraîches de sa jolie fontaine en forme d'urne (1822) et sa tour carrée.

Prendre au sud de la place la rue du Marché et tourner à gauche pour atteindre la place Clemenceau.

Vers les remparts

En sortant par la porte du chevet de la cathédrale *(voir description dans « Visiter »)*, on débouche sur la **place Godeau**, avec au centre une colonne romaine, d'où l'on voit le clocher carré couronné de merlons, et de vieilles maisons. La ville ne recèle que deux **colonnes romaines** élevées au dieu Mars et données en cadeau par la ville de Marseille en 230 en gage de bonnes relations. La deuxième de ces colonnes se dresse sur la place du Grand-Jardin.

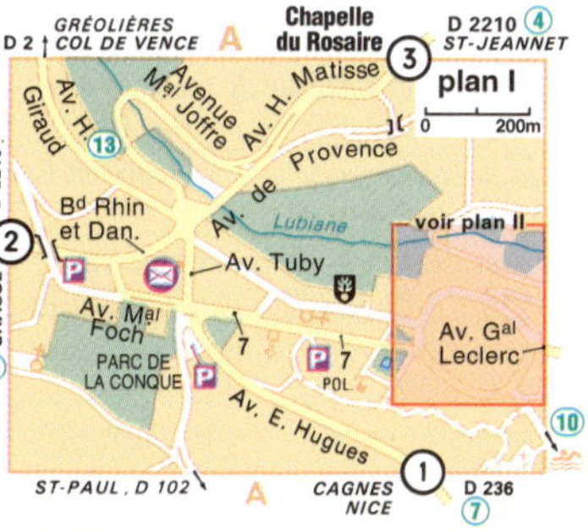

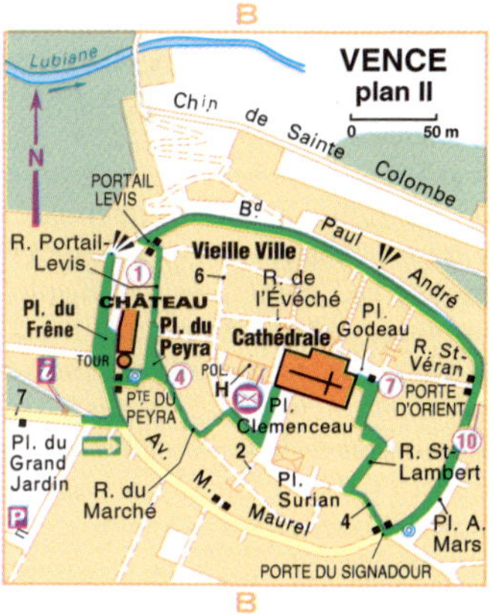

SE LOGER

- Chambre d'hôte La Bastide aux Oliviers ... ①
- Chambre d'hôte La Tour de Vence ... ④
- Hôtel Mas de Vence ... ⑦
- Hôtel Miramar ... ⑩
- Hôtel Villa Roseraie ... ⑬

SE RESTAURER

- Auberge des Seigneurs ... ①
- L'Armoise ... ④
- Le Pêcheur de Soleil ... ⑦
- Le Vieux Couvent ... ⑩

INDEX DES RUES

- Alsace-Lorraine (R.) ... 2
- Hôtel-de-ville (R. de) ... 4
- Place-Vieille (R.) ... 6
- Résistance (Av. de la) ... 7

Par la rue Saint-Lambert et la rue de l'Hôtel-de-Ville, gagnez la porte de Signadour (13e s.) et tournez à gauche.

Poursuivant vers le nord, on trouve, à gauche, la **porte de l'Orient**, ouverte au 18e s. (la date de 1592 gravée sur une pierre, en haut à gauche, est celle du siège de Lesdiguières).
Le boulevard Paul-André, vers lequel dégringolent des calades, borde des vestiges importants de remparts; il offre de belles **vues** sur les *baous* et les contreforts des Alpes.
Franchissez le **portail Lévis** (13e s.), à arcature gothique, et suivez la rue du Portail-Lévis (belles maisons anciennes) qui ramène à la place du Peyra.

Visiter

Cathédrale Notre-Dame-de-la-Nativité

Pl. Clémenceau. Construite sur l'emplacement d'un temple de Mars puis d'une église mérovingienne, elle surprend par son caractère hétéroclite : roman, gothique, baroque.
L'intérieur est composé de cinq nefs. On peut y voir *(2e chapelle de droite)* la tombe de saint Lambert avec son épitaphe, un sarcophage du 5e s. *(3e chapelle de droite)* dit tombeau de saint Véran; dans le bas-côté, retable des saints Anges, du 16e s. Dans le chœur, remarquez les deux bustes en cuivre argenté contenant les reliques de saint Véran et saint Lambert et l'autel en marbre polychrome, rouge et blanc, réalisé par le génoîs Schaffini en 1768. Dans plusieurs piliers sont encastrées des **pierres carolingiennes** à très beau décor d'entrelacs. Dans le baptistère, une mosaïque de Chagall représente Moïse sauvé des eaux. Remarquez la **tribune** *(ouverture exceptionnelle)* avec son lutrin et les **stalles★** qui viennent du chœur : montants, accoudoirs et surtout miséricordes ont été traités avec une verve qui frôle parfois la grivoiserie par le sculpteur grassois, Jacques Bellot, au 15e s.

Chapelle du Rosaire★ (chapelle Matisse)

466 av. Henri-Matisse - ✆ 04 93 58 03 26 - mar. et jeu. 10h-11h30, 14h-17h30; lun., merc. et sam. 14h-17h30; vend. pdt vac. scol. seult 14h-17h30 - dernière entrée 30mn av. fermeture - fermé de mi-nov. à mi-déc. - 3 € (enf. 1,50 €).
Matisse disait de cette chapelle (1951) : « Je la considère, malgré toutes ses imperfections, comme mon chef-d'œuvre… un effort qui est le résultat de toute une vie consacrée à la recherche de la vérité. »
Cet édifice très discret se repère à ses tuiles bleues et blanches et à sa croix en fer forgé de 13 m de haut ornée de croissants de lune et de flammes dorées.
À l'intérieur, on est littéralement saisi : tout est blanc et de ce blanc, par les vitraux hauts et serrés, explosent les couleurs pures de Matisse, qui transfigurent ce lieu dénudé en une hymne à Dieu. Le mobilier, les objets liturgiques, les vêtements sacerdotaux sont d'une simplicité extrême. L'autel en biais est le trait d'union entre la nef des religieuses et celle des fidèles. Le trait éminemment essentiel de Matisse cerne les grandes figures du mur droit, saint Dominique et la Vierge à l'Enfant, qui remplissent l'espace de leur douceur et de leur présence, telles des ombres humaines. Plus débridé et gestuel est le trait qui dessine le chemin de croix, ascension tragique vers le Calvaire. Dans la galerie sont réunis les études faites pour la réalisation de la chapelle (d'autres études préparatoires sont présentées au musée Matisse à Nice, complément indispensable à la visite de la chapelle) et quelques modèles de chasubles dessinés eux aussi par Matisse.

Château de Villeneuve-Fondation Émile-Hugues

2 pl. du Frêne - ✆ 04 93 58 15 78 - www.museedevence.com - tlj sf lun. 10h-12h30, 14h-18h - fermé 1er janv., 1er Mai et 25 déc. - 5 € (enf. 2,50 €).
L'ancien château des barons de Villeneuve édifié au 17e s. englobe la tour de garde datant du 13e s. Dans sa belle décoration intérieure ont lieu des expositions temporaires d'art contemporain.

Vence pratique

Voir aussi l'encadré pratique de Saint-Paul.

Adresse utile

Office du tourisme de Vence – *Pl. du Grand-Jardin - 06140 Vence - 04 93 58 06 38 - www.vence.fr - juil.-août : 9h-19h, dim. 10h-17h ; sept.-oct. et mars-juin : tlj sf dim. 9h-18h ; nov.-fév. : 9h-17h - fermé 1er janv., 1er Mai et 25 déc.*

Se loger

Miramar – *167 av. Bougearel, plateau St-Michel - 04 93 58 01 32 – www.hotel-miramar-vence.com - P - 18 ch. 88/148 € - 12 €.* Cette jolie bâtisse des années 1920 à la façade rose domine baous et vallée. Les chambres, accueillantes et entièrement refaites, portent chacune le nom d'une fleur.

Mas de Vence – *539 av. E.-Hugues - 04 93 58 06 16 - www.azurline.com/mas - P - 41 ch. 88/103 € - 9 € - restaurant 28/39 €.* Cette construction récente aux tons ocre surplombe un axe passant. Chambres bien insonorisées, à la tenue impeccable, souvent avec loggia. Hall sous verrière. Vaste salle à manger et terrasse à arcades bordant la piscine. Plats traditionnels et méditerranéens.

Chambre d'hôte La Bastide aux Oliviers – *1260 chemin de la Sine - rte de Tourrettes-sur-Loup - 04 93 24 20 33 - www.bastideauxoliviers.com - - 4 ch. 120/175 €* . Trois belles chambres et une suite, décorées aux couleurs provençales, ont été aménagées dans cette bastide en pierre blonde plantée au milieu des pins et des oliviers. La terrasse offre une jolie vue sur la vallée du Loup.

Villa Roseraie – *Rte de Coursegoules - 04 93 58 02 20 - fermé 7 janv.- fin fév. et10 nov.-10 déc. - P - 14 ch. 87/147 € - 13 €.* Un soin particulier est apporté à la décoration de cet hôtel de charme aménagé dans une jolie villa 1900. Les chambres sont petites mais agréablement personnalisées. La piscine et le jardin invitent au repos.

Chambre d'hôte La Tour de Vence – *310 chemin du Baou-des-Noirs - au nord-est de Vence dir. St-Jeannet - 04 93 24 59 00 - www.latourdevence.com - fermé nov.-déc. - - 5 ch. 210/460 € - repas 15/25 €.* Une splendide demeure construite avec les pierres d'un ancien monastère de Bourgogne. Chambres douillettes, exhalant le raffinement. Beau parc avec piscine et tennis. La vue panoramique est à couper le souffle.

Se restaurer

Le Pêcheur de Soleil – *1 pl. Godeau - 04 93 58 32 56 - www.pecheurdesoleil.com - fermé déc.-janv. - 7 € pizza - 12/15 €.* Cette pizzeria du vieux Vence mériterait une inscription dans le Livre des Records : sa carte propose quelque 600 variétés de pizzas, cuites au feu de bois et servies dans une salle à manger rustique où sont exposés de vieux ustensiles de cuisine. L'été, terrasse au pied de la cathédrale.

Le Vieux Couvent – *37 av. Alphonse-Toreille - 04 93 58 78 58 - www.restaurant-levieuxcouvent.com - fermé 15 janv.-15 mars, jeu. sauf le soir en sais. et merc. - 28/37 €.* Pierres apparentes, piliers et voûtes d'ogives composent le décor de ce restaurant installé dans la chapelle d'un séminaire daté du 17e s. Plats régionaux

Auberge des Seigneurs – *Pl. du Frêne - 04 93 58 04 24 - fermé 2 nov.-14 mars, dim. et lun. - 25 € déj.- 32/45 € - 6 ch. 75/95 €.* Des artistes célèbres (Renoir, Modigliani) fréquentèrent jadis cette auberge du 17e s. logée dans une aile du château de Villeneuve. On y déguste des grillades préparées à l'ancienne dans la cheminée et des plats amoureusement mitonnés, comme la caille fermière cuite au four ou la terrine de foie gras.

L'Armoise – *9 pl. du Peyra - 04 93 58 19 29 - www.larmoise.com - fermé 1 sem. en fev. et 3-24 nov., dim. soir hors sais., mar. midi et lun. - 34 €.* Ce petit restaurant dédié aux saveurs de la mer borde la jolie place du Peyra. Au programme : grands classiques (bouillabaisse) et recettes maison régulièrement renouvelées.

Que rapporter

Marchés – Marchés aux fleurs et de producteurs : tous les matins sauf lun. sur les pl. du Grand-Jardin et Surian. Brocanteurs et bouquinistes : merc. pl. du Grand-Jardin.

Événements

Fêtes de Pâques – Durant le week-end de Pâques, elle commémore chaque année le siège victorieux que Vence soutint lors des guerres de Religion contre le huguenot Lesdiguières en 1592. La fête villageoise et provençale dure plusieurs jours : musiques et danses folkloriques, messe en plein air, bataille de fleurs…

Autres festivités – Festival « Les Nuits du Sud » : de mi-juillet à mi-août; fête patronale Sainte-Elizabeth : 1er week-end d'août.

Cagnes-sur-Mer★

46 100 CAGNOIS
CARTE MICHELIN DÉPARTEMENTS 341 D6 – ALPES-MARITIMES (06)

Cagnes est bâti dans un paysage de collines, que couvrent oliviers, cyprès, palmiers, agrumes et cultures florales (œillets, roses, mimosas). La ville haute est la terre d'élection des peintres, attirés par le charme du site et la luminosité de l'atmosphère. Côté mer, les 3,5 km de plage de galets offrent, outre la baignade, de multiples possibilités : voile, ski nautique, plongée, pêche.

- **Se repérer** – Trois villes en une : le Haut-de-Cagnes médiéval, Cagnes-Ville, moderne et commerçante, et le Cros-de-Cagnes, station balnéaire et village de pêcheurs, coupé du reste de la ville par l'autoroute A 8 *(payante)* la reliant à Nice (14 km à l'est).
- **À ne pas manquer** – Le Haut-de-Cagnes avec son château-musée et bien sûr le musée Renoir.
- **Organiser son temps** – La visite de l'ancienne ville médiévale vous prendra 1h à 1h30 selon que vous vous arrêtiez ou non au château-musée. Pour rejoindre le point de vue sur la vallée du Var et l'arrière-pays niçois, comptez 30mn supplémentaires.
- **Pour poursuivre la visite** – Voir aussi Biot, Antibes et Juan-les-Pins.

Comprendre

Les Grimaldi de Cagnes – Le château fort de Cagnes est élevé en 1310 par **Rainier Grimaldi**, souverain de Monaco, amiral de France et seigneur de Cagnes. En 1620, le bâtiment est transformé par Henri Grimaldi en une demeure magnifiquement décorée. Henri décide son cousin, Honoré II de Monaco, à renoncer au protectorat espagnol et à se mettre sous la protection française (traité de Péronne, 1641). Choyé par Louis XIII et Richelieu, Henri mène à Cagnes une vie fastueuse. Mais à la Révolution, le Grimaldi en place est chassé par les habitants et doit se réfugier à Nice.

Renoir à Cagnes

Né à Limoges en 1841, Pierre-Auguste Renoir découvre à partir de 1882 chez Cézanne, la lumière de la Provence et les paysages méditerranéens. Pour tenter de soigner des rhumatismes articulaires, il gagne le Midi en 1900 avec sa femme et son fils Jean, le futur cinéaste.
En 1907, il achète Les Collettes, séduit par la vue sur la mer et le vieux village. Aidé de Richard Guino, un élève de Maillol, il se met à la sculpture en 1913, dans un atelier vitré construit dans le jardin. Malgré le fauteuil roulant et l'arthrose qui paralyse sa main, Renoir poursuit son travail de création en déclarant : « Je commence à savoir peindre. ». Il peindra jusqu'à sa mort, en 1919.

Se promener

HAUT-DE-CAGNES★

Navette gratuite (7j/7) au départ de la gare routière, ou accès à pied, par la montée de la Bourgade (attention, ça grimpe !).

Le bourg★

Près de la tour de l'Église s'ouvre une porte ogivale, dite **porte de Nice**, datant du 13e s. Entouré de remparts et dominé par le château médiéval, le bourg invite à flâner dans les rues en calades, les escaliers et passages sous voûtes. Nombreuses maisons datées du 15e au 17e s. (notamment, près du château, maisons à arcades de la Renaissance).

SE LOGER

Chambre d'hôte de la Villa Estelle... 1
Chambre d'hôte Les Jardins Fragonard.................... 3
Chambre d'hôte l'Orangeraie........... 5
Hôtel Chantilly................ 7
Hôtel Le Mas d'Azur............... 9
Hôtel Splendid............... 11

SE RESTAURER

La Goutte d'Eau.......... 15
Fleur de Sel............... 17

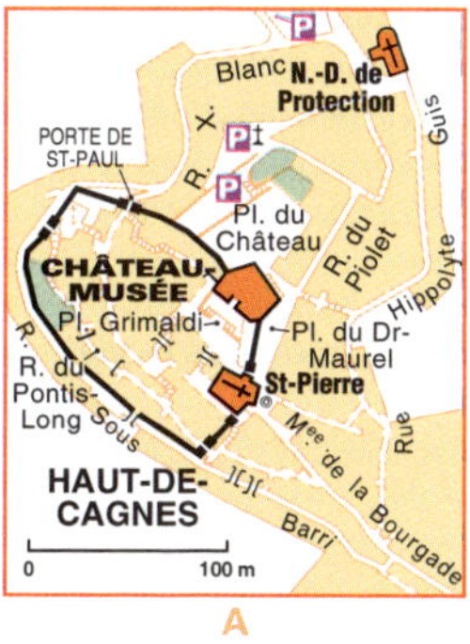

Église Saint-Pierre

Haut de Cagnes - ☏ 04 93 20 67 14 - 9h-12h, 14h-18h - possibilité de visite guidée (1h30) mar. 15h (dans le cadre de la visite du bourg médiéval, dép. pl. du Château) - gratuit ; 3 € visite guidée.

On y entre curieusement par la tribune. La petite nef, de style gothique primitif, abrite les tombeaux des Grimaldi de Cagnes. Dans l'autre nef plus vaste, ajoutée au 18e s., le maître-autel possède un retable (18e s.) de l'école espagnole : *Saint Pierre recevant les clés du paradis* ; à droite du chœur, jolie statue de Vierge à l'Enfant (même époque). Les habitants du village ont posé pour les 15 tableaux du chemin de croix réalisés à l'occasion du Jubilé 2000.

Visiter

Château-Musée★ A1

Pl. Grimaldi - ☏ 04 92 02 47 30 - possibilité de visite guidée sur demande à l'office de tourisme - mai-sept. : tlj sf mar. 10h-12h, 14h-18h ; oct.-avr. : tlj sf mar. 10h-12h, 14h-17h - fermé nov., 1er janv., 1er Mai et 25 déc. - 3 €, gratuit 1er dim. du mois.

Un escalier à double rampe et un portail Louis XIII donnent accès à cette altière forteresse couronnée de mâchicoulis. Au rez-de-chaussée, les salles basses et voûtées du Moyen Âge donnent sur l'élégant **patio★★** Renaissance, une cour entourée de deux étages de galeries ornées d'arabesques et portées par des colonnettes de marbre. Au premier étage, salles de réception (17e s.). En haut de la tour, beau **panorama★** sur les toits du vieux Cagnes, la mer (du cap Ferrat au cap d'Antibes) et les Alpes.

Histoire – *Rez-de-chaussée.* Les salles 1 et 2, où l'on peut voir une belle cheminée monumentale Renaissance, sont affectées à une rétrospective médiévale. Le **musée de l'Olivier** *(salles 3, 4 et 5)* traite de l'histoire et de la culture de l'olivier, l'utilisation de son bois, les moulins et la fabrication de l'huile.

Salle des Fêtes – *1er étage. Au plafond,* **La Chute de Phaéton★** (1621-1624) fut peinte par le Génois Carlone. L'œuvre terminée, il ne pouvait s'en arracher : « Ma belle chute, soupirait-il, je ne te verrai plus. » Il mourut, en effet, six semaines après son départ de Cagnes.

Donation Suzy Solidor★ – *1er étage. Ancien boudoir de la marquise de Grimaldi.* Quarante portraits de la célèbre chanteuse, signés par les plus prestigieux peintres du 20e s. Un oratoire voisin possède un plafond décoré de gypseries Louis XIII et un antiphonaire (recueils de chants liturgiques) de 1757.

Musée d'Art moderne méditerranéen – *2e étage.* Les anciens appartements privés présentent par roulement, sauf en cas d'expositions temporaires, des toiles de peintres du 20e s. originaires des bords de la Méditerranée ou qui y ont résidé, de Dufy à Vasarely.

Musée Renoir B1

Chemin des Collettes - ☏ 04 92 20 61 07 - possibilité de visite sur demande à l'office de tourisme - mai-sept. : tlj sf mar. 10h-12h, 14h-18h ; oct.-avr. : tlj sf mar. 10h-12h, 14h-17h - fermé nov., 1er janv., 1er Mai et 25 déc. - 3 €, gratuit 1er dim. du mois.

Les Collettes, une oliveraie où vécurent le peintre et sa famille, a été transformée en musée du souvenir : mobilier d'origine, objets familiers dans les deux ateliers de l'étage. Les **toiles** présentées sont de la dernière période de Renoir, celle particulièrement sensuelle des formes pleines et nacrées, expression des beautés de la nature.

Dans le merveilleux jardin du musée, planté d'oliviers, d'orangers et de citronniers, vous verrez des sculptures de l'artiste dont la grande **Vénus Victrix★** en bronze.

Chapelle Notre-Dame-de-Protection A1

Accès par la montée du Château ou laisser la voiture en bas du village et prendre la navette gratuite à la gare routière (dép. ttes les 15mn) - ☏ 04 93 20 61 64 - ouvert pdt les fêtes de la Vierge Marie (25 mars, 15 août, 8 et 15 déc.) - possibilité de visite guidée (1h30) : mar. 15h, w.-end 14h-17h (18h en été) (dans le cadre de la visite du bourg médiéval, dép. pl. du Château) - fermé 1er janv. et 25 déc. - gratuit ; 3 € visite guidée.

Cette chapelle à porche et clocher italianisants a inspiré Renoir. L'abside est couverte de **fresques** (16e s.) attribuées à Andrea de Cella : sur la voûte, les évangélistes, Isaïe, la sibylle ; sur les murs, enfance de Jésus et vie de la Vierge ; au centre Notre-Dame-de-Protection, Vierge de miséricorde. Dans la chapelle de gauche, La Vierge au rosaire, retable du 17e s.

Baous et corniche du Var★

32 km – environ 1h15 (sans l'ascension du baou de Saint-Jeannet). Quitter Cagnes par l'avenue Auguste-Renoir et la D 18 vers la Gaude.

Outre des vues sur Vence *(voir ce nom)*, les *baous* et la Gaude, la route donne un aperçu du charme des collines cagnoises : oliviers, cultures de fleurs et de primeurs, belles propriétés.

La Gaude

Sur la crête dominant la rivière Cagne, le village abrite des centres de recherche en informatique *(voir ci-dessous)*, agronomie, horticulture. Il vivait jadis de la vigne et de la culture des fleurs. Le château de la Gaude (14e s.), sur la commune de Saint-Jeannet, est attribué aux Templiers. Vue sur la vallée et la baie des Anges.

Au Peyron, la D 18 s'élève entre vignes et arbres fruitiers.

Saint-Jeannet

Dans un **site★** remarquable, ce charmant village est construit sur une terrasse d'éboulis au pied du *baou*, au milieu des vignes (ses vins sont réputés), des orangers et des cultures florales. Derrière l'église, à gauche, la plaque « panorama » indique une petite terrasse avec **vue★** étendue (*baous*, cap d'Antibes, vallée du Var, montagnes alentour).

S. Sauvignier / MICHELIN

Saint-Jeannet et son baou impressionnant.

Baou de Saint-Jeannet – *2h AR. Départ pl. Sainte-Barbe (chemin fléché).* C'est un haut lieu d'escalade mais vous pourrez le gravir tranquillement ! Du sommet culminant à 810 m (table d'orientation), vaste **panorama★★**, de l'Esterel aux Alpes françaises et italiennes.

Reprendre la D 18 en direction de la Gaude, puis tourner à gauche dans la D 118.

Centre d'études et de recherches IBM

Bel exemple d'architecture contemporaine intégrée au paysage, l'œuvre de l'architecte Breuer s'élève sur la gauche : vastes bâtiments en Y opposés, construits sur des pilotis de béton adaptés aux dénivellations du terrain, volumes agencés en jouant sur les contrastes d'ombre et de lumière.

Corniche du Var★

La route, par endroits installée sur les crêtes, s'accroche à la rive droite du Var. Beaux aperçus sur la vallée et les collines de l'arrière-pays niçois. Les versants escarpés, couverts de cultures florales et d'oliviers, encadrent la vallée.

Saint-Laurent-du-Var

Jusqu'en 1860 (date du rattachement du comté de Nice à la France), ce gros bourg commandait le passage du Var, alors frontière franco-sarde. On traversait le plus souvent à gué, à dos d'homme. En 1864, un pont permanent fut construit en aval du village.

À proximité de l'embouchure du Var, un vaste plan d'eau, protégé par une digue, a été aménagé en **port de plaisance**.

Regagner Cagnes par la N 7.

Cagnes-sur-Mer pratique

Adresses utiles

Office du tourisme de Cagnes-sur-Mer – *6 bd Mar.-Juin - 06800 Cagnes-sur-Mer - ☎ 04 93 20 61 64 - www.cagnes-tourisme.com - lun.-vend. : 9h-12h, 14h-18h, sam. 9h-12h.*

Antenne Haut-de-Cagnes – *Pl. du Dr-Morel - ☎ 04 92 02 85 05.*

Visites

Pass musées – *Sur demande à l'office de tourisme - 4,50 €.* Visite du musée Renoir et du château-musée.

Visites guidées – *S'adresser à l'office de tourisme - 3 €.* Visite guidée du Haut-de-Cagnes, visite guidée à la lanterne visite guidée du port, promenades urbaines commentées... Demandez le programme !

Se loger

Hôtel Le Mas d'Azur – *42 av. de Nice - ☎ 04 93 20 19 19 - P - 15 ch. 44/62 € - 7 €.* Au bord d'une route assez passante, demeure bâtie au 18e s. aux abords joliment fleuris. Chambres de tailles variées mais nettes, toutes (sauf trois) tournées sur l'arrière et bénéficiant d'un double vitrage efficace. Terrasse sous les parasols pour les petits-déjeuners. Jardin ombragé et parking intérieur.

Hôtel Chantilly – *31 r. de la Minoterie - ☎ 04 93 20 25 50 - http://www.hotel-chantilly-cagnes-sur-mer.cote.azur.fr - P - 20 ch. 59/75 € - 8 €.* Accueillante villa fleurie en saison et située derrière le célèbre hippodrome. Chambres sans luxe, mais environnement verdoyant, propreté et atmosphère familiale attirent de nombreux habitués dans cette adresse qui pratique des prix plutôt sages pour la région.

Hôtel Splendid – *41 bd du Mar.-Juin - ☎ 04 93 22 02 00 – http://hotel-splendid-riviera.com - P - 26 ch. 79/110 € - 8 €.* Cet hôtel du centre-ville partage ses murs avec un immeuble d'habitation récent. Les chambres, fonctionnelles et claires, donnent presque toutes sur l'arrière, au calme.

Chambre d'hôte Les Jardins Fragonard – *12 r. Fragonard - ☎ 04 93 20 07 72 et 06 83 93 67 93 - www.babazur.com - - 5 ch. 70/95 €* . Une douce quiétude règne dans cette belle villa de 1925 juchée sur les hauteurs de Cagnes, au milieu d'un parc d'essences méridionales. Chambres égayées de couleurs provençales, certaines avec cuisinette. Selon la saison, le petit-déjeuner est servi en terrasse ou à l'intérieur, sur la grande table d'hôte.

Chambre d'hôte l'Orangeraie – *66 chemin du Maoupas, quartier de la Baronne - 06610 La Gaude - 10 km au nord de Cagnes-sur-Mer par D 118 - ☎ 04 92 12 13 69 - www.orangeraie.fr – fermé janv. fév. et mars - 4 ch. 75/95 € - repas 24 €.* Au cœur d'un verger de plus de 2 ha, cette exploitation agricole compte 4 chambres, meublées de façon simple mais confortables, aménagées dans une annexe. Toutes accèdent directement à la terrasse et sa piscine. Table d'hôte « bio » avec légumes du jardin et volailles de la ferme. Vue imprenable sur la vallée du Var.

Chambre d'hôte de la Villa Estelle – *5 montée de la Bourgade - ☎ 04 92 02 89 83 - www.villa-estelle.com - pour les american express P - 5 ch. 130/195 € - 12 €.* Le lieu est magique. De la superbe terrasse en dalles de terre cuite, vous surplombez la ville et, au loin, la mer. À l'intérieur, tout est synonyme d'un véritable art de vivre : chambres décorées à ravir, salles de bains luxueuses et, un peu partout, tableaux et objets d'art.

Se restaurer

La Goutte d'Eau – *108 montée de la Bourgade, le Haut-de-Cagnes - ✆ 04 93 20 81 23 - gcomart-hdc.org - fermé 1 sem. en janv., 1 sem. en déc., vac. de Toussaint et lun. Hors sais.- 15,50/21 €.* L'étape, trouvée après avoir gravi les ruelles pentues de la vieille ville, se mérite. Vous y dégusterez une cuisine simple concoctée sous vos yeux par le patron qui assure également le service. Aux beaux jours, la terrasse est toujours appréciée.

Fleur de Sel – *85 montée de la Bourgade - ✆ 04 93 20 33 33 - www.restaurant-fleurdesel.com - fermé 1-13 janv., 1 sem. juin, vac. de Toussaint, jeu. midi et merc. - 24 € déj. - 32/55 €.* Sympathique petit restaurant voisin de l'église. Cuisine visible de tous dans la salle mi-rustique, mi-provençale décorée de cuivres et tableaux. Carte au goût du jour.

Sports & Loisirs

Bon à savoir – 3,5 km de plage de galets et de multiples activités : voile, ski nautique, plongée, pêche.

Hippodrome de la Côte d'Azur – *sortie autoroute N° 47, dir. Nice - ✆ 04 92 02 44 44 – www.hippodrome-cotedazur.com - de mi-déc. à mi-mars : 11h-18h ; juil.-août : 19h-23h - ouv. 2h av. déb. des opérations - 4,50 €.* La saison des courses bat son plein de décembre à mars ainsi qu'au mois de juillet et août.

Événement

Fête médiévale dans le Haut-de-Cagnes – 1er week-end d'août.

Biot★

7 395 BIOTOIS
CARTE MICHELIN DÉPARTEMENTS 341 D6 – ALPES-MARITIMES (06)

Sur sa colline, le vieux village de Biot est au cœur d'un magnifique bouquet de fleurs : roses, œillets, mimosas et anémones cultivés pour être expédiés en fleurs coupées. Depuis l'Antiquité, ses artisans produisent de belles céramiques et, plus récemment, le fameux verre soufflé à bulles. Enfin, le musée Fernand Léger fait de la petite cité un centre d'art réputé.

- **Se repérer** – À 22 km à l'ouest de Nice par l'autoroute A 8 *(payante)*, puis la D 4.
- **Se garer** – Parkings gratuits et payants côté nord de la ville où se trouvent en contrebas la Verrerie de Biot et le musée Fernand-Léger.
- **À ne pas manquer** – Le musée national Fernand-Léger ; l'église de Biot pour son retable de Brea. Les amoureux de nature et d'Orient feront un détour par le Bonsaï arboretum.
- **Organiser son temps** – Consacrez une demi-journée à ce village et ses musées.
- **Avec les enfants** – La Verrerie de Biot, la visite de sa fabrique et de son écomusée et l'arboretum pour profiter d'un jardin ô combien appaisant !
- **Pour poursuivre la visite** – Voir aussi Cagnes-sur-Mer et Antibes.

Comprendre

2 500 ans d'histoire – De nombreux vestiges découverts dans les environs de Biot et dans la plaine de la Brague attestent le passage des Celto-Ligures, des Grecs et des Romains. En 1209, une commanderie de Templiers créa l'unité territoriale du village en rassemblant les fractions éparses des seigneuries foncières. Puis, en 1312, les biens furent transférés aux hospitaliers de Saint-Jean-de-Jérusalem qui firent régner le bon ordre. Au 14e s., Biot fut décimé par la peste noire et des factions rivales. Ce n'est qu'à la suite d'un édit du roi René en 1470, autorisant l'implantation de 40 familles venant d'Oneglia et de Porto Maurizio, que le bourg retrouva son essor.

Poterie, céramique et verrerie – Sur une terre riche en argile, sable, manganèse et cinérite (pierre à four), la poterie biotoise a trouvé depuis longtemps les conditions favorables à son expansion. La fabrication de **jarres** à Biot remonte en effet à l'époque des Phocéens. Au Moyen Âge, Biot se rendit célèbre par sa production de grandes jarres vernissées qui servaient au transport et à la conservation de l'huile. Jouissant d'une grande renommée jusqu'au milieu du 18e s., ces jarres étaient largement exportées par les ports d'Antibes et de Marseille. De nos jours, quelques ateliers en produisent encore, ainsi que des poteries et des grès d'ornement.

Depuis 1956, la réputation de Biot s'est renouvelée grâce à ses verreries et à leur célèbre **verre à bulles**. Les bulles sont en fait des dégagements de gaz carbonique qui interviennent quand on saupoudre le verre chaud de carbonate de soude *(visite de la Verrerie de Biot, voir l'encadré pratique)*.

Verres à bulles.

S. Sauvignier / MICHELIN

Se promener

LE VIEUX VILLAGE

Il a gardé beaucoup d'authenticité. Vous en aurez un bon aperçu en suivant le parcours fléché dans la ville : celui-ci part de l'office de tourisme, passe sous la porte des Migraniers (grenadiers) et la porte de Tines, toutes deux du 16e s., et suit une série de ruelles anciennes. L'itinéraire débouche sur la belle **place des Arcades** dont les galeries s'ouvrent en plein cintre ou en ogive. Vous pourrez compléter la promenade par le tour des remparts.

Le saviez-vous ?

👁 Prononcez toutes les lettres (le « o » ouvert et le « t » final) si vous ne voulez pas passer pour un « Parisien » !

👁 La ville compta parmi ses habitants le cinéaste Claude Autant-Lara et le dessinateur des amoureux, **Peynet**. Un petit espace lui est consacré à l'office de tourisme.

Église

Le campanile et un joli pavage polychrome vous conduisent à cette église qui semble se cacher au bout de la place des Arcades. Reconstruite au 15e s., elle était décorée de peintures murales que l'évêque de Grasse fit effacer en 1699 pour indécence ! Mais vous ne serez pas déçu car vous verrez un chef-d'œuvre attribué à **Louis Brea** : le **retable du Rosaire★**, une composition équilibrée, dominée de rouge et d'or, dont vous apprécierez la richesse des détails. Avec un visage empreint de noblesse et de dignité, la Vierge de Miséricorde protège les clercs et les laïques de son manteau tenu par de ravissants anges. Un autre beau retable attribué à **Canavesio** (qui avait épousé une Biotoise) représente le **Christ aux plaies**, entouré des instruments de la Passion.Au-dessus du panneau figurent la Flagellation, les Outrages et la Résurrection.
À noter également que l'église accueille très régulièrement l'été des expositions d'artistes locaux.

Visiter

Musée national Fernand-Léger★★

Au sud-est du village, un peu à l'écart de la D 4 (fléchage) - chemin du Val de Pome - ✆ 04 92 91 50 30 - www.musee-fernandleger.fr. Après rénovation, le musée ouvrira courant 2008. Dans l'attente, seuls les jardins sont ouverts, tlj de 11h à 16h.
C'est à **Andreï Svetchine** que l'on doit ce sobre édifice, conçu en 1960. Fils d'un général russe et élève aux Arts décoratifs de Nice, **l**'architecte exerça ses talents dans la création de demeures de la Côte comme la villa de Marc Chagall ou ce musée. Il remania la Colombe d'Or à Saint-Paul et, à la fin de sa carrière (en 1984), présida à la restauration de la cathédrale orthodoxe de Nice.
Situé dans la propriété du Mas Saint-André que **Fernand Léger** (1881-1955) avait achetée peu avant sa mort, le musée contient les 348 œuvres léguées à l'État par l'épouse du peintre, Nadia Léger. Celles du parc, en céramique et en bronze, illustrent la variété des modes d'expression de l'artiste.
La façade principale du bâtiment est recouverte d'une immense **mosaïque** (près de 500 m^2) aux couleurs vives, conçue pour décorer le stade de Hanovre et qui célèbre les sports. Un épais vitrail en dalle de verre éclaire l'entrée. Des céramiques originales illustrent ensuite la création de F. Léger durant les années 1950-1955 dans l'atelier Brice à Biot.
Un grand nombre de **tableaux** permettent de saisir l'évolution du peintre de 1905 à sa mort. Après des débuts impressionnistes (*Portrait de l'oncle* et *Le Jardin de ma mère*), Cézanne l'influence de façon déterminante *(Étude pour la femme en bleu* [1912] et *14 juillet*). Entre les deux guerres, il cultive les constructions géométriques (*Le Grand Remorqueur,* 1923) et les oppositions d'à-plats de couleurs pures, comme dans l'insolite *Joconde aux clés* (1930). L'*Étude pour Adam et Ève* (vers 1934) affirme désormais son indifférence pour les traits des personnages, soumis aux seules exigences de l'ensemble de la composition. Par une nouvelle mutation (1942), Léger libère la couleur du dessin qui la cernait jusqu'alors dans un décalage qui contribue à la rigoureuse composition *(Plongeurs polychromes)*. Après 1945, les œuvres de F. Léger expriment, par leur composition, sa formation d'architecte et, par leurs sujets, ses préoccupations sociales : il dépeint la guerre qui l'a blessé, la civilisation industrielle, la ville, la modernité, la vie *(Campeur, Grande Parade sur fond rouge)*. Son œuvre la plus significative à ce titre est *Les Constructeurs* en 1950.

Biot pratique

Adresse utile

Office du tourisme de Biot – *46 r. St-Sébastien - 06410 Biot - ✆ 04 93 65 78 00 - www.biot.fr - juil.-août : 10h-19h, w.-end. et j. fériés 14h30-19h ; reste de l'année 9h-12h, 14h-18h, w.-end. et j. fériés 14-18h - fermé 1er janv., 1er Mai et 25 déc.*

Visite

Bon à savoir – 4 dépliants (« chemin historique », « chemin des verriers » – réunissant les ateliers – « chemin des artisans » et « chemin géologique ») sont disponibles à l'office de tourisme.

Se restaurer

Le Café de la Poste – *24 r. St-Sébastien - ✆ 04 93 65 19 32 – fermeture possible début janv. - 15,90 déj./30 €.* Une immense fresque peinte sur faïence, un joli comptoir en bois et quelques peintures humoristiques composent le décor de ce sympathique restaurant aux airs de bistrot fondé en 1885. Ambiance décontractée, service efficace, cuisine traditionnelle et du monde.

Que rapporter

La Verrerie de Biot – *Chemin des Combes - au pied du village, suivre les panneaux roses - ✆ 04 93 65 03 00 - www.verreriebiot.com - été : 9h30-20h, dim. et j. fériés 10h30-13h, 14h30-19h30 ; hiver : 9h30-18h, dim. et j. fériés 10h30-13h, 14h30-18h30 - fermé 25 déc. et 1er janv.* Suivez les différentes étapes de la fabrication artisanale du verre soufflé et bullé dans cette fabrique implantée à Biot depuis 1956. Également sur place : deux boutiques, un écomusée et une galerie internationale du verre.

Les grandes mosaïques extérieures ont été réalisées d'après des dessins originaux de l'artiste, dont un projet prévu pour la Triennale de Milan et une reprise des *Oiseaux sur fond jaune.*

Musée d'Histoire locale et de Céramique biotoise

9 r. Saint-Sébastien - ✆ 04 93 65 54 54 - en été : tlj sf lun. et mar. 10h-18h ; en hiver : tlj sf lun. et mar. 14h-18h - 1er janv., 1er Mai et 25 déc. - 2 € (- 16 ans gratuit), 1er dim. du mois gratuit.

Aménagé dans les vestiges de la **chapelle des Pénitents Blancs**, encore dominée par un clocheton à trois pans, il évoque les épisodes les plus importants de l'histoire de Biot depuis l'Antiquité. Une cuisine biotoise reconstituée, quelques costumes et objets rappellent la vie d'autrefois. Concernant la céramique, belle collection de **fontaines d'appartement** du 19e s., caractérisées par leur émail jaune marbré de vert et de brun, une série de jarres frappées des marques des anciens maîtres potiers. Une galerie expose des œuvres contemporaines.

Bonsaï arboretum

299 chemin du Val-de-Pôme, 100 m au sud du musée Fernand-Léger - ✆ 04 93 65 63 99 - www.museedubonsai.fr.st - ♿ - tlj sf mar. 10h-12h, 14h-18h - fermé janv. et 25 déc. - 4 € (enf. 2 €).

Vous découvrirez une impressionnante quantité et variété de ces arbres miniatures au cours d'une promenade dans un univers japonais de 3 000 m², qui pourra se prolonger par une tasse de thé. D'autres plantes exotiques, à voir… et à acheter.

Antibes★★

72 300 ANTIBOIS
CARTE MICHELIN DÉPARTEMENTS 341 D6 – ALPES-MARITIMES (06)

De l'autre côté de la baie des Anges, Antibes est bâti entre deux anses, Salis et Saint-Roch, dans un site auquel ni les peintres ni les clients de palaces légendaires comme l'Éden Roc, ni, hélas, les promoteurs n'ont su résister. Le port de plaisance, la vieille ville et son marché couvert, le cap d'Antibes en font l'un des passages obligés de la Côte d'Azur.

Se repérer – Antibes est à 22 km à l'ouest de Nice par la N 7. Trajet plus rapide par l'A 8 *(payante)*. La vieille ville se serre contre le rivage, au sud du port. Le boulevard Wilson traverse l'agglomération jusqu'au cœur de Juan-les-Pins, de l'autre côté de la presqu'île.

Se garer – Parkings payants près du port. Inutile de chercher une place de stationnement gratuite, elles sont rares et prises d'assaut par les habitants ou les habitués !

À ne pas manquer – Débutez votre journée par la découverte du Cap d'Antibes. Poursuivez par une balade dans la vieille ville et le long des remparts. Et pendant que les amoureux de culture investiront les musées de la cité, les passionnés d'eau iront se rafraîchir à Marineland.

Organiser son temps – Entre balades, découverte culturelle et jeux d'eau, accordez à Antibes une petite journée. 2h pour une balade au Cap d'Antibes, 3h pour la découverte de la ville et de quelques musées. Profitez d'un après-midi complet pour la visite du parc Marineland.

Avec les enfants – Le musée Peynet et du dessin humoristique ; Marineland.

Pour poursuivre la visite – Voir aussi Juan-les-Pins, Biot, Cagnes-sur-Mer.

Comprendre

À l'origine – Les Grecs de Massalia (l'antique Marseille) fondent au 4e s. av. J.-C. une série de comptoirs le long de la côte. Une cité nouvelle s'élève en face de Nice. Le nom grec d'Antibes, **Antipolis**, qui signifie « la ville en face », rappelle précisément cette situation.

Antibes, place frontière – À partir de la fin du 14e s., Antibes se trouve à la frontière franco-savoyarde, ce qui lui assigne un important potentiel militaire et stratégique.

J. Malburet / MICHELIN

Port Vauban et le fort Carré à l'arrière-plan.

Henri IV ne s'y trompe pas et rachète la ville aux Grimaldi, propriétaires depuis 1386. Les rois suivants s'emploient à fortifier la cité, une œuvre achevée par Vauban. En 1 60, le comté de Nice est rattaché à la France : les fortifications deviennent alors inutiles.

Le saviez-vous ?

Jacques Audiberti (1899-1965), écrivain et homme de théâtre, est né à Antibes ; **Nikos Kazantzakis** y a écrit *Zorba le Grec* et *La Dernière Tentation du Christ* ; le peintre **Nicolas de Staël** (1914-1955) a choisi d'y mourir.

Bonaparte en famille – En 1794, Bonaparte, chargé de la défense du littoral, installe les siens à Antibes. Il a beau être général, la solde arrive rarement au jour dit et les temps sont durs : Mme Lætitia, sa mère, lave elle-même le linge dans le ruisseau voisin ; ses sœurs rendent de furtives visites aux artichauts et aux figues du propriétaire ; le bonhomme les pourchasse, mais les futures princesses sont plus agiles que lui. Bonaparte reviendra à Antibes après la chute de Robespierre, en tant que détenu au fort Carré.

Antibes aujourd'hui – La région est un des grands centres européens de production industrielle de fleurs : roses, œillets, anémones et tulipes. Cependant, châssis et serres qui couvraient à la fin du second millénaire une superficie vitrée de près de 300 ha diminue considérablement sous la pression foncière des promoteurs. La culture de la rose souffre particulièrement de cette situation, la culture de plantes vertes et de primeurs n'est pas épargnée non plus.

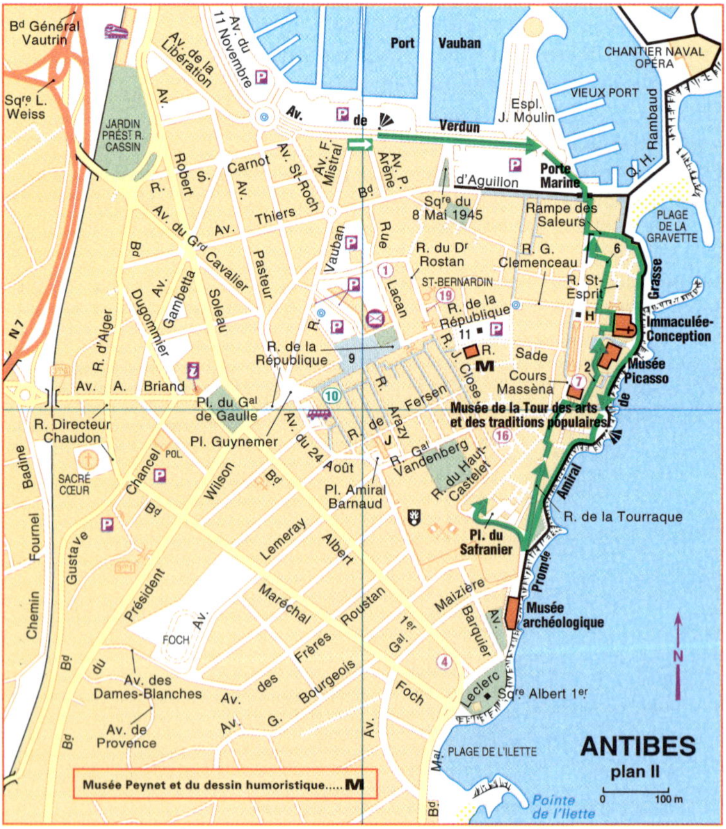

Se promener

LA VIEILLE VILLE★

Compter 2h. Voir plan II.

Le long de l'**anse Saint-Roch**, depuis l'avenue de Verdun, belle vue sur le port de plaisance dominé par le **fort Carré** *(voir « Visiter »)* ; au-delà et sur la droite, on distingue Cagnes et les hauteurs qui couronnent Nice.

Port Vauban C/D1

C'est l'un des premiers ports de plaisance de la Méditerranée. De somptueux navires de croisière y font escale. Et c'est ici que **Maupassant** faisait mouiller son yacht, le *Bel Ami*.

Franchir la vieille porte marine et, par la montée des Saleurs, longer les remparts jusqu'à la promenade Amiral-de-Grasse.

Promenade Amiral-de-Grasse D1-2

Anciennement promenade du Front-de-Mer, elle se déroule sur la seule partie des remparts restée intacte depuis le 17e s., et longe en contrebas l'ancienne cathédrale et le château Grimaldi *(musée Picasso, voir « Visiter »)*. Depuis la promenade, belle **vue★** sur le littoral vers Nice, et sur les Alpes qui constituent un fond de décor, neigeux une grande partie de l'année.

Place du Safranier D2

C'est le centre de la commune libre du Safranier, créée après la Seconde Guerre mondiale. Au n° 8 de la rue du Bas-Castellet vécut l'écrivain grec Kazantzakis. La plaque rappelle sa philosophie : « Je ne crains rien. Je n'espère rien. Je suis libre. »

Continuer par la rue de la Tourraque.

À droite et à gauche, entrelacs de **vieilles rues** colorées et fleuries à quelques pas de la mer.

Rejoindre le cours Masséna (incontournable marché le matin) et prendre à droite la rue de l'Orme puis la rue du Bateau.

Église de l'Immaculée-Conception D1

R. du Saint-Esprit. Sa façade, ocre et classique, aux **vantaux** de bois sculptés (1710), transforme l'édifice qui fut cathédrale au Moyen Âge. Seul le chevet est roman. Le clocher carré est une ancienne tour de guet (12e s.). À l'intérieur, dans le chœur, Christ en croix de 1447 ; dans l'absidiole de droite, autel monolithe probablement sculpté dans un autel païen. Dans la chapelle du croisillon droit, le retable de la *Vierge au rosaire* (1515) est une œuvre de **Louis Brea** : largement retouché, le panneau central, est entouré de 13 compartiments, traités comme des miniatures. À droite du retable se trouve un beau **Christ gisant** du 16e s., sculpté dans un tilleul.

Les rues de l'Horloge et du Revely, à gauche, rejoignent la rue Aubernon qui ramène au port.

Visiter

Musée Picasso D1

✆ 04 92 90 54 20 - fermé pour travaux jusqu'au 1er semestre 2008.

Le musée est situé dans le **château Grimaldi**, élevé au 12e s. sur une terrasse dominant la mer, sur les structures d'un *castrum* romain lui-même bâti sur l'acropole d'Antipolis. Reconstruit au 16e s., le château a gardé de l'édifice primitif la tour romaine carrée, un chemin de ronde crénelé et plusieurs fenêtres géminées. Résidence des évêques au Moyen Âge, il fut habité jusqu'au 17e s. par les Grimaldi.

Donation Picasso★ – À l'automne 1946, Pablo Picasso (1881-1973), établi depuis peu sur la Côte d'Azur, cherche un atelier capable d'abriter la création de grandes compositions. Une partie du château Grimaldi est mise à sa disposition : l'artiste va alors produire en une seule saison la plupart des tableaux, dessins et esquisses exposés, qu'il offrira à la ville en partant.

La grande composition sur fibrociment (l'un des matériaux disponibles avec le contreplaqué dans la pénurie de l'après-guerre) intitulée *La Joie de vivre ou Antipolis* est une pastorale souriante, où une femme-plante danse parmi des satyres et des chevreaux exubérants. Les autres **peintures**, souvent joyeuses, tirent leur inspiration méditerranéenne de sujets marins ou mythologiques : *Ulysse et les Sirènes*, *Le Chêne*, *Satyre, faune et centaure au trident* (triptyque). La *Nature morte au poisson*, l'extraordinaire *Nature morte à la pastèque* sont d'une rigoureuse géométrie. Une imposante collection de **céramiques** est également présentée. La beauté et l'originalité des formes, la variété des décors s'y déploient en une débauche d'imagination et d'ingéniosité. Silhouettes de femme, hibou, taureau ou cabri, ces céramiques ont été réalisées à Vallauris en 1948 et 1949. Les dessins et estampes de la suite Vollard, regroupés autour des sculptures monumentales, datent des années 1930.
Autres artistes – Des œuvres de **Nicolas de Staël** (*Nature morte au chandelier*, *Le Fort Carré* et *Le Grand Concert*) évoquent son passage à Antibes. Outre la donation de la Fondation Hans Hartung et Anna-Eva Bergman, sont présentées des œuvres d'Arp, Magnelli, Ernst.

Cour intérieure et terrasse – Dans la cour intérieure, les guitares de la sculpture d'Arman rendent hommage à une peinture de Picasso, *À ma jolie*. Dans la chapelle se trouve une très belle **Déposition de croix★** (1539) d'Antoine Aundi. Antibes est représenté à l'arrière-plan du tableau : c'est la première représentation connue de la ville. Sur la terrasse, les plantes aromatiques alternent avec les sculptures de Germaine Richier, Miró, Pagès, Amado, Spoerri et Poirier.

Musée Peynet et du dessin humoristique★ D1

Pl. Nationale - ✆ 04 92 90 54 30 - possibilité de visite guidée sur demande la veille au musée Picasso (administration ouverte pendant les travaux) - www.antibes-juanlespins.com - ♿ - tlj sf lun. 10h-12h, 14h-18h (juil.-août : merc. et vend. 20h) - fermé 1er janv., 1er Mai, 1er nov. et 25 déc. - 3 € (enf. gratuit).
Les « amoureux » de Peynet sont seuls au monde, tendres et souriants, sur lithographies, dessins à la plume, aquarelles, gouaches, en sculptures ou en poupées, présentés dans cette ancienne école du 19e s. Dessinateur, illustrateur de livres et décorateur de théâtre, Peynet (1908-1999) s'installa à Antibes en 1950.

Fort Carré B1 (plan I)

Av. du 11-Novembre - ✆ 06 14 89 17 45 - www.antibes-juanlespins.com - visite guidée (30mn) de mi-juin à mi-sept. : tlj sf lun. 10h-18h (dernière visite 17h30) ; reste de l'année : tlj sf lun. 10h-16h30 (dernière visite 16h) - fermé 1er janv., 1er Mai, 1er nov. et 25 déc. - 3 € (enf. gratuit).
Construite en 1550 sur un rocher isolé, la tour centrale Saint-Laurent est entourée quinze ans plus tard des 4 bastions « Antibes », « Nice », « France » et « Corse ». Perfectionné par **Vauban**, le fort a résisté à presque tout le monde, sauf au duc d'Épernon et aux adversaires de Napoléon. Dans les fossés du fort repose le **général Championnet**, héros des campagnes d'Allemagne et d'Italie, mort à Antibes en 1800, à 38 ans. Son buste orne le cours Masséna.

Musée d'Archéologie D2

1 av. Maizière (Bastion Saint-André) - ✆ 04 93 34 00 39 - www.antibes-juanlespins.com - tlj sf lun. 10h-12h, 14h-18h (juil.-août : merc. et vend. 20h) - possibilité de visite guidée (1h) : vend. 15h - fermé 1er janv., 1er Mai, 1er nov. et 25 déc. - 3 € (enf. gratuit).
Installé dans le bastion Saint-André, fortification de Vauban, il rassemble les témoins de 4 000 ans d'histoire, retrouvés sur terre et en mer, à Antibes et dans les environs, notamment la copie de la tête de Silène en bronze (original au Musée archéologique de Nice) et un sarcophage en plomb décoré. Au fond d'une grande salle voûtée, bâtie sur une citerne, un four à pain et, à droite, la reconstitution d'un navire romain transportant des amphores. Belles collections de poteries.
La collection permanente, réorganisée au printemps 2006, intègre de nouvelles pièces récemment acquises. Parmi elles, une statuette en marbre de Dionysos, un petit autel en pierre voué au dieu Pipius, des fragments de céramiques attiques, des pièces d'armement romaines issues de fouilles, etc.

SE LOGER

- Chambre d'hôte La Bastide du Bosquet .... ①
- Hôtel Bleu Marine .... ④
- Hôtel La Jabotte .... ⑦
- Modern Hôtel .... ⑩

SE RESTAURER

- Appart Thé .... ①
- La Bonne Table .... ④
- La Croustille .... ⑦
- Le Sucrier .... ⑯
- Oscar's .... ⑲

INDEX DES RUES

- Bateau (R. du) 2
- Horloge (R. de l') 6
- Martyrs de la Résistance (Pl. des) .. 9
- Nationale (Pl.) 11
- Phare (Route du) 13
- Revely (R. du) 15

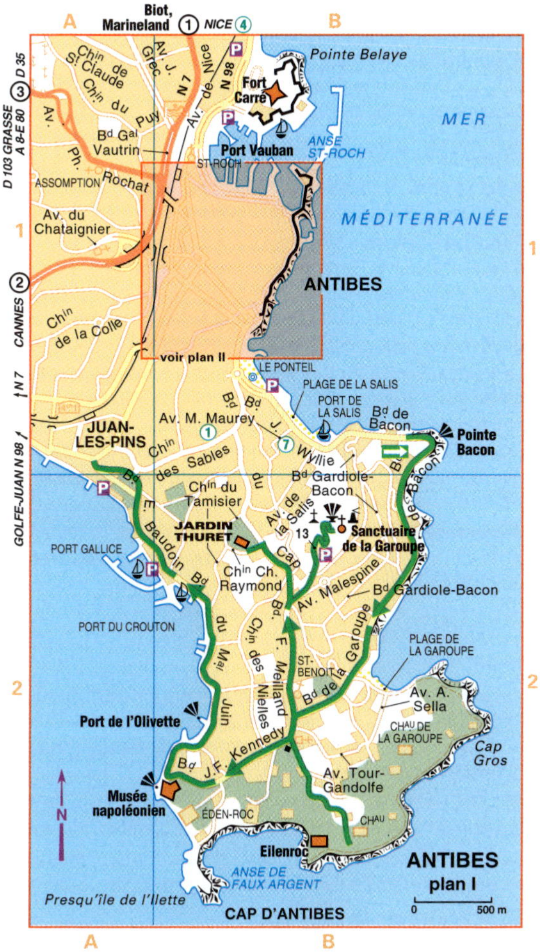

Musée de la tour des Arts et Traditions populaires D1

1 r. de l'Orme - ☎ 04 93 34 13 58 - merc., vend. et w.-end 14h-18h - fermé 1er janv., 1er Mai, 1er nov. et 25 déc. - 3 € (enf. gratuit).

Dans la tour de l'Orme, bel échantillon de costumes, d'objets usuels et de meubles traditionnels de la région, datant pour la plupart des 18e et 19e s. Le musée présente également les skis nautiques de **Léo Roman**, qui lança ce sport à Juan-les-Pins à partir de 1921.

Aux alentours

Marineland★

En direction de Nice, 4 km au nord. Forfait un ou deux jours. Parking. Restaurants, snacks - ☎ 0 892 30 06 06 - www.marineland.fr - ♿ - ouverture : 10h - se renseigner pour horaires de fermeture (nocturne juil.-août et vac. scol.) - fermé janv. - saison 35 € (3-12 ans 26 €), hors sais. 29 € (3-12 ans 19 €).

Premier parc animalier marin d'Europe, le Marineland s'enorgueillit de plusieurs naissances : orques, otaries à crinière et manchots royaux, espèces se reproduisant rarement en captivité. Les spécialistes de Marineland assurent en outre une assistance médicale auprès des mammifères marins de la Méditerranée.

Dans de grands bassins évoluent dauphins, orques, éléphants de mer, phoques et otaries à crinière de Californie. Les animaux dressés exécutent régulièrement des **spectacles d'acrobaties**. Des manchots royaux sont élevés dans un enclos réservé, la « manchotière ». L'animation **« Sharks »** vous permettra de voir des requins comme vous ne les aviez jamais vu, en traversant un tunnel vitré au fond du bassin. Grâce aux aquariums tropicaux et au bassin des raies, vous pourrez observer de près d'étranges animaux. Le **musée de la Marine** présente une belle collection de maquettes, instruments et objets marins, le **musée du Débarquement** présente des maquettes reconstituant le débarquement des alliés en Provence en 1944.

Parc Aqua-Splash – *Même accès que Marineland - ✆ 04 93 33 49 49 - www.marineland.fr - ouverture : 10h - se renseigner pour horaires de fermeture (nocturne juil.-août et vac. scol.) - fermé de mi-sept. à mi-juin - 24 € (3-12 ans 17 €).* Éclaboussures garanties, comme son nom l'indique, dans ce parc aquatique : piscine géante, toboggans, piscine d'eau de mer à vagues, et piscine tranquille pour les tout-petits.

La Petite Ferme du Far West – *Entrée par le parking de Marineland - ✆ 04 93 33 49 49 - www.marineland.fr - ♿ - ouverture : 10h - se renseigner pour horaires de fermeture (nocturne juil.-août et vac. scol.) - fermé janv. - saison 13 € (enf. 10 €), hors sais. 10 € (enf. 8 €).* Les enfants pourront jouer aux cow-boys ou aux indiens : animation (prise d'un fortin, attaque d'un train...), activités (tour de poney, funambulo, etc.). Les plus petits découvriront la basse-cour.

Adventure Golf – *Mêmes conditions de visite que La Petite Ferme du Far West - ✆ 04 93 33 49 49 - saison 10 € (enf. 8 €), hors sais. 9 € (enf. 7 €).* Trois parcours pour les mordus du golf miniature.

Cap d'Antibes★

10 km – environ 2h. Voir le plan I.

L'usage a étendu à toute la presqu'île, qui s'avance au sud d'Antibes et de Juan-les-Pins, le nom de sa pointe extrême : le cap d'Antibes. Le tour de cette presqu'île est une parcours délicieux, dans un site où de somptueux hôtels et villas se nichent dans la verdure et les fleurs.

1h. Le **sentier du littoral**, qui part de la plage de la Garoupe et se termine à hauteur de parc de la villa Eilenroc, offre un relief géologique découpé.

De la pointe Bacon, **vue★** étendue sur Antibes et le fort Carré, l'ensemble de la baie des Anges, Nice et les presqu'îles du cap Ferrat et du cap Martin, et enfin l'arrière-pays niçois.

Sanctuaire de la Garoupe

635 rte. du Phare. Les grilles en fer forgé donnent accès à deux chapelles contiguës, unies par deux larges arcades. L'une, décorée d'une fresque moderne de J. Clergues, présente une intéressante **collection d'ex-voto** (le plus ancien remonte à 1779). De part et d'autre du maître-autel, l'icône de Sébastopol, magnifique œuvre russo-byzantine, peut-être du 14e s., et la *plachzanitza* des Woronzoff, splendide soierie peinte, provenant également de Sébastopol. Dans l'autre nef, outre des fresques d'E. Colin, on peut voir des ex-voto navals et des souvenirs maritimes, ainsi que la statue en bois doré de **Notre-Dame-de-Bon-Port**. Attenant au sanctuaire, curieux oratoire de Sainte-Hélène dont le culte, substitué à un culte païen, remonterait au 5e s.

L'Hôtel Éden-Roc : un paradis de la Belle Époque

Le majestueux palace, trônant au cœur d'un domaine de 8 ha, occupe un promontoire du cap d'Antibes. Au printemps 1870, une somptueuse fête donnée par des princes russes annonçait le lancement du Grand Hôtel du Cap. Après une période d'assoupissement, le Grand Hôtel fut relancé grâce au mécénat de l'Américain **Gordon Bennett**. En 1914 fut créée son annexe, l'Éden-Roc (nom qui a désigné ensuite l'ensemble du palace) et sa plage privée, préfigurant les séjours balnéaires d'été sur la Côte. De nos jours, l'établissement est prisé des stars qui y séjournent pendant le Festival de Cannes !

Le jardin Thuret : un paysage des tropiques.

Phare de la Garoupe

Par temps clair, sa portée nominale est de 52 km pour la marine et de plus de 100 km pour l'aviation. Son radiophare porte à 185 km.

Jardin Thuret★

90 chemin Raymond - ✆ 04 97 21 25 00 - de fin mars à fin oct. : tlj sf w.-end 8h-18h ; de fin oct. à fin mars : tlj sf w.-end 8h-17h30 - fermé j. fériés - gratuit.

Le botaniste **Gustave Thuret** crée ce jardin botanique en 1857 dans le but d'acclimater plantes et arbres des pays chauds, dont les premiers eucalyptus venus d'Australie. « Ce fada de Parisien, qui plante des espèces bizarres qui ne servent à rien », disait-on alors, a ainsi fortement contribué à transformer le paysage azuréen. Aujourd'hui géré par l'Institut national de recherche agronomique (INRA), le jardin (4 ha) présente une magnifique collection de plantes et arbres exotiques. Palmiers, mimosas, eucalyptus, cyprès sont particulièrement bien représentés parmi 3 000 espèces de plein air. La villa Thuret abrite le service de botanique et des laboratoires de recherche scientifique.

Villa Eilenroc

Av. L.-H.-Beaumont - ♿ - ✆ 04 93 67 74 33 - www.antibes-juanlespins.com - sept.-juin : mar. et merc. 9h-17h (seult jardin), merc. 9h-12h, 13h-17h (seult la villa), sam. 9h-12h, 13h-17h (l'oliveraie, deux roseraies et l'écomusée) - si manifestation le parc n'est pas ouvert au public - fermé juil.-août - gratuit.

Elle fut construite (1860-1867) sur les plans de **Charles Garnier** à la demande d'un Hollandais. Les propriétaires se succédèrent jusqu'en 1927, année de son rachat par la famille Beaumont qui la légua ensuite à la ville. La villa accueille des réceptions et « Musiques au Cœur d'Antibes », festival d'art lyrique *(déb. juil., rens. à l'office de tourisme)*. L'intérieur est meublé 1930. On doit aussi à cette famille le **jardin** luxuriant qui comprend une **roseraie** et un conservatoire d'**oliviers** dans lequel 54 arbres, tous prénommés, ont été plantés en hommage aux petits Antibois nés en janvier 2000.

Musée napoléonien

Bd J.-F.-Kennedy (Juan-les-Pins) - www.antibes-juanlespins.com - ✆ 04 93 61 45 32 - de mi-juin à mi-sept. : tlj sf dim. et lun. 10h-18h ; de mi-sept. à mi-juin : 10h-16h30 - fermé j. fériés - 3 € (enf. gratuit).

L'ancienne batterie du Grillon a été transformée en un musée où deux répliques d'un canon de bronze d'époque Louis XIV accueillent le visiteur. À l'intérieur, souvenirs napoléoniens (buste de l'empereur par Canova, figurines de soldats et officiers de la Grande Armée, autographes de Bonaparte, imagerie populaire).

De la plate-forme qui couronne le bastion, belle **vue**★ sur l'extrémité boisée du Cap, la côte jusqu'aux îles de Lérins et sur les Alpes.

Antibes pratique

Voir aussi l'encadré pratique de Juan-les-Pins.

Adresse utile

Office du tourisme d'Antibes – *11 pl. du Général-de-Gaulle - BP 37 - 06601 Antibes Cedex - ☎ 04 97 23 11 11 - www.antibesjuanlespins.com - juil.-août : tlj sf dim. 9h-19h ; sept.-juin : tlj sf dim. 9h-12h30, 13h30-18h, sam. 9h-12h, 14h-18h (avr.-juin et sept. : dim. 10h-12h) - fermé 1er janv., 1er mai et 25 déc.*

Transports

Bus – *Communauté d'agglomérations Sophia-Antipolis - 2229 rte des Crêtes - 06560 Sophia-Antipolis - ☎ 04 89 87 72 00 - www.envibus.fr - 1 € (3h).* Le réseau **Envibus** compte 23 lignes : 1 et 3 (dir. Juan-les-Pins), 2 (dir. cap d'Antibes), 10 (dir. Biot et Valbonne), 9 (dir. Sophia-Antipolis), 5 (dir. Vallauris), 11 (dir. Sophia Antipolis, Opio et Châteauneuf). Lignes nocturnes N 1 et N 3 (dir. Juan-les-Pins, juil.-août 20h-0h).

Train – La ligne 4 du **TER** relie Antibes à Juan-les-Pins.

Visites

Bon à savoir – L'office de tourisme propose un plan commenté comprenant Antibes, Juan-les-Pins et le cap d'Antibes.

Pass Musées – *En vente à l'accueil des musées, valable 7 j. consécutifs - 7,50 €/pers. (–18 ans gratuit).* Il donne accès aux musées d'Archéologie, de la Tour, Peynet, Napoléonien et au fort Carré.

Visite guidée – *Réserv. obligatoire à l'office du tourisme d'Antibes - merc.-sam : départ 10h devant l'office de tourisme - 7 € (8-16 ans : 3,50 €).* Un guide vous fera découvrir la vieille ville d'Antibes (1h45).

Se loger

Hôtel Bleu Marine – *2,5 km du centre-ville, chemin des 4-Chemins (près de l'hôpital) - ☎ 04 93 74 84 84 - www.bleumarineantibes.com - P - 18 ch. 64/80 € - ☕ 7 €.* Dans le quartier de l'hôpital, établissement disposant de chambres d'ampleur moyenne, pratiques et bien entretenues. Celles des étages supérieurs bénéficient d'une échappée sur la mer. Le petit-déjeuner est servi uniquement dans les chambres.

Modern Hôtel – *1 r. Fourmilière - ☎ 04 92 90 59 05 – www.modernhotel06.com - fermé mi-déc-mi-janv - 17 ch. 68/82 € - ☕ 5,50 €.* Cet hôtel situé à l'entrée de la zone piétonne a bénéficié d'une rénovation. Les chambres offrent une sobre décoration, une literie neuve et un mobilier fonctionnel.

Hôtel La Jabotte – *13 av. Max-Maurey - 06160 Cap-d'Antibes - ☎ 04 93 61 45 89 - www.jabotte.com - 3 dernières sem. de nov. et 1 sem. en déc. - P - 10 ch. 59/88 € - ☕ 8 €.* À 60 m la plage de la Salis, un petit hôtel de charme où vous séjournerez au calme dans d'adorables chambres personnalisées ordonnées autour d'un patio ravissant. Calligraphe et peintre à ses heures, l'un des propriétaires expose dans quelques chambres et dans l'accueillant salon où l'on sert aussi d'excellents petits-déjeuners.

Chambre d'hôte La Bastide du Bosquet – *14 chemin des Sables (Domaine des Muriers) - 06160 Cap-d'Antibes - ☎ 04 93 67 32 29 - www.lebosquet06.com - fermé Toussaint à noël. - 4 ch. 85/115 € ☕.* Jolie bastide du 18e s. au cœur d'un quartier résidentiel qui garantit la quiétude du séjour (trois nuits minimum). Les chambres provençales sont agréables, fraîches, d'ampleurs et de couleurs variées. Goûtez aux plaisirs du jardin et de la terrasse.

Se restaurer

La Croustille – *4 cours Masséna - ☎ 04 93 34 84 83 - fermé déb. déc. - 8/16 €.* La jolie terrasse de cette crêperie est idéalement placée pour observer l'animation du marché. Sa minisalle est décorée de vieilles photos et de maquettes de voiliers. Accueil prévenant et cuisine privilégiant les produits frais : galettes de sarrasin au beurre salé de Guérande, salades provençales, etc.

Appart Thé – *24 r. Lacan - ☎ 04 93 34 08 24 – 10h-19h30 - fermé 1 sem. en déc., dim. et lun. - 9/12 €.* Aux abords de la place où se tient le marché provençal, en face d'un parking public, petit établissement cumulant les fonctions de salon de thé, de saladerie-tarterie, de glacier et, accessoirement, de caviste. Une quinzaine de crus de thé, certains très rares, est proposée. Décor « hype » dans les tons kaki. Petite terrasse sur le devant.

La Bonne Table – *44 bd Albert-1er - ☎ 04 93 34 43 08 - fermé nov. ; ouv. midi et soir en sais. (à partir d'avr.) ; déj. seult en hiver - formule déj. 15 € - 21/27 €.* Pas loin du Musée d'Archéologie, sur un boulevard accédant au front de mer, petit restaurant familial où l'on vient faire des repas traditionnels en compagnie d'une clientèle souvent assez âgée, fidélisée de longue date par la sagesse des menus proposés. Salle à manger dans les tons jaunes, décorée de toiles évoquant la Provence.

⊖⊖ **Le Sucrier** – *6 r. des Bains - ☏ 04 93 34 85 40 - www.lesucrier.com - fermé 12nov.-19 nov., 2 sem. en janv.,lun. et mar. matin en été uniqmt. - 14,50 déj. - 19,50/38,50 €.* Cuisine provençale et italienne, pimpant décor et une terrasse qui ajoute son grain de sel : seule l'addition n'est pas salée dans ce Sucrier qui ne manque pas de sel.

⊖⊖ **Oscar's** – *8 r. Rostan - ☏ 04 93 34 90 14 - www.oscars-antibes.com- fermé 1er-15 juin, 20 déc.-5 janv., dim. et lun., fermé midi 15 juin-15 sept. - réserv. obligatoire - 28,50/49 €.* Laissez-vous surprendre par le décor original de composé de statues nichées et de paysages antiquisants. La goûteuse cuisine italo provençale assure le succès de cette discrète maison située dans une ruelle du vieil Antibes.

Faire une pause

« Le Glacier » Square Sud – *3 pl. du Gén.-de-Gaulle - ☏ 04 93 34 86 30 - salon de thé entre les repas ; fermé le dim.* Bonnes glaces ou pâtisseries faites maison à déguster en salle ou sur la grande terrasse d'où vous ne perdrez pas une miette de l'animation de la place du Général-de-Gaulle. Agencement intérieur un peu « mode ».

En soirée

Bon à savoir – C'est dans le Vieil Antibes et à Juan-Les-Pins que se concentre toute l'animation antiboise. L'hiver, ce sont les bars et restaurants du Cours Masséna, de la Place Nationale ou du Boulevard d'Aguillon qui attirent la plupart des Antibois. L'été, tout le monde se rue vers Juan-Les-Pins, sa plage et ses glaciers, ses bars d'ambiance, son casino et ses nombreuses discothèques. Quant aux orques, dauphins et otaries du Marineland, ils coulent des jours heureux à l'écart de l'agitation.

Que rapporter

Bon à savoir – La **rue Sade** étroite et pavée qui grimpe jusqu'au marché provençal regorge de petites échoppes plus alléchantes les unes que les autres : poissonnerie (produits issus de la pêche locale), boucherie chevaline, traiteur, fromager (spécialités de France et d'Europe), boutique ne proposant que des pâtes... On y trouve de tout !

Marché Provençal – Il a lieu tous les matins (sauf le lundi hors saison) le long du cours Masséna. Les producteurs, souvent de la région, vendent fruits et légumes, confitures, épices, olives, fromages de chèvre, etc. Également, stands proposant spécialités corses et provençales, dont la fameuse socca niçoise, sans oublier les fleurs.

Marchés des Pêcheurs – *Pl. des Martyrs-de-la-Résistance - tlj sf lun. 7h-13h ; tlj en juil.-août.* Ce marché est assez récent et s'organise progressivement. Les marins, tous régionaux, installent leurs étals le matin et dévoilent aux chalands le butin de leur pêche quotidienne... Rougets, merlans, oursins, poissons de roche : les variétés – et les quantités - proposées changent quasiment chaque jour, mais la fraîcheur des produits est garantie.

Sports & Loisirs

Bon à savoir – Antibes est labellisé « **station nautique** » ce qui atteste de la diversité et de la qualité des activités proposées. Renseignements à l'office de tourisme ou www.france-nautisme.com.

Marineland – *Voir « Aux alentours ».*

Plages – La grande plage d'Antibes s'étend au delà du fort Carré. La gravette (au sud du vieux port), l'Îlette, la Salis et la Garoupe, plus petites, sont de sable fin.

Piscine – *Hôtel du Cap-Eden Roc - ☏ 04 93 61 39 01 - www.edenroc-hotel.fr - 8h-19h - fermé de mi-oct. à fin avr.* La somptueuse piscine de l'hôtel du Cap Éden Roc, payante, est accessible aux non-résidents de l'hôtel.

AMC Croisères – *1228 bd de la Garoupe - 06160 Cap-d'Antibes - ☏ 04 92 93 16 39 - www.am-catamaran.com - à partir de 40 €.* Au départ d'Antibes, de St-Raphaël ou de St-Tropez, ce maxi catamaran vous emmènera en mer pour une balade allant jusqu'à une journée. Kayaks et matériel de plongée sont mis à disposition une fois l'ancre jetée. Propose aussi une navigation en fin de journée, quand le soleil couchant fait rougir la côte.

Événements

Bataille de fleurs – En juin.

Fête de N.-D. de Bon-Port – En juillet, la corporation des marins antibois célèbrent sur 4 jours (à partir du 1er jeudi) la Sainte Patronne des marins : prières, chants, procession à la cathédrale d'Antibes et à la chapelle Notre-Dame de la Garoupe.

Fête des vendanges – En septembre, dans la Commune Libre du Safranier.

Juan-les-Pins★

CARTE MICHELIN DÉPARTEMENTS 341 D6 – ALPES MARITIMES (06)

Son nom est désormais indissociable de celui du jazz. De la pinède où a lieu le festival, il n'y a qu'un pas à faire pour se prélasser sur la plage de sable fin, paradisiaque. Dans cette ambiance fiévreuse de jour comme de nuit, les Anglo-Saxons sont toujours de la partie, eux qui ont créé Juan : le fils de la reine Victoria, puis des Américains, riches Blancs ou Noirs musiciens, firent le renom de cette élégante station balnéaire, entre Golfe-Juan et le cap d'Antibes.

Se repérer – 24 km au sud-ouest de Nice par l'autoroute A 8 *(payante)*. Sur une même commune, Juan a rejoint Antibes par son urbanisme, ainsi que Golfe-Juan, rattaché à la commune de Vallauris.

Se garer – Parkings autour de la gare et sur le boulevard du bord de mer.

À ne pas manquer – On vient ici pour la baignade et l'animation de la station, surtout à la mi-juillet où la ville est aux couleurs du jazz international.

Organiser son temps – Une journée si vous programmez une escapade aux îles de Lérins *(voir carnet pratique p. 137)*.

Avec les enfants – Avant de rejoindre en bateau l'île Sainte-Marguerite, une excursion sous-marine à bord du Visiobulle vous fera vivre une moment de rêve *(voir l'encadré pratique)*.

Pour poursuivre la visite – Voir aussi Antibes.

D. Pazery / MICHELIN

Ici vous trouverez la plus grande étendue de sable fin des Alpes-Maritimes.

Comprendre

La fureur du swing – La grande aventure nocturne et musicale de Juan-les-Pins débute dans les années 1920, lors de l'arrivée des premiers touristes américains. Par leur exubérance, ils révolutionnent les valeurs du séjour balnéaire : on bronze sur les plages, on fait du ski nautique et on écoute une étrange musique composée par les Noirs américains, le jazz. Un magnat, **Frank Jay Gould**, fonde le premier casino d'été et la jeunesse dorée passe des nuits blanches à danser sur les airs endiablés de Cole Porter, en compagnie de Douglas Fairbanks, Mary Pickford et Mistinguett.

Directement importés de New York ou de la Nouvelle-Orléans, be-bop, hot, boogie-woogie, free-jazz, ragtime, blues firent leurs premiers adeptes européens à Juan-les-Pins. Tout aussi « hot », le ski nautique que Léo Ramon popularisera en 1925, et la mode des bikinis et des monokinis que lança la station.
Dès la Libération, les fêtes musicales reprennent grâce à la clientèle de l'US Navy basée sur la Côte. **Sydney Bechet** choisit la station pour y célébrer son mariage, en 1951, dans une ambiance digne du carnaval de La Nouvelle-Orléans. Ensuite, chaque été, il transformera, accompagné de Claude Luter, Juan-les-Pins en capitale européenne du jazz. Après sa disparition en 1959, le premier festival de jazz voit le jour, organisé par Jacques Hebey et Jacques Souplet; la venue d'Amstrong, Count Basie, Duke Ellington, Dizzy Gillespie et Miles Davis lui assure la consécration. Désormais, jazz et Juan ne font plus qu'un. Aujourd'hui, le festival s'ouvre au rock (Chuck Berry), à la musique brésilienne (Gilberto Gil) et aux musiques afrocubaines, faisant appel aux fondateurs du fameux *Buena Vista Social Club*.

Séjourner

Côté mer, la **Promenade au Soleil** a des allures de Croisette. À l'est, le **port Gallice** accueille de prestigieux bateaux de plaisance. Côté terre, le haut-lieu de la vie nocturne de Juan se situe entre la **pinède** et le **casino** (baccara et roulette) : du soir au petit matin, l'intensité ne faiblit pas dans ses restaurants, cafés en plein air et boîtes de nuit. Le jour, vous pourrez apprécier l'architecture des villas et hôtels des années 1920-1930 *(dépliant à l'office de tourisme)*. En juillet, les majestueux **pins** parasols participent à la féerie des nuits étoilées du **festival** et offrent la plus belle scène qui soit. Une foule internationale de connaisseurs se retrouve chaque année pour savourer les rythmes des meilleurs jazzmen du moment.

Plages

Celle de Juan n'est qu'une seule et même plage qui s'étend sur 3 km de sable fin, en pente douce et abritée des vents. Plages privées ou publiques s'éparpillent entre le port de Golfe-Juan et celui de Juan, la Gallice.

Parc Exflora

Accès par la N 7 en direction de Golfe-Juan - av. de Cannes. Autour d'une oliveraie sont déclinés les jardins méditerranéens de l'Antiquité au 19e s. Sur 5 ha vous traverserez notamment une voie romaine, une palmeraie, un labyrinthe, un jardin d'hiver et vous apprécierez l'étang-oasis au pied du belvédère qui réserve un agréable point de vue sur la mer.

Circuit de découverte

Cap d'Antibes★

10 km – environ 2h. *Voir Antibes.*

Juan-les-Pins pratique

Voir aussi l'encadré pratique d'Antibes.

Adresse utile

Office du tourisme de Juan-les-Pins – *51 bd Charles-Guillaumont - 06160 Juan-les-Pins - ✆ 04 97 23 11 10 - www.antibesjuanlespins.com - juil.-août : 9h-19h ; sept.-juin : tlj sf dim. 9h-12h, 14h-18h (avr.-juin et sept. : dim. 10h-12h) - fermé 1er janv., 1er Mai et 25 déc.*

Se loger

Hôtel La Marjolaine – *15 av. du Dr-Fabre - ✆ 04 93 61 06 60 - hotel_marjolaine@hotmail.com - fermé nov. à mi-déc. - P - 17 ch. 51/76 € - 5 €.* Une belle promesse de séjour que cette demeure du début du 20e s. aux abords agréablement fleuris. Les chambres climatisées, souvent agrémentées de poutres, ont adopté de chauds coloris ; celle baptisée « Manoir », avec son mobilier provençal d'époque, est la plus réussie.

Hôtel Les Charmettes – *25 Vieux Chemin de la Colle - ✆ 04 93 61 47 41 - fermé 1er nov.-15 déc. - P - 16 ch. 50/65 € - 6,50 €.* Ce petit hôtel tranquille s'adresse à tous ceux qui redoutent l'ambiance fiévreuse de la station balnéaire. Chambres un rien étroites, sobres et à l'entretien rigoureux. Plaisante terrasse abritée par des canisses et fleurie de mimosas.

⊖ **Hôtel Cécil** – *R. Jonnard - ☎ 04 93 61 05 12 - www.hotelcecilfrance.com – fermé 1er nov.-15 fev. - 21 ch., demi-pension 55/80 € - ☕ 6,20 €.* Cette belle bâtisse régionale, convertie en hôtel depuis 1920, vaut par sa situation au cœur de la ville et à proximité du littoral. Chambres pas très grandes, mais bien tenues et presque toutes climatisées. L'été, les dîners sont servis en terrasse.

⊖⊖⊖⊖ **Hôtel Ste-Valérie** – *R. de l'Oratoire - ☎ 04 93 61 07 15 - http://www.hotel-ste-valerie-juan-pins.cote.azur.fr - fermé 15 oct.-28 avr. - P - 26 ch. 180/300 € - ☕ 22 €.* Au détour d'une rue calme, cet hôtel dans un coquet jardin jouit d'une agréable quiétude. Toutes ses chambres, rénovées, ont des terrasses ou des balcons qui donnent sur la verdure. En été, vous prendrez votre petit-déjeuner dans le jardin. Agréable piscine.

Se restaurer

⊖ **Le Capitole** – *26 av. de l'Amiral-Courbet - ☎ 04 93 61 22 44 - fermé en déc. et mar. - 11,30/20 €.* Cette ancienne épicerie a été transformée en une salle de restaurant pimpante et spacieuse ; seules la large vitrine et les étagères d'origine rappellent son passé « commercial ». Carte traditionnelle.

⊖⊖ **Bijou Plage** – *Bd du Littoral - ☎ 04 93 61 39 07 - http://www.bijouplage.com - fermé mar. soir et merc. - 21/49 €.* Sur la route de Golfe-Juan, ce restaurant de plage tourne à plein régime pendant l'été. Ses prix sont plutôt raisonnables pour la station et sa cuisine, qui met à l'honneur bouillabaisse et produits de la mer, est appétissante. Plage privée et activités nautiques.

⊖⊖ **L'Amiral** – *7 av. de l'Amiral-Courbet - ☎ 04 93 67 34 61 - fermé en déc. et lun. - 25/35 €.* Voici une petite affaire familiale tout ce qu'il y a de plus sympathique. Décor moderne couleur soleil, tables joliment dressées, service décontracté et surtout honorable cuisine traditionnelle. Le jeudi, jour du couscous, pensez à réserver car l'endroit est bondé. Restaurant exclusivement non-fumeur.

En soirée

Le Crystal – *Av. Gallice, carrefour de la Joie - ☎ 04 93 61 02 51 - avr.-sept. : tlj sf lun. 8h-4h ; oct.-mars : 8h-2h30 - fermé 15 nov.-20 déc. et lun. sf avr.-sept.* Créée en 1936, cette brasserie familiale fut d'abord une cabane posée au milieu des palmiers, devant laquelle passaient chaque jour des troupeaux de moutons. Aujourd'hui entouré de discothèques, du casino et de bars, le Crystal demeure une adresse incontournable de Juan-les-Pins.

Eden Casino – *Bd Édouar-Baudoin - ☎ 04 92 93 71 71 - www.partouche.com.* Avec ses jeux traditionnels et ses 180 machines à sous, le casino de Juan-les-Pins vous transmettra la fièvre du jeu à coup sûr. Si les émotions vous ouvrent l'appétit, vous pourrez toujours vous réfugier dans le restaurant ou le Lounge, ouverts midi et soir. Également 3 bars dont un dans le salon oriental.

Sports & Loisirs

Sports – Parachute ascensionnel, hydravion, ULM, ski nautique, plongée, pêche en mer et planche à voile : se renseigner à l'office de tourisme pour les adresses ou les plages privées qui les proposent.

Le Visiobulle – *Bd Charles-Guillaumont - Ponton-Courbet - au centre des plages de Juan-les-Pins, face à l'office de tourisme - ☎ 04 93 74 85 42 ou 04 93 67 02 11 - www.visiobulle.com - dép. avr.-juin, sept. : 11h, 13h30, 15h, 16h30 ; juil.-août : 9h30, 10h40, 11h55, 14h, 15h25, 16h50, 18h15 - fermé oct.-mars - 12 € (enf. 6 €).* Grâce à sa coque de verre, ce bateau vous permettra d'observer la faune et la flore (notamment les herbiers de posidonies) des fonds marins du cap d'Antibes. Sur le pont, très belle vue sur la côte, les îles, les phares et les villas cossues dissimulées dans la pinède...

Événement

Festival du jazz – En juillet, durant 10 jours.

Nice : villes, curiosités et régions touristiques.
Matisse, Henri : noms historiques et termes faisant l'objet d'une explication.
Les sites isolés (châteaux, abbayes, grottes...) sont répertoriés à leur propre nom.
Nous indiquons par son numéro, entre parenthèses, le département auquel appartient chaque ville ou site. Pour rappel : Alpes Maritimes (06).

A

B

C

D

O

P

Q

R

S

Collection sous la responsabilité d'Anne Teffo

Ont contribué à l'élaboration de ce guide :

Édition	Stéphanie Vinet, Hervé Kerros
Rédaction	Sabrina Bailleul
Cartographie	Michèle Cana, Evelyne Girard, Véronique Aissani, Philippe Cochard, Marie-Christine Defait, Marc Martinet, Patrick Matyja, Denis Rasse, Laurence Sénéchal, Jean-Daniel Spies, Dominique Defranchi
Informations pratiques	www.insee.fr (chiffres de population)
Conception graphique	Laurent Muller (couverture), Agence Rampazzo (maquette intérieure)
Régie publicitaire et partenariats	michelin-cartesetguides-btob@fr.michelin.com *Le contenu des pages de publicité insérées dans ce guide n'engage que la responsabilité des annonceurs.*
Contacts	Michelin Cartes et Guides Le Guide Vert 46, avenue de Breteuil 75324 Paris Cedex 07 ✆ 01 45 66 12 34 – Fax : 01 45 66 13 75 LeGuideVert@fr.michelin.com www.ViaMichelin.fr

Parution 2008

Note au lecteur

L'équipe éditoriale a apporté le plus grand soin à la rédaction de ce guide et à sa vérification. Toutefois, les informations pratiques (prix, adresses, conditions de visite, numéros de téléphone, sites et adresses Internet...) doivent être considérées comme des indications du fait de l'évolution constante des données. Il n'est pas totalement exclu que certaines d'entre elles ne soient plus, à la date de parution du guide, tout à fait exactes ou exhaustives. Elles ne sauraient de ce fait engager notre responsabilité.

Manufacture française des pneumatiques Michelin

Société en commandite par actions au capital de 304 000 000 EUR
Place des Carmes-Déchaux - 63000 Clermont-Ferrand (France)
R.C.S. Clermont-Fd B 855 200 507

Compogravure : Nord Compo à Villeneuve-d'Ascq
Impression et brochage : La Tipografica Varese
Dépôt légal 02-2008 – ISSN 0293-9436
Imprimé en Italie : 01-08

NICE

BRIANÇON
Pont de la Mescla
Mont Vial
N 202
Défilé du Chaudan
D 2565
Vieux-Pierrefeu
Bonson
D 17
D 19
Esteron
ARRIÈRE-
PAYS
D 8
Ruines de Châteauneuf
Mont Chauve
Baou de St-Jeannet
D 2
Var
D 19
Tour du Mont Chauve
A 8
St-Pons
Vence
St-Paul
Corniche du Var
N 202
NICE
N 98
Cagnes-s-Mer
D 2085
Biot
AIX-EN PROVENCE
A 8
D 6007
Antibes
JUAN-LES-PINS
Cap d'Antibes